Alpes Montes
L. Larius
Comum
Vercellae
Mediolanum
Atesis
Verona
Venetia
Aquileia
Patavium
Istria
Pola
Ticinus
Cremona
Mantua
Padus
Placentia
Parma
Aemilia
Liguria
Mutina
Via Aemilia
Ravenna
Genua
Via Aurelia
Appennini Montes
Luca
Pisae
Arnus
Florentia
Ariminum
Ancona
Arretium
Via Flaminia
Etruria
L. Trasimenus
Asculum
Ilva
Volsinii
Tiberis
Reate
Tarquinii
Veii
Corfinium
Caere
Roma
Praeneste
Samnium
Ostia
Latium
Sperlonga
Tarracina
Capua
Campania
Beneventum
Cumae
Vesuvius
Nola
Puteoli
Neapolis
Baiae
Pompeii
Paestum
Corsica
Sardinia
Apulia
Cannae
Via Traiana
Brundisium
Venusia
Via Appia
Calabria
Tarentum
Heraclea
Sybaris
Lucania
Via Popilia
Consentia
Croton
Bruttium
Liparaeae
Messana
Locri
Rhegium
Panormus
Aegates
Segesta
Lilybaeum
Sicilia
Aetna
Selinus
Himera
Henna
Agrigentum
Via Valeria
Syracusae
Utica
Carthago
Africa
Illyricum
Dalmatia
Spalatum
Salona
Mare Adriaticum
Mare Tyrrhenum
Mare Africum
Mare Ionium
0
100
200 km

Agite 1

Herausgegeben von: Jörgen Vogel
Benedikt van Vugt

Erarbeitet von: Barbara Beier
Thomas Dold
Sven Lorenz
Christoph Sauer
Werner Scheibmayr
Karina Scholz
Jörgen Vogel
Benedikt van Vugt

Schöningh

Schöningh Verlag, Jühenplatz 1–3, 33098 Paderborn

Druck 5 4 3 2 1/Jahr 2015 14 13 12 11
Die letzte Zahl bezeichnet das Jahr dieses Druckes.

Umschlaggestaltung: Nora Krull, Bielefeld
Umschlagabbildung: © Paul Hardy/Corbis
Illustrationen: Maja Wagner, Münster
Idee zu Lektion 9: Stefan Gerlinger
Druck und Bindung: westermann druck GmbH, Braunschweig

ISBN 978-3-14-010401-2

Inhaltsverzeichnis

Virī et virtūtēs 118

Anhang

Vorwort

Liebe Schülerin, lieber Schüler,

mit dem Lehrwerk „Agite“ lernst du die lateinische Sprache. Dabei machst du dich nicht nur mit der Grammatik und den Vokabeln vertraut, sondern erfährst auch vom Leben der Römer in der Antike.
Die **lateinische Sprache** war seit der Antike viele Jahrhunderte lang die Weltsprache in dem Weltreich, das die Römer in Europa, Asien und Nordafrika errichtet haben. Darin haben sie nicht nur die Lebenswelt der damaligen Menschen sehr geprägt, sondern auch viele Spuren und Zeugnisse hinterlassen, die in den Ländern zwischen Deutschland und Nordafrika, zwischen Spanien und dem westlichen Teil Asiens bis in die heutige Zeit zu sehen sind.
Die lateinische Sprache lebt in zahlreichen europäischen Sprachen weiter, besonders in den romanischen Sprachen, wie z. B. im Italienischen, Französischen und Spanischen, die sich aus dem Lateinischen entwickelt haben. Deshalb kannst du diese Sprachen durch die Kenntnis der lateinischen Sprache besser lernen. Auch im Englischen und Deutschen lebt das Lateinische in zahlreichen Fremd- und Lehnwörtern weiter.
Auf dem Weg durch die antike Welt der Römer begleitet dich die römische **Familie des Lucius Nonius Asprenas**. Sie lebte um Christi Geburt zur Zeit des Kaisers Augustus in Rom. Du erfährst viel Interessantes über die Denk- und Lebensweise der Römer, das Alltagsleben in der Familie, das Leben in der Stadt und auf dem Land sowie über die Geschichte der Stadt Rom.
Der **Aufbau des Buches** ist klar gegliedert; die Orientierung wird dir leichtfallen. Jede Lektion umfasst vier bis fünf Seiten. Sie beginnt mit einer Sachinformation, die das Thema dieser Lektion erläutert. Dann folgt der Grammatik-Teil (G), der keine neuen Vokabeln enthält, sondern dir den neuen grammatischen Stoff vermittelt. In „Ersten Übungen“ kannst du die neue Grammatik schon üben. In dem anschließenden Wortschatz-Teil (W) werden einige neue Vokabeln eingeführt, aber keine neue Grammatik. Zentraler Bestandteil jeder Lektion ist das lateinische Lesestück.
Die Übungen leiten dazu an, das Lesestück zu erschließen, den neuen grammatischen Stoff einzuüben, das Weiterleben der lateinischen Sprache zu erkennen und sich mit den Abbildungen intensiv zu beschäftigen.
Die verschiedenen Übungsformen und -bereiche sind durch folgende Symbole gekennzeichnet:

 Übungen zur Texterschließung des Lesestücks

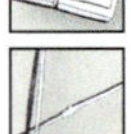 Übungen zur Formenlehre, zur Syntax und zur Wortschatzarbeit

 Aufgaben zur Beobachtung und Beschreibung der Abbildungen

 Aufgaben zum Fortleben und zur Rezeption der lateinischen Sprache und der römischen Kultur

Fünf Lektionen sind immer unter einem bestimmten Thema in einer Sequenz zusammengefasst. Am Anfang einer jeden Sequenz führt eine Doppelseite in das Thema ein. Abgeschlossen werden die Sequenzen durch sogenannte Plateaulektionen, die aus vier Teilen bestehen:

- aus der Zusammenfassung des Grundwissens,
- aus dem lateinischen Lesestück, in dem schwerpunktmäßig die Grammatik der letzten fünf Lektionen wiederholt wird,
- aus praktischen Lernhilfen, die zur Methodenkompetenz beitragen, und
- aus Übungen, mit denen du deine Fortschritte selbst überprüfen kannst.

Ab S. 140 findest du zu jeder Lektion die Grammatik mit ihren Erklärungen und den Wortschatz.
Am Ende des Buches befinden sich ein Register grammatischer Begriffe, ein Eigennamenverzeichnis und ein Verzeichnis aller Vokabeln.
Wir wünschen euch viel Freude und Erfolg bei der Arbeit mit diesem Buch. Und nun geht frisch ans Werk, oder lateinisch ausgedrückt: Agite!

Die Aussprache des Lateinischen

Bei der **Aussprache** der lateinischen Wörter gilt: Man spricht sie im Allgemeinen so aus, wie man sie schreibt. Nur wenige Unterschiede zur deutschen Aussprache sind zu merken:

c und **ch** spricht man wie **k**: cūr? cessāre, cēnāre, Christus

v wie **w**: venīre, vocāre, via

sp und **st** wie **s-p** und **s-t**: spectāre, spectāculum, statim, stupēre

ti wie **t-i**: ōrātiō, nātiō

i vor Vokalen wie **j**: iūcundus, iubēre

ae und **oe** wie **a-e** und **o-e**: Caesar, Croesus, aedificium, proelium

s wird immer stimmlos (wie bei **ss**) gesprochen.

Die Vokale können wie im Deutschen kurz oder lang sein: Rōmānī – dŏmĭnŭs (vgl. Mūt – Mŭttĕr). Die **Betonung** eines Wortes hängt von der Silbenlänge der **vorletzten** Silbe ab: Ist diese lang, wird sie betont (Rōmānus), ist sie aber kurz, geht die Betonung auf die drittletzte Silbe über (dŏmĭnŭs). In den Lektionen, im Wortschatz und in der Grammatik des Lehrbuches sind bei den lateinischen Wörtern die langen Vokale gekennzeichnet. So kannst du dir jeweils die richtige Betonung besser einprägen.
In der Frage der **Groß-** und **Kleinschreibung** gibt es keine Probleme: Groß schreibt man nur die Eigennamen (Nōnius, Calpurnia, Quīntus), die von Eigennamen abgeleiteten Adjektive (forum Rōmānum) oder das Wort am Satzanfang.

Lektion 1 – 5

Die römische Familie

Salve! – Sei gegrüßt! Eine römische Familie, die du in den Lektionen dieses Buches begleiten wirst, stellt sich vor. Sie lebt zur Zeit des Kaisers Augustus in Rom:

Der Vater heißt Lūcius Nōnius Asprēnas. Er ist ein angesehener römischer Senator, der im Jahr 6 n. Chr. sogar zum Konsul gewählt wurde. Einige Jahre später hat er als Prokonsul die Provinz Africa verwaltet.
Lūcius ist übrigens der Vorname, Nōnius der Familienname und Asprēnas ein Beiname.

Die Mutter heißt Calpurnia. Auch sie stammt aus einer alten römischen Familie.

Quīntus ist der Jüngste unter den Söhnen des Lūcius. Sein vollständiger Name lautet: Quīntus Nōnius Asprēnas, doch alle nennen ihn einfach nur Quīntus.

Nōnia ist die Schwester des Quīntus. Die Mädchen erhielten immer den Familiennamen des Vaters in der weiblichen Form.

Dāvus ist ein Sklave im Hause der Familie.

- Unser deutsches Wort „Familie“ leitet sich vom lateinischen Wort „familia“ ab. Überlege: Wer gehört zu deiner Familie? Wie viele Personen sind es insgesamt?

Querschnitt durch ein römisches atrium-Haus

Das Speisezimmer (triclīnium)

Die Familie des Lūcius Nōnius Asprēnas lebt in Rom in einem großen Stadthaus. In den folgenden Lektionen lernst du dieses Haus mit seinen Räumen genau kennen.
Du erfährst, welche Vorbereitungen getroffen werden, wenn Gäste erwartet werden, und wie ein Gastmahl bei den Römern stattfindet. Außerdem wird erklärt, wie man sich in einem Zeitalter, in dem es noch keine SMS und keine E-Mails gab, schriftlich verständigt hat.

- Was verstehen wir heute unter einer Villa?
- Informiere dich, was ein Atrium ist, und suche dies in der Zeichnung.
- Was schätzt du: Wie viele Einwohner hatte die Stadt Rom zur Zeit des Kaisers Augustus?

Lektion 1

Die römische familia

Im Vergleich zu heute bezeichnete bei den Römern das Wort familia eine Großfamilie. Dazu zählten im engeren Sinn die Eltern, die Töchter und die Söhne, alle Schwiegertöchter und alle Sklaven. Diese Personen wohnten in der Regel alle gemeinsam in einem Haus. Im weiteren Sinn zählte man zur römischen familia sogar noch die ehemaligen Sklaven, die schon freigelassen worden waren, und die Klienten, die Gefolgsleute des Vaters. Den Aufbau einer römischen familia kannst du dir etwa so vorstellen:

Der Aufbau der römischen „familia“

Das Oberhaupt der römischen familia war der Vater als Hausherr (dominus). Ihm gehörte der ganze Besitz der familia, er allein entschied, was in der familia gemacht wurde. Selbst wenn die Söhne schon erwachsen waren, mussten sie dem Vater als dominus noch gehorchen. Die Mutter war die Hausherrin (domina). Sie sorgte für den Haushalt. Sohn (fīlius) und Tochter (fīlia) führten in ihren ersten Lebensjahren ein ähnliches Leben wie viele Kinder heute. Wenn sie größer geworden waren, wurden sie in reichen Familien von einem Sklaven (servus), der als Erzieher (paedagōgus) bewährt war, erzogen und unterrichtet.

W

G

3. Person Singular/Infinitiv/Nominativ Singular der a- und o-Deklination

Dominus exspectat. Etiam domina exspectat:
„Ubī est servus? Cūr cessat venīre?“
Tandem servus intrat. Dominus gaudet. Etiam domina gaudet.

Erste Übungen

1 Ergänze die fehlende Personenendung und übersetze dann:

Fīlius salūta **?** . Domina intra **?** . Servus gaude **?** . Etiam fīlia gaude **?** .

2 Auf den Ausgang kommt es an. Wieviele Sätze kannst du dann bilden?

Domin **?** exspectat. – Fīli **?** intrat. – Serv **?** gaude **?** .

3 Bilde den Infinitiv zu den folgenden Verben und übersetze ihn:

salūtat – intrat – exspectat – gaudet – venit

L Wo bleibt Eutychus?

Im Haus des Senators Lucius Nonius Asprenas herrscht große Aufregung: Eutychus, ein neuer Sklave, welcher der Lehrer (paedagōgus) von Nonia und Quintus werden soll, wird heute erwartet. Aber er kommt und kommt nicht:

Quīntus iam diū exspectat: „Ubī est Eutychus servus? Cūr cessat? Cūr cessat venīre?“ Etiam Nōnia iam diū exspectat: „Cūr Eutychus nōn venit? Mē nōn iuvat[1] exspectāre!“
Tandem Eutychus appropinquat.
Dominus salūtat, domina salūtat. Quīntus gaudet, etiam Nōnia gaudet. Cynthia serva appropinquat. Etiam Dāvus servus appropinquat, salūtat: „Salvē, Eutyche[2]! Familia tē[3] salūtat: Lūcius est dominus, Calpurnia est domina. Nōnia est fīlia, Quīntus est fīlius.“

[1] **mē iuvat** es macht mir Spaß
[2] **Eutyche** Eutychus! (Vokativ – Anredefall)
[3] **tē** dich

Übungen

1 Wer macht was? Lies das Lesestück noch einmal aufmerksam durch und vervollständige die Aussagesätze:

a) Quīntus ? ? ?
b) Eutychus ? ? ?
c) Dominus ? ? ?
d) Quīntus ? ? ?, etiam Nōnia ? ? ?
e) Cynthia ? ? ?
f) Dāvus ? ? ?

2 Richtig oder falsch?
Quintus stellt Eutychus die Mitglieder seiner familia vor. Dabei macht er sich allerdings einen Spaß. Nicht alle seine Aussagen sind richtig. Suche die Fehler in den Sätzen.

Dāvus est servus. – Quīntus est dominus. – Nōnia est fīlia. – Calpurnia est serva. – Lūcius est fīlius. – Calpurnia est domina. – Cynthia est dominus.

3 Ordnung muss sein!

a) Ordne die folgenden Substantive der richtigen Deklination zu:
servus – domina – familia – fīlius – serva – dominus – fīlia

b) Ordne die folgenden Infinitive der richtigen Konjugation zu:
appropinquāre – gaudēre – salutāre – cessāre – venīre – exspectāre

4 Scriptura continua.
In alten Handschriften hat man lateinische Texte ohne Trennung der Wörter und ohne Satzzeichen geschrieben. Entziffere den folgenden Text und übersetze ihn dann:

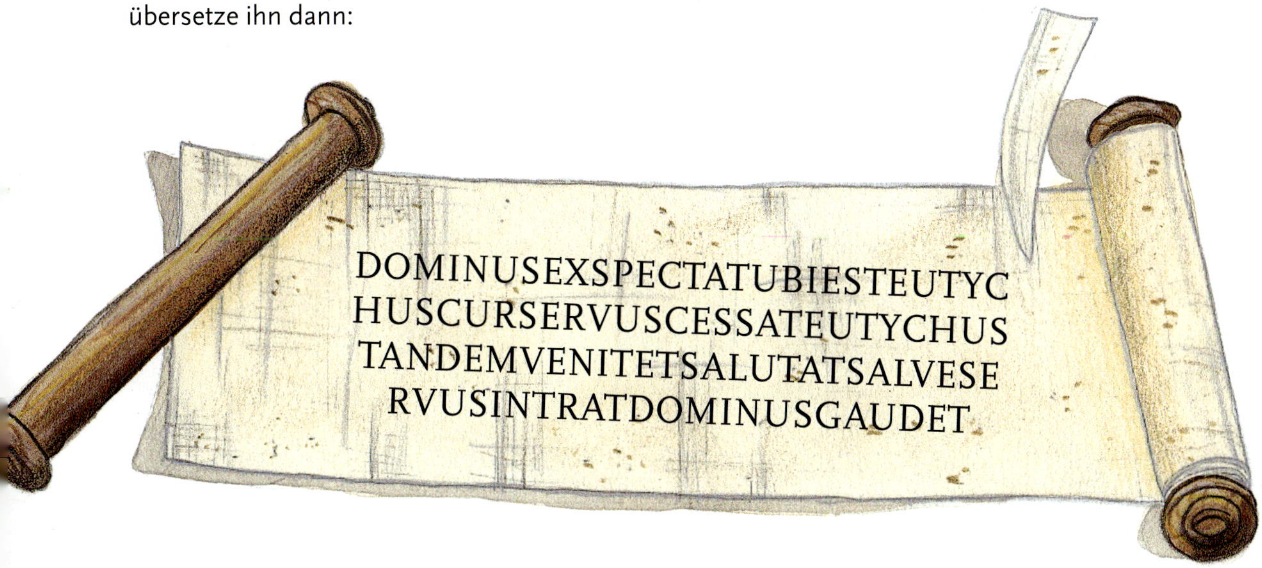

5 Er, sie, es ...
Nenne bei den folgenden Infinitiven zuerst den Verbstamm und bilde dann die 3. Person Singular:

appropinquāre – venīre – intrāre – salūtāre – cessāre – gaudēre – exspectāre

6 Ende gut, alles gut!
Ergänze die fehlenden Ausgänge und Endungen und übersetze dann:

a) Quīnt ? exspecta ? :
b) „Ubī es ? serv ? ? Cūr cessa ? ?“
c) Tandem Eutych ? veni ? .
d) Serv ? salūta ? et intra ? .
e) Quīnt ? gaude ? . Etiam Nōni ? gaude ? .

7 Wörtersalat
Die folgenden Substantive und Verben sind etwas durcheinandergeraten. Setze sie wieder richtig zusammen und ordne sie dann nach Wortarten:

ERSAXEPTEC – RSUVES – IAFLMAI – ONDAMI – EIRVNE – PAPQRA-ONUPEIR

Lektion 2

Das römische Stadthaus

Die überwiegende Mehrheit der Römer lebte in mehrstöckigen, engen und dunklen Mietshäusern (īnsulae). Eine kleine Schicht wohlhabender Römer konnte sich dagegen ein eigenes Stadthaus (domus) leisten.

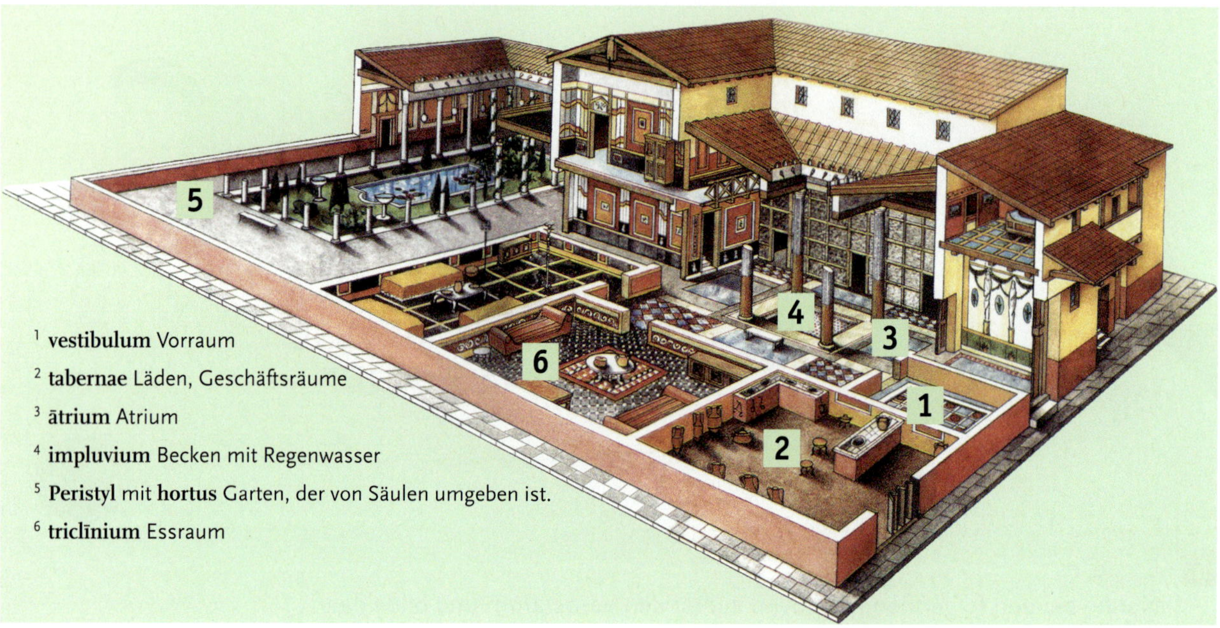

1 **vestibulum** Vorraum
2 **tabernae** Läden, Geschäftsräume
3 **ātrium** Atrium
4 **impluvium** Becken mit Regenwasser
5 **Peristyl** mit **hortus** Garten, der von Säulen umgeben ist.
6 **triclīnium** Essraum

Von der Straße aus gelangte man zunächst in einen kleinen Vorraum (vestibulum). Auf beiden Seiten dieses Vorraums lagen in der Regel Geschäftsräume (tabernae), die zur Straße hin für Kunden offen waren.
Danach betrat man das Atrium, einen rechteckigen Raum mit einer Dachöffnung. In der Mitte des Atriums befand sich ein Wasserbecken (impluvium), in dem das Regenwasser aufgefangen wurde.
Um das Atrium herum waren verschiedene Räume angeordnet. So befanden sich dort das Arbeitszimmer (tablīnum), das auch als Empfangszimmer diente, das Speisezimmer (triclīnium) und die Schlafräume (cubicula). In der Nähe des Speisezimmers lagen die Küche (culīna), das Badezimmer (balneum) und die Toilette (lātrīna).
Vom Atrium aus führte der Weg auch in den hinteren Teil des Hauses, das Peristyl. Dieses griechische Wort bezeichnet einen Garten (hortus), der ringsum von Säulen umgeben ist.
Bei besonders luxuriösen Häusern gruppierten sich um das Peristyl weitere Räume, wie Vorratsräume, Zimmer für Sklaven, Esszimmer, Küchen und Bäder.

a-, e-, i- Konjugation: 3. Person Plural/ Nominativ Plural der a- und o-Deklination

G

Domina exspectat. Etiam fīlia et fīlius exspectant. Domina et dominus nōn gaudent.
Servae nōn veniunt. Etiam servī cessant. Ubī sunt servī et servae? Tandem veniunt.

Erste Übungen

1 Bilde den fehlenden Singular oder Plural:

Singular		Plural
domina	→	? ? ?
? ? ?	←	servī
fīlius	→	? ? ?
? ? ?	←	servae
dominus	→	? ? ?

2 Ergänze die fehlenden Endungen oder Ausgänge:

a) Servus intra ? .
b) Famili ? gaudet.
c) Domina et dominus exspecta ? .
d) Serv ? cessant.
e) Ubī fīli ? sunt? Ubī domin ? est?

vocāre – Dominus vocat.

labōrāre – Dāvus labōrat.

dormīre – Quīntus dormit.

rīdēre – Nōnia rīdet.

W

L Gäste kommen!

Die Familie des Lucius Nonius erwartet Gäste: Die Freunde Marcus und Aurelia kommen zu Besuch. Da sie zum ersten Mal im vornehmen Hause des Lucius sind, zeigt ihnen die Familie die Räumlichkeiten:

Familia gaudet; nam hodiē Marcus et Aurēlia veniunt. Quīntus et Nōnia exspectant: „Ubī sunt amīcī?“

Ecce, amīcī iam appropinquant, intrant, salūtant. Quīntus et Nōnia vocant: „Salvēte!“[1] Dominus et domina gaudent.

Calpurnia explicat: „Hīc tablīnum[2] est. Hīc dominus labōrat.“ Nōnia: „Hīc triclīnium[3] est. Hīc dominus et familia semper cēnant.“ Quīntus: „Ibi hortus est. Ibi dominus et amīcī ambulant.“ Eutychus: „Ibi cubiculum[4] est. Ibi dominus et domina dormiunt.“

Subitō porta crepat[5]. Amīcī stupent: „Quid ibi est?“ Calpurnia tacet, Lūcius balbūtit[6]: „Ibi la... la... lātrīna[7] est.“ Quīntus et Nōnia rīdent. Etiam servī et servae rīdent. Tum familia et amīcī cēnant.

[1] **Salvēte!** Seid gegrüßt

[2] **tablīnum** Arbeitszimmer

[3] **triclīnium** Speisezimmer

[4] **cubiculum** Schlafzimmer

[5] **crepāre** knarren

[6] **balbūtīre** stottern, stammeln

[7] **lātrīna** siehe Einführungstext S. 14!

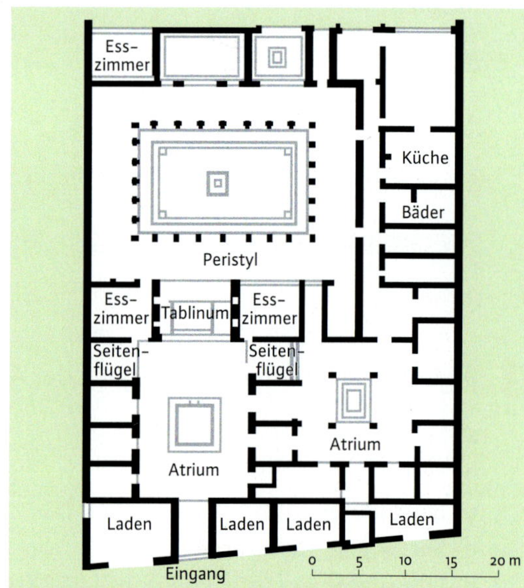

Grundriss eines Stadthauses (Casa del Fauno in Pompeji, Ausschnitt)

Übungen

1 Ordne die Wörter des Textes (Z. 1–10) nach den folgenden Wortarten:

	Eigenname	Substantiv	Verb	Adverb
z. B.:	Marcus	–	gaudet	–

2 Schreibe alle Räume des Hauses heraus, in denen die Mitglieder der Familie einer Tätigkeit nachgehen. Ordne dann der lateinischen Bezeichnung des Raumes die jeweiligen Subjekte und Prädikate aus dem Lektionstext zu, z. B.: tablīnum: Ibi dominus labōrat.

3 Spielt den Lektionstext. Teilt euch dazu in Gruppen ein. Versucht zunächst, den Text pantomimisch darzustellen. Wenn dies gelingt, ist es ein Leichtes, die Szene mit dem lateinischen Text zu spielen.

4 Bilde den Infinitiv zu folgenden Verbformen:

gaudet, dormiunt, labōrat, tacent, venit, cēnant, vocat, stupent

5 Verwandle die Infinitive jeweils in die 3. Person Singular und Plural und übersetze sie dann:

rīdēre, ambulāre, explicāre, venīre, tacēre, dormīre, labōrāre, gaudēre

6 Übersetze und wandle dann die folgenden Sätze um. Aus Singular wird Plural oder umgekehrt.

Beispiel: Servus intrat. → Servī intrant.
Der Sklave tritt ein. Die Sklaven treten ein.

a) Amīcus venit.
b) Hīc amīcae sunt.
c) Domina tacet.
d) Serva labōrat.
e) Dominī rīdent.
f) Ibi fīlius est.

7 Die Schlangen haben in einem Zug einen lateinischen Satz verschluckt. Suche die Wortgrenzen und übersetze dann den jeweiligen Satz:

a)
b)
c)

8 Lies die Sachinformation zum römischen Stadthaus und ordne die lateinischen Begriffe den richtigen deutschen Bedeutungen zu:

1. vestibulum
2. tabernae
3 ātrium
4. impluvium
5. tablīnum
6. hortus
7. triclīnium
8. culīna
9. balneum
10. lātrīna
11. cubicula

a) Arbeitszimmer
b) Schlafräume
c) Bad
d) Toilette
e) Garten
f) Vorraum
g) Atrium
h) Läden
i) Küche
j) Essraum
k) Becken mit Regenwasser

Lektion 3

Märkte und Läden in Rom

Im antiken Rom gab es nicht nur einen Marktplatz (forum), sondern mehrere Marktplätze (fora). Diese fora waren Großmärkte, die auf bestimmte Waren spezialisiert waren. So gab es im antiken Rom einen Markt, wo man Lebensmittel einkaufen konnte (vēlābrum). Daneben gab es den Rindermarkt (forum boārium), den Gemüsemarkt (forum holitōrium), den Brotmarkt (forum pistōrium) und den Fischmarkt (forum piscātōrium).

Der bedeutendste und älteste Marktplatz war das Forum Romanum. In der Mitte der Stadt gelegen, entwickelte sich das Forum Romanum im Laufe der Zeit von einem reinen Marktplatz zum kulturellen und politischen Zentrum Roms. Davon zeugen Denkmäler (monumenta), Tempel (templa) und Statuen (statuae).Neben den Märkten fanden sich in Rom auch eine Vielzahl von Läden (tabernae), die über das gesamte Stadtgebiet verteilt waren.

Unter tabernae muss man sich alle Arten von Läden, Werkstätten und Geschäften vorstellen. In Ihnen wurden nicht nur Waren angeboten. Als taberna wurde z. B. das Fleischgeschäft (taberna laniōnis) bezeichnet, aber auch der Buchladen (taberna librāria), der Frisörladen (taberna tonsōris), die Wechselstube eines Bankiers (taberna argentāria) oder die Kneipe (taberna caupōnia).

Viele Läden waren zugleich Verkaufsraum und Werkstätten. Sie lagen in der Regel direkt an einer Straße. Die Waren wurden meist auf einer Theke ausgebreitet. Die tabernae waren den ganzen Tag über geöffnet. Feste Preisauszeichnungen für die Waren gab es offensichtlich nicht. Bei größeren Produkten war es daher wohl üblich, beim Kauf in einem Gespräch um den Preis zu feilschen.

Die Marktzone Roms mit den verschiedenen fora

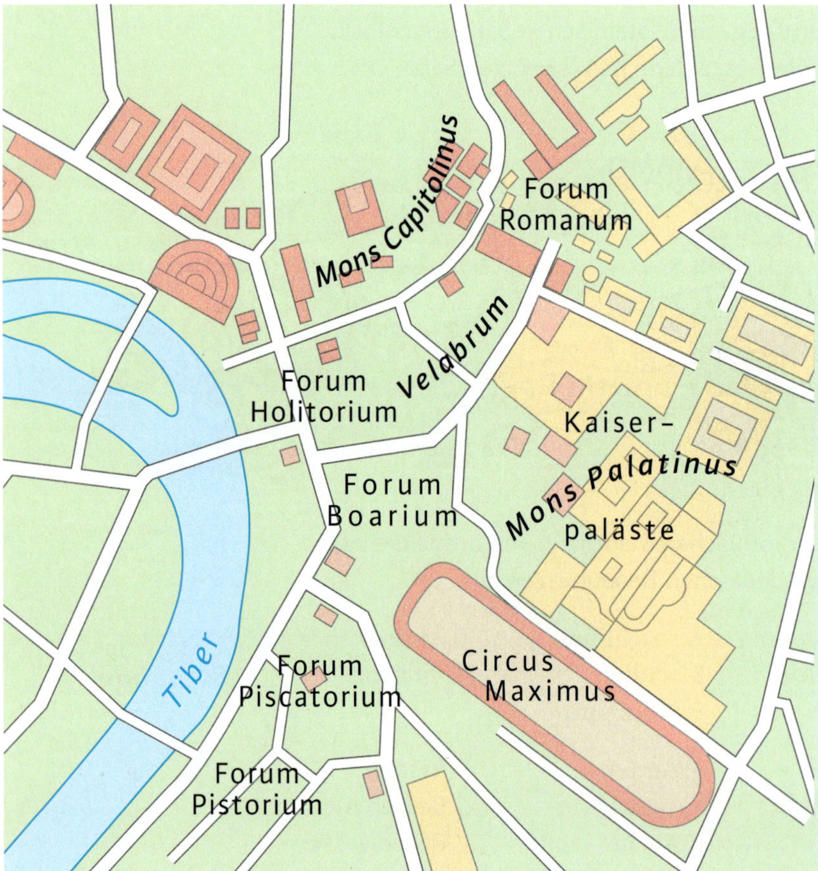

Akkusativ Singular und Plural der a- und o-Deklination/ o-Deklination: neutrum

Dominus fīliam et fīlium salūtat. Etiam servās et servōs salūtat.
Tum forum visitant. Dominus explicat: „Hīc forum est, hīc monumenta et templa sunt.
Nōnia et Quīntus gaudent: Forum intrant. Templa et monumenta spectant.

Erste Übungen

1 Ergänze die richtigen Endungen und Ausgänge und übersetze dann:

a) Dominus Dāv ? serv ? vocat.
b) Servus domin ? salūtat.
c) Domina Dāv ? et Eutych ? serv ? vocat.
d) Ubī serv ? sunt? Domina serv ? exspectat.
e) Servī domin ? et domin ? salūtant.
f) Amīcī hort ? intra ? . Amīcae for ? intra ? .
g) Hīc templ ? est. Ibi for ? sunt.

2 Wer grüßt wen? Schaffst du es, mindestens acht verschiedene Sätze zu bilden?

Domin ? serv ? salūta ? .

templum

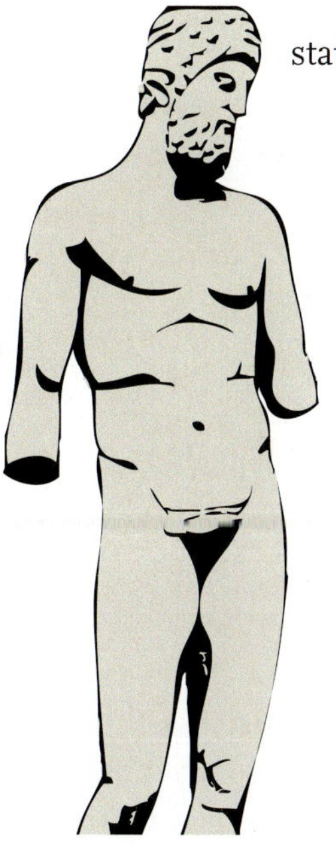
statua

vīnum

frūmentum

L „Auf zum Einkaufen!"

Die beiden Sklaven Davus und Eutychus gehen auf den Märkten Roms einkaufen. Dabei kommen sie an Plätzen und Sehenswürdigkeiten vorbei, die der aus Griechenland stammende Eutychus bisher nur aus Erzählungen kennt.

Domina Dāvum et Eutychum vocat. Nam servī cibāria[1] apportāre dēbent. Dāvus et Eutychus statim pārent et properant. In viīs[2] theātrum, templa, statuās vident.

Eutychus stupet et monumenta diū spectat.

Tum Dāvum rogat: „Ubī est Circus Maximus[3]?" Dāvus autem Eutychum monet: „Properā[4]! Domina enim nōs[5] iam exspectat!"

Tandem servī forum boārium, forum holitōrium, forum pistōrium, forum piscātōrium visitant. Ibi tabernās vident, tabernāriōs[6] audiunt: „Frūmentum! Vīnum! Pōma[7]!" Servī tabernam intrant et frūmentum, vīnum, pōma emunt[8].

Dominus autem et domina servōs iam diū exspectant. Lūcius Calpurniam rogat: „Ubī Dāvus et Eutychus sunt? Cūr cibāria[1] nōn apportant?"

Ladenschild eines Gemüsehändlers (Relief aus Ostia)

[1] **cibāria (Akk. Pl.) n.** Lebensmittel
[2] **in viīs** unterwegs
[3] **Circus Maximus** Name der größten Pferderennbahn in Rom
[4] **Properā! (Befehlsform)** Beeil dich!
[5] **nōs (Akk. Plural)** uns
[6] **tabernārius** der Ladenbesitzer
[7] **pōma (Neutrum Plural)** Obst
[8] **emunt** sie kaufen

Übungen

1 Lies das Lesestück sorgfältig durch und ordne die Aussagen sinnvoll zu:

1. Domina	a) fora visitant.
2. Servī	b) servōs exspectant.
3. Eutychus	c) pārent et properant.
4. Dāvus et Eutychus	d) servōs vocat.
5. Dominus et domina	e) monumenta spectat.

2 Bilde den Akkusativ von folgenden Wörtern.
z. B.: amīca (Nom.) → amīcam (Akk.)

theātrum, dominī, tabernae, monumenta, fīlia, servus

Wie lautet der Nominativ von folgenden Akkusativen?
z. B.: servōs (Akk.) → servī (Nom.)

forum, statuās, templa, dominam, amicōs, hortum

3 Welche Endung passt?

statu-? vīn-? tacē-? Nōni-? veni-? Quīnt-? roga-? amīc-?

-um -ōs -nt -t -a -ās -re -us

4 Ordne die folgenden Substantive nach ihrem Genus (masculinum, femininum, neutrum) und nach ihrer Deklination (a-Deklination, o-Deklination):

domina, theātra, statua, monumenta, fīlia, taberna, vīna, serva, fora, porta, fīlium, vīnum, hortum, monumentum, amīcum, frūmentum, servum

5 Beschreibe die Lage der Lebensmittelmärkte (fora) in Rom. Betrachte dazu die Karte auf Seite 18. Überlege, warum diese fora gerade an dieser Stelle im Stadtgebiet Roms liegen. Gibt es ähnliche Marktbezeichnungen wie in Rom auch als Straßennamen in deiner Stadt oder in der näheren Umgebung?

6 Viele lateinische Bezeichnungen für Lebensmittel sind als Lehnwörter in unsere Sprache eingegangen. Ordne den folgenden lateinischen Wörtern die deutschen Entsprechungen zu:

menta – cucurbita – piper – oleum – laurus – cerasum – vīnum – fēniculum – fīcus – rādix – cumīnum – persicum

Fenchel – Feige – Kirsche – Kürbis – Kümmel – Lorbeer – Minze – Öl – Pfeffer – Pfirsich – Rettich – Wein

Lektion 4

Mahlzeiten und Essgewohnheiten

Die Römer nahmen in der Regel dreimal am Tag eine Mahlzeit ein. Beim morgendlichen Frühstück (ientāculum) und beim prandium zur Mittagszeit aß man eher wenig. In der Früh begnügte man sich mit Brot und Früchten. Man trank dazu Wasser oder stark mit Wasser verdünnten Wein. Am Mittag ernährte man sich wiederum von Brot und Wasser oder verdünntem Wein. Das eher karge Mittagessen wurde allenfalls durch Gemüse, Fisch oder kaltem Fleisch ergänzt. Brot (pānis), Wasser (aqua) und Wein (vīnum) waren in der Antike Grundnahrungsmittel.
Hauptmahlzeit war die cēna. Sie begann am Nachmittag und konnte bis in den Abend dauern. Ärmere Römer nahmen ein warmes Bohnen-, Linsen- oder Getreidegericht sowie Käse, Eier oder gewöhnliches Obst zu sich. Fleisch war zu teuer. Bei Reichen bestand die cēna aus mehreren Gängen mit einer abwechslungsreichen Speisenfolge. Kaufleute und Händler brachten ausgesuchte Spezialitäten aus weit entfernten Provinzen nach Italien und in die Hauptstadt Rom. Beliebt waren als Aperitif ein mit Honig gesüßter Wein und als Vorspeise Fisch, Salat oder Eier. Zum Hauptgang wurden Vögel, Wild, Lamm- und Schweinefleisch, auch Schinken oder Würste gereicht. Als Nachspeise gab es Früchte. Syrische Pflaumen und Granatapfelkerne waren Delikatessen. Die Gerichte wurden nacheinander serviert, nachdem man es sich im Speisezimmer (triclīnium) auf einem breiten Sofa (lectus) bequem gemacht hatte. Für Frauen hielt man oft Sessel bereit.
Wenn man Gäste (convīvae) einlud, wurde aus der cēna ein Gastmahl (convīvium). Für alle, die es sich leisten konnten, war das der gesellige Höhepunkt eines Tages. Das Zusammensein und die Gespräche mit anderen galten nämlich als mindestens so wichtig wie das Essen selbst.

Triclinium in Kaiseraugst

G Das Präsens der a-, e- und i-Konjugation/ Dativ Singular und Plural der a- und o-Deklination

Dominus Dāvum rogat: „Cūr nōn labōrās? Labōrāre dēbēs." Dāvus: „Properō et pāreō."
Domina servās monet: „Cūr labōrāre cessātis? Quid vidētis, quid audītis?" Servae: „Amīcōs vidēmus et amīcās audīmus. Nunc labōrāmus."
Quīntus et Nōnia Dāvum vident. Dāvus Quīntō et Nōniae explicat: „Servī dominīs semper pārēre dēbent. Etiam servae dominīs pārent."

Erste Übungen

1 Konjugiere folgende Verben im Indikativ Präsens:

a) dormīre b) salūtāre c) rīdēre

2 Bilde den Dativ Singular und Plural von folgenden Substantiven:

a) hortus c) forum e) amīcus g) taberna
b) familia d) templum f) serva h) fīlius

3 Unterscheide nach Verben und Substantiven.
Trage die folgenden Wörter in einer Tabelle – nach Wortarten geordnet – ein und bestimme sie dann genau; die Verben nach Person und Numerus, die Substantive nach Kasus, Numerus und Genus:

a) dominō, explicō, dormiō, cēnō, amīcō, pāreō, vīnō
b) labōrās, dominās, cessās, familiās, statuās, rogās, exspectās
c) audīs, hortīs, venīs, templīs, statuīs, venītis, fīliīs, dormītis

Convīvae veniunt. *Ātrium* intrant et vocant: *„Salvēte!“* *Lectōs* et *cibōs* vident. Dominum dominam*que* laudant. Nam *libenter* cēnant. Dominus domina*que* *valdē* gaudent et *respondent*: *„Salvēte!* Servae *cēnam parant.*“ Tum dominus *imperat*; statim servī *aquam* apportant.

W

L Vorbereitungen zum Gastmahl

Lucius Nonius und seine Familie laden zum Abendessen gerne Gäste ein. Das gesellige Zusammensein am Ende eines Tages ist für sie wie für alle Römer sehr wichtig. Deshalb legen sie auf die Vorbereitungen großen Wert.
Lucius Nonius steht im triclīnium, dem Speisezimmer seines Hauses, und beaufsichtigt die Arbeiten seiner Sklaven:

Lūcius Nōnius servīs imperat. Servī dominō pārent: „Properāmus. Lectōs parāmus et vīnum apportāmus. Vidēs: Nōn cessāmus." Lūcius servōs laudat: „Videō: Nōn cessātis. Lectōs parātis et vīnum apportātis."
In culīnā[1] Cynthia serva labōrat. Serva dominae cibōs et aquam apportat. Quīntus et Nōnia stupent et servam rogant: „Cūr cibōs apportās?" Cynthia rīdet et fīliō fīliaeque explicat: „Cēnam parō. Nam hodiē convīvās exspectāmus. Vidētis ..." Subitō Calpurnia vocat: „Quid cessās? Cūr cēnam nōn parās?" Serva dominae statim respondet: „Properō! Cēnam parō."
Iam convīvae appropinquant. Ātrium intrant et salūtant: „Salvēte! Valdē gaudēmus. Libenter venīmus. Convīvia enim amāmus."
Mox familia et amīcī cēnant. Eutychus servus convīvīs fābulās recitat. Nam nōn sōlum vīnum amant. Etiam fābulae amīcīs placent.

[1] **in culīnā** in der Küche

Szene einer cēna (Grabstein, ca. 2. Jh. n. Chr., Römisch-Germanisches Museum, Köln)

Übungen

1 Durcheinander beim Gastmahl? Lies das Lesestück aufmerksam durch und ordne die Aussagen in der richtigen Reihenfolge zu:

1. Servī	a) cēnam parat.
2. Cynthia serva	b) ātrium intrant.
3. Serva	c) lectōs parant et vīnum apportant.
4. Convīvae	d) convīvīs fābulam recitat.
5. Familia et amīcī	e) cibōs et aquam apportat.
6. Eutychus	f) cēnant.

2 Ordne alle Prädikate des Lesestücks in einer Tabelle nach Person und Numerus.

3 Übersetze die folgenden Verb- und Substantivformen ins Deutsche. Verändere im Deutschen den Numerus und übersetze dann ins Lateinische.

Beispiel: fīliō: dem Sohn → den Söhnen → fīliīs
labōrātis: ihr arbeitet → du arbeitest → labōrās

a) audīs, placētis, recitās, convīvās, laudās
b) tacētis, portīs, apportātis, portās, properās, intrās, familiās
c) amīcīs, ātriīs, cibīs, aquīs, amātis, lectīs, fābulīs
d) theātrō, spectō, veniō, vīnō, vocō, hortō, cessō, ambulō, forō, gaudeō
e) cibus, parāmus, recitāmus, venīmus, dominus, dēbēmus, audīmus

4 Füge die passenden Verbformen in die jeweilige Lücke ein:

a) respondēmus, ? ? ?, respondent
b) ? ? ?, pārēs, pāret
c) dormīmus, dormītis, ? ? ?
d) laudō, ? ? ?, laudat
e) parāmus, parātis, ? ? ?
f) ? ? ?, venīs, venit

5 Setze die passenden Endungen der Substantivformen ein und übersetze:

a) Cūr amīc ? libenter pārēmus? b) Cūr amīc ? nōn exspectātis? c) Cūr aqu ? et cib ? nōn apportās? d) Cūr fābul ? domin ? domin ? que nōn placet? e) Cūr serv ? convīv ? fābul ? nōn recitat? f) Cūr tabern ? nōn appropinquās? g) Cūr serv ? domin ? vīn ? et aqu ? nōn apportant?

6 Bestimme die Satzglieder der folgenden Sätze. Übertrage hierzu die Tabelle unten in dein Heft und ordne die Satzglieder der einzelnen Sätze in die richtige Spalte ein.

Subjekt	Dativ-Objekt	Akkusativ-Objekt	Prädikat
convīvae	–	ātrium	intrant

a) Dominus servīs imperat. b) Servī dominō cibōs et aquam portant.
c) Domina servās vocat. d) Dominae servae pārent.
e) Eutychus convīvīs fābulās recitat.

7 Welche Personen und Gegenstände eines Gastmahls erkennst du auf der Szene einer cēna auf S. 24?

Lektion 5

Schriftstücke und Schreibmaterial

In der Antike benutzten Menschen unterschiedliche Arten von Schriftstücken zu unterschiedlichen Zwecken. Sie kannten Schreibtafeln (tabulae) für Notizen aller Art, Briefe (epistulae, litterae) und Bücher (librī). Diese bestanden meist aus längeren Schriftrollen (volūmina). Schriftstücke geringeren Umfangs bezeichnete man in der lateinischen Sprache auch als libellī. Da der Buchdruck noch nicht erfunden war, wurde alles von Hand geschrieben. Die Römer benutzten ein Alphabet, das sie von den Griechen übernommen hatten, allerdings in einer von den Etruskern veränderten Form. Erster Buchstabe (littera) war das A, ursprünglich das griechische Alpha.

Für Notizen aller Art verwendete man Holztafeln. Diese waren mit geschwärztem Wachs überzogen. In die Wachsschicht wurden die Buchstaben mit einem Griffel (stilus) eingeritzt. Dieser bestand aus Holz oder Metall und hatte eine feine Spitze. Mit dem breiten Ende des Griffels konnte man das Wachs glatt streichen und das Geschriebene wieder entfernen. Tafel und Griffel waren deshalb für den Schulunterricht besonders gut geeignet. Sie waren aber auch für den schnellen Briefverkehr innerhalb einer Stadt von Nutzen. Häufig band man mehrere Tafeln mit Lederschnüren zu einem cōdex zusammen, ähnlich wie die Seiten in einem modernen Buch.

Terentius Neo und seine Frau (Wandmalerei aus Pompeji)

Für bedeutendere Briefe und Schriftstücke benutzte man Papyrus, den man aus den Stängeln und dem Mark der gleichnamigen, im Nildelta wachsenden Pflanze herstellte. Als Schreibgerät diente in diesem Fall ein dünnes Rohr, mit dem man eine Tinte aus Ruß, Leim, Harz und Wasser auftrug. Eine größere Anzahl von Papyrusschriftrollen bewahrte man zusammen in speziellen Behältern (capsae) auf. Briefe aus Papyrus wurden in der Regel gefaltet oder gerollt und mit einem Wachssiegel versehen.

Im Allgemeinen nannten die Römer einen Brief entweder litterae („Buchstaben", „Geschriebenes"), oder sie benutzten das aus dem Griechischen kommende Wort epistula.

G

Imperativ Singular und Plural/Vokativ Singular und Plural

Dominus vocat: „Audīte, vidēte! Convīvae iam veniunt. Servae, aquam apportāte!“ Servae properant et respondent: „Cūr vocās, domine? Vidē: Aquam iam apportāmus. Venī et spectā!“
Iam dominus dominaque convīvās salūtant: „Salvēte, amīcī!“ Convīvae rīdent et respondent: „Salvē, Lucī! Salvē, Calpurnia!“

Erste Übungen

1 Bilde von folgenden Verben den Imperativ Singular und Plural:

a) respondēre b) properāre c) dormīre d) parāre e) tacēre f) reperīre

2 Bilde den Vokativ von folgenden Eigennamen:

Eutychus, Dāvus, Nōnia, Calpurnia, Aurēlia, Mārcus, Quīntus, Cynthia, Lūcius.

3 Setze die passenden Endungen der Imperative oder die Ausgänge der Vokative ein und übersetze:

a) Venīte, amīc ? !
b) Cēnam parāte, serv ? !
c) Vīnum apport ? , servi!
d) Fābulam recit ? , Eutyche!
e) Aud ? , fīlī!
f) Aud ? , fīliī!
g) Rog ? dominam, serva!
h) Statuam spect ? , domine!

W

Lūcius *narrat*: „*Cūrae* Mārcum amīcum *vexant*.“ Tum familiae *epistulam* recitat: „Mārcus Lūcium salūtat. Cūrae *mē sollicitant. Iterum atque iterum* mē sollicitant. *Sed* amīcī mē adiuvant.“

Schreibmaterial (Tintenfass, Stilus, Schriftrolle, Wachstafeln) und Geld, Pompeji, 1. Jh. n. Chr.

L Ubī litterae sunt?

Hektik in der Früh: Lucius Nonius sucht verzweifelt nach einem Brief, den er verlegt hat. Er sorgt im ganzen Haus für Unruhe.

Māne Calpurnia servās diū exspectat. Tandem servae appārent et dominae appropinquant: „Salvē, domina!“ Calpurnia respondet: „Properāte, servae! Quid tam diū cessātis? Nārrāte!“

Servae dominae nārrant: „Dominus litterās nōn reperit. In tablīnō[1] est et iterum atque iterum clāmat: ‚Ubī sunt litterae? Amīcus hodiē epistulam exspectat.‘ Dāvō servō imperat: ‚Adiuvā dominum, Dāve!‘ Clāmat: ‚Reperīte epistulās, servae!‘ Ecce! Ibi dominus appropinquat. Salvē, domine!“

Lūcius Nōnius salūtat: „Salvē, Calpurnia! Salvēte, servae! Audīte! Cūrae mē sollicitant et vexant. Nam amīcus hodiē litterās exspectat. Sed epistulam nōn reperiō. Calpurnia, adiuvā mē!“

Calpurnia rīdet: „Per deōs immortālēs[2]! Saepe tabulās vel libellōs vel litterās nōn reperīs! Ecce Eutychus! Venī, Eutyche! Adiuvā dominum et reperī epistulam!“

[1] **in tablīnō** im Arbeitszimmer

[2] **per deōs immortālēs** Bei den unsterblichen Göttern!

Übungen

1 Ordne alle Sätze des Textes nach Satzarten. Wo finden sich Aussage-, Aufforderungs- und Fragesätze?

2 Überprüfe die Wortstellung der Prädikate im Text. Vergleiche hierzu die Prädikate im Indikativ mit den Prädikaten im Imperativ.

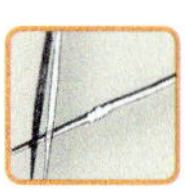

3 Ordne die folgenden Formen nach Verben, Substantiven und Adverbien und übersetze sie dann:

a) serve, salvē, tacēte, domine, gaudēte, monē, ecce, amīce, māne
b) dominī, dormī, libellī, fīliī, ubī, fīlī, venī, reperī, hortī
c) spectā, serva, templa, vocā, vīna, convīva, convīvia, cessā, amā

4 Forme um in den Singular und übersetze dann:

a) Audīte, amīcī! b) Vidēte, fīliī! c) Apportāte epistulās, servae!
d) Spectāte monumenta, convīvae! e) Venīte, dominī!
f) Dormīte, fīliae! g) Intrāte, dominae!

5 Wer macht was? Übersetze:

a) Domina monumenta videt.
b) Servae dominae pārent.
c) Templa fīlia spectat.
d) Servae fīliae fābulam recitant.
e) Fīliae servae respondent.
f) Convīvae fīliae vīnum apportant.
g) Convīvae tabernae appropinquant.

6 Einiges geschieht nicht so, wie es sein soll. Übersetze und bilde dann aus dem Aussagesatz einen Aufforderungssatz.

Beispiel: Fīlia nōn dormit. Dormī, fīlia!

a) Fīlius nōn venit.
b) Serva dominae nōn respondet.
c) Eutychus fābulam nōn explicat.
d) Convīvae ātrium nōn intrant.
e) Amīcī vīnum nōn vident.
f) Servae convīvās nōn audiunt.

7 Bestimme die Satzglieder der folgenden Sätze. Übertrage hierzu die Tabelle unten in dein Heft und ordne die Satzglieder der einzelnen Sätze in die richtige Spalte ein:

a) Familia forō appropinquat. b) Eutychus familiae forum explicat.
c) Monumenta dominō et dominae placent. d) Fīliō et fīliae statuae placent.

Subjekt	Dativ-Objekt	Akkusativ-Objekt	Prädikat
Familia	forō	–	appropinquat.

8 Versuche, dieses Graffito zu entschlüsseln. Die folgenden Wörter in alphabetischer Reihenfolge (mit deutscher Übersetzung) können dir dabei helfen:

ASELLE („Esel“, Vokativ); EGŌ („ich“);
LABŌRĀVI („ich habe gearbeitet“);
PRŌDERIT („es wird nützen“);
QUŌMODO („wie“); TIBI („dir“).

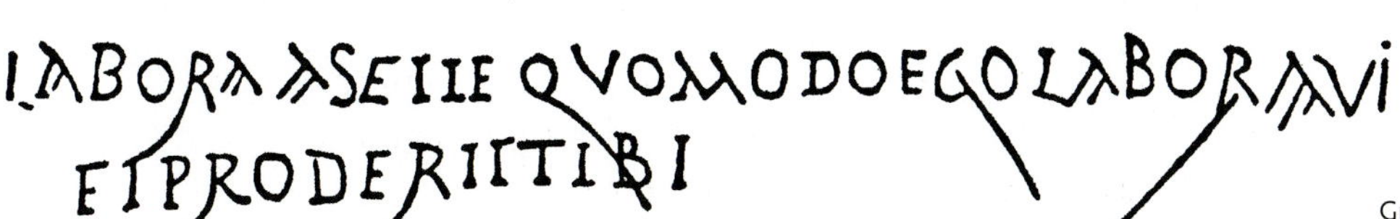

Graffito aus einer Getreidemühle in Rom

Plateaulektion 1 – 5

Grundwissen: Aus dem Alltag einer römischen familia

familia
bezeichnet anders als heute alle Familienmitglieder, dazu auch die Sklaven, die Freigelassenen und die Gefolgsleute des Hausherrn.

domus
ist das Stadthaus eines reichen Römers. Es hat eine Empfangshalle (ātrium), die ein geöffnetes Dach besitzt. Um das ātrium gruppieren sich das Arbeitszimmer (tablīnum), das Schlafzimmer (cubiculum) und das Speisezimmer (triclīnium).

convīvium
Im triclīnium findet das Gastmahl (convīvium) statt. Die Hauptmahlzeit (cēna) beginnt meist am späten Nachmittag. Zum Essen liegt man auf einem Speisesofa (lectus).

litterae
Im tablīnum bewahrt der Hausherr auch seine Dokumente auf. Für kurze Notizen verwendet man eine Wachstafel (tabula et stilus). Für längere Schreiben verwendet man eine kleine Buchrolle (libellus) oder man verschickt einen Brief (litterae, epistula).

forum
Mit Lebensmitteln versorgen konnte man sich auf einem Markt (forum). In Rom gab es neben dem forum Rōmānum noch viele weitere Märkte, auf denen Waren aus aller Welt gehandelt wurden. Sie wurden in zahlreichen Läden (tabernae) angeboten.

Eine Einladung zum Gastmahl

Nach langem Suchen ist es endlich gelungen, den Brief des Lucius Nonius zu finden. Bevor Lucius den Brief den Sklaven gibt, damit sie ihn seinem Freund Marcus überbringen, liest er ihn noch einmal durch:

„Salvē, Mārce!

Iam diū litterās ā mē[1] exspectās. Certē[2] rogās: ‚Quid Lūcius Nōnius cessat? Cūr amīcō nōn respondet? Cūr servus nōn venit et litterās apportat?‘

Etiam Calpurnia mē[3] iterum atque iterum monet: ‚Parā convīvium et invīta[4] Mārcum amīcum! Convīvium enim Mārcō valdē placet.‘

Etiam nōbīs[5] placet cēnāre, nārrāre, rīdēre. Gaudēmus valdē, sī[6] hodiē nōbīscum[7] cēnās. Properā, Mārce, et venī! Servī iam labōrant, servae cibōs parant et dominae pārent.“

Tum Lūcius Nōnius Eutychō et Dāvō servīs epistulam mandat[8] et imperat: „Properāte, servī, et epistulam Mārcō amīcō mandāte! Convīvam iam exspectāmus.“

1 **ā mē** von mir
2 **certē (Adv.)** sicherlich
3 **mē (Akk.)** mich
4 **invītāre** einladen
5 **nōbīs (Dat.)** uns
6 **sī** wenn
7 **nōbīscum** mit uns (zusammen)
8 **mandāre** (etwas) übergeben

Mosaik eines römischen Gastmahls mit dem „Asaroton-Motiv“, aus einer Villa im östlichen Mittelmeerraum, ca. 450 n. Chr. (Château de Boudry, Musée de la Vigne et du Vin)

- Das Mosaik zeigt ein großes Gastmahl mit neun Gästen; Speisereste wurden offensichtlich einfach auf den Boden geworfen. Informiert euch über die Tischsitten bei den Römern und stellt die Ergebnisse in eurer Klasse vor.
- Von dem Römer Apicius ist das älteste erhaltene Kochbuch (dē rē coquināriā – Über die Kochkunst) überliefert. Sucht in einer Bibliothek oder im Internet Rezepte aus diesem Kochbuch und kocht danach gemeinsam für ein „römisches Gastmahl“ in eurer Klasse.

Methodenkompetenz (1): Sätze erschließen

1. Eine gute Methode, die lateinischen Sätze zu übersetzen, ist das Abfragen der einzelnen Satzglieder. Es ist hilfreich, wenn du dir daher das folgende Schema einprägst.

Servus convīvīs cibōs apportat.

a) **Was wird ausgesagt?** (Frage nach dem Prädikat) → apporta-t. **-t** ist 3. Person Singular Präsens: er, sie, es bringt herbei

b) **Wer oder Was?** (Frage nach dem Subjekt) → serv-us. **-us** ist Nominativ Singular masculinum: der Sklave

c) **Wen oder Was?** (Frage nach dem Akkusativobjekt) → cib-ōs. **-ōs** ist Akkusativ Plural masculinum: die Speisen

d) **Wem?** (Frage nach dem Dativobjekt) → convīv-īs. **-īs** ist Dativ Plural masculinum: den Gästen

3. Bei längeren Sätzen kannst du dir zunächst die einzelnen Antworten auf einem Zettel notieren. Wenn du alle Satzglieder abgefragt hast, kannst du den Satz anschließend im Deutschen in eine sinnvolle Reihenfolge bringen.

4. In den nächsten Lektionen kannst du dieses Abfrageschema mit den neu gelernten Kasus und den entsprechenden Fragen erweitern.

Methodenkompetenz (2): Vokabellernen in Sachfeldern

1. Wenn Wörter verschiedener Wortarten einem gemeinsamen Sachbereich angehören, spricht man von einem „Sachfeld". Es ist hilfreich, wenn du die bereits gelernten Vokabeln zusätzlich nach Sachfeldern zusammenstellst.

2. Zum Sachfeld „Gastmahl/Essen" hast du z. B. schon die folgenden lateinischen Wörter gelernt: aqua, cēna, cēnam parāre, cēnāre, cibus, convīva, convīvium, frūmentum, lectus, vīnum.

3. Stelle selbst aus den Vokabeln der Lektionen 1–5 Sachfelder zusammen zu den Themen „Familie", „Lesen und Schreiben", „Kommen und Gehen", „Reden und Sprechen".

Übungen

1 Verbum oder Substantiv? Ordne die folgenden Wörter in einer Tabelle nach den Wortarten. Gib bei den Verben an, zu welcher Konjugation sie gehören, und übersetze die Formen. Bestimme die Substantive nach Kasus, Numerus und Genus und nenne ihre Bedeutung:

Formen erkennen

a) adiuvā – aqua – clāmā – convīva – convīvia – explicā – fābula – fora – intrā – statuā – vīna – vocā
b) amīcī – audī – dominī – dormī – servī – venī
c) appārē – amīce – domine – dormīre – salvē – serve
d) amō – ātriō – cēnō – cibō – labōrō – libellō – veniō – vīnō
e) ambulās – convīvās – cūrās – exspectās – laudās – litterās – parās – portās

2 a) Gut zuhören! Übersetze und ersetze dann durch die entsprechenden Formen von audīre:

Formen bilden

nārrās – nārrāmus – nārrō – nārrāt – nārrātis – nārrant

b) Bitte Ruhe! Übersetze und ersetze dann durch die entsprechenden Formen von tacēre:

dormiunt – dormīmus – dormiō – dormit – dormītis – dormīs

3 Formenstaffel. Bilde die angegebenen Kasus:

a) dominus → Plural → Akkusativ → Singular → Vokativ → Plural → Dativ → Singular → Nominativ
b) Bilde dieselbe Reihe jeweils mit domina und templum.

4 Frage die folgenden Sätze nach dem Abfrageschema (S. 32) ab und übersetze sie dann:

Satzglieder erkennen und Sätze erschließen

a) Dominus et domina convīvās exspectant.
b) Convīvae familiae appropinquant.
c) Convīvae ātrium intrant et salūtant.
d) Servae convīvīs cibōs apportant.
e) Cibī dominō, dominae, convīvīs placent.

5 Verwandle die Aussagesätze in Aufforderungssätze.

Satzarten unterscheiden

Beispiel: Quīntus nōn tacet. → Tacē, Quīnte!
a) Servī nōn properant.
b) Servae dominae nōn pārent.
c) Dominus servōs nōn laudat.
d) Dāvus Nōniae fabulam nōn recitat.

Lektion 6 – 10

Im Zentrum von Rom

Im Zentrum von Rom wirst du bedeutende und große Bauwerke kennenlernen, deren Pracht im ganzen römischen Reich berühmt war. Sie dienten entweder dem Freizeitvergnügen der Römer oder wurden bei offiziellen politischen oder religiösen Anlässen aufgesucht.

Im Circus Maximus fanden aufregende Wagenrennen statt. Mehr als 200 000 Zuschauer fieberten mit, wenn die Wagenlenker ihrer Lieblingsmannschaften an den Start gingen.

Die zahlreichen Thermen sind ein Zeichen des Wohlstands in Rom. Wann immer die Römer Zeit hatten, suchten sie diese öffentlichen Badeanlagen auf.

- Was erwartet uns heute in einem Zirkus?
- In welchen deutschen Wörtern findet sich die Silbe „Therm-“? Was bedeutet sie jeweils?

Blick auf das Kapitol und das Forum

Das Forum ist der Mittelpunkt Roms und des römischen Reiches. Hier findest du Tempel, Basiliken, eine Rednerbühne, Statuen und viele Triumphbögen.
Über dem Forum thront Jupiter in seinem Tempel auf dem Kapitol. Er schützt die Stadt und die Herrschaft der Römer.

Iuppiter

Apollo

Mars

Venus

- Wo verwenden wir heute noch den Begriff „Forum“?
- Welche römischen Götter kennst du schon? Wofür sind sie jeweils zuständig?

Lektion 6

Der Circus Maximus

Die Römer liebten öffentliche Spiele (lūdī). Dazu gehörten die Gladiatorenkämpfe und die Pferderennen. Allein in Rom gab es vier große Rennbahnen (arēnae), von denen der Circus Maximus die älteste, größte und wichtigste war. Schon im 4. Jahrhundert vor Christus erhielt er das Aussehen, das er im Wesentlichen bis zum Ende der Kaiserzeit behalten sollte.
Er hatte die Form eines langgezogenen Ovals; an den Längsseiten und in einer Kurve saßen die Zuschauer. Die andere Schmalseite wurde von den Ställen für die Pferde (equī) beherrscht. Rechts und links davon befand sich ein Turm. Die eigentliche Rennbahn wurde in der Mitte durch einen schmalen Streifen, die sogenannte spīna, geteilt. Die spīna war mit Statuen und Obelisken geschmückt, dort befanden sich auch sieben Delfine aus Bronze, die dazu dienten, die Runden zu zählen.
Der Circus Maximus war mehr als 600 Meter lang und etwa 150 Meter breit. Im ersten Jahrhundert nach Christus konnten mehr als 250 000 Menschen den Circus Maximus besuchen. Die Sitzreihen waren teilweise aus Stein, teilweise auch aus Holz.
Wie heute in der Formel 1 gab es auch in der Antike verschiedene Mannschaften, die an den Rennen teilnahmen. Die Rennställe wurden nach ihren Farben „die Roten“, „die Weißen“, „die Grünen“ und „die Blauen“ benannt. Die Wagenlenker wurden – wie heute auch die Rennfahrer – sehr verehrt und konnten durch ihre Erfolge viel Geld verdienen. Allerdings war ihr Beruf auch sehr gefährlich: Nicht selten kamen Wagenlenker durch Unfälle während der Rennen zu Tode.
Bevor die Rennen starteten, zog der Festzug (pompa), der am Kapitol begann, in den Circus ein. Dabei wurden unter anderem die Götterbilder (simulācra) in die Rennbahn (arēna) hineingetragen und auf der spīna abgestellt. Nach dem Opfer für die Götter konnten dann die Wagenrennen beginnen. Normalerweise mussten

Wagenrennen im Circus Maximus: Zwei Gespanne umrunden gerade die spīna die Wagenlenker mit den Pferden die spīna siebenmal umrunden, was angesichts der Enge an den Schmalseiten immer wieder zu lebensgefährlichen Zusammenstößen und Stürzen führte. In der Republik wurden zwölf Rennen am Tag abgehalten, später erhöhten die Kaiser die Zahl der Rennen auf 24 oder mehr pro Tag.

Das Substantiv als Prädikatsnomen/ Der Genitiv der a- und o- Deklination

G

Lūcius Nōnius rogat: „Ubī est servus? Ubī sunt litterae?" Dāvus appropinquat et salūtat. Etiam dominus salūtat. Lūcius Nōnius dominus est. Dāvus et Eutychus servī sunt.
Dominus epistulam nōn reperit. Etiam servī epistulam dominī nōn reperiunt. Itaque dominus etiam servās dominae vocat. Sed etiam servae dominae epistulam nōn reperiunt. Servī dominī et servae dominae vocant: „Ubī est epistula dominī?" Lūcius verba servōrum et servārum audit et vocat: „Properāte! Epistulam reperīte!"

Erste Übungen

1 Bilde den Genitiv Singular und Plural zu:

servus – fīlia – libellus – epistula – templum

2 Welche Form könnte ein Genitiv sein? Schreibe die Formen heraus:

dominī – dominīs – fīliō – fīliī – fīliae – fīliam – fīliārum – servum – servōrum – servī – servōs – servārum – servam – servae

3 Ergänze die fehlenden Ausgänge:

a) Eutychus servus Nōni ? est. Eutychus epistulam domin ? nōn reperit. Eutychus autem libellum Iūli ? reperit.
b) Mārcus et Lūcius amīcī Quīnt ? sunt. Quīntus verba amīc ? audit.
c) Servī servaeque verbīs dominōrum et domin ? pārēre dēbent.

W

Rōmānī lūdōs amant. Itaque saepe *Circum Maximum vīsitant* et *spectācula* spectant. Servī *simulācra* apportant. Nam *deī* Rōmānōs et lūdōs *servant*. Ecce! *Equī* intrant. *Turba* gaudet et *spectāculum* exspectat.

L

Im Circus Maximus

Quintus ist aufgeregt: Heute darf er wieder einmal mit seinem Vater in den Circus Maximus gehen. Er freut sich darauf, die aufregenden Wagenrennen zu sehen. Fast genauso spannend wie die Rennen sind aber auch die Vorbereitungen darauf.

Māne Lūcius Nōnius Quīntum fīlium vocat: „Venī, Quīnte! Properā! Circum Maximum vīsitāmus. Nam hodiē Rōmānī lūdōs circēnsēs[1] celebrant." Statim Quīntus appāret et respondet: „Amō circum, amō cōpiam equōrum, amō cōpiam aurīgārum[2]."
Paulō post Lūcius et Quīntus circō appropinquant. Turba Rōmānōrum circum intrat. Subitō Quīntus Mārcum videt et salūtat. Mārcus est amīcus Quīntī.
Nunc spectāculum incipit[3]: Servī simulācra deōrum et deārum apportant. Lūcius fīliō explicat: „Hīc vidēs simulācrum Iovis[4]. Iuppiter – ut scīs – est pater[5] deōrum. Ibi vidēs simulācrum Minervae. Minerva est dea sapientiae." Quīntus quoque deōs Rōmānōrum nōn īgnōrat: „Vidē! Ibi servus simulācrum Mercuriī deī apportat. Mercurius est nūntius deōrum." Lūcius Nōnius: „Deī Rōmānōs et lūdōs Rōmānōrum servant!"
Tum aurīgae[2] et equī intrant. Quīntus equōs videt et gaudet.

[1] **lūdōs circēnsēs (Akkusativ Pl.)** die Zirkusspiele
[2] **aurīgae** die Wagenlenker
[3] **incipit** er (sie, es) beginnt, fängt an
[4] **Iovis** Genitiv Singular zu Iuppiter
[5] **pater** der Vater

Mosaik mit Wagenlenkern in den verschiedenen Farben ihrer Rennställe (Rom, Museo Nazionale Romano alle Terme)

Übungen

1 Beantworte folgende Fragen zum Lektionstext lateinisch:

a) Quid Rōmānī celebrant?
b) Quid Quīntus amat?
c) Cūr Quīntus Mārcum salūtat?
d) Quid servī apportant?
e) Quid Lūcius fīliō explicat?
f) Quid deī servant?

2 Schreibe aus dem Lektionstext alle Genitive und das Substantiv, von dem sie abhängig sind, heraus. Setze dann die Genitive in den Singular bzw. in den Plural.

3 Wer gehört zu wem? Bilde jeweils das Genitivattribut und übersetze dann die Wendung:

equus (Lūcius) – cōpia (Rōmānī) – templum (deus) – simulācrum (deae) – verba (domina) – nūntius (deī)

4 Bilde jeweils die folgende Formenkette zu:
equus – spectāculum – dea – nūntius

Nom. Singular → Genitiv → Akkusativ → Plural → Dativ → Plural → Genitiv → Nominativ → Singular

5 Bei den Substantiven der a- und der o-Deklination (masculinum) haben Genitiv Singular und Nominativ Plural jeweils dieselben Ausgänge. Beurteile, welche der Verbindungen sinnvoll ist. Kannst du weitere Beispiele finden?

Beispiel: servae dominae – die Sklavinnen der Herrin
aber nicht: die Herrinnen der Sklavin

portae arēnae – dominae epistulae – amīcī equī – tabulae fīliae – dominī libellī

6 Ein Begriff hat sich jeweils „verirrt“. Schreibe den „Irrläufer“ heraus und begründe deine Auswahl nach inhaltlichen Gesichtspunkten.

a) templum	simulācrum	dea	spectāculum	deus
b) equus	lūdus	spectāculum	dominus	circus
c) salūtāre	vocāre	apportāre	clamāre	explicāre
d) venīre	cessāre	intrāre	ambulāre	appropinquāre

7 Benenne mithilfe der Informationen aus dem Einführungstext die einzelnen Elemente des Circus Maximus.

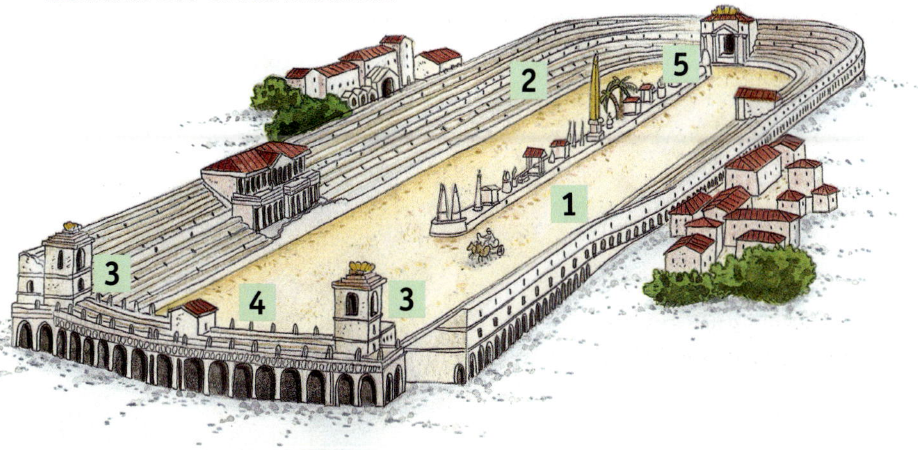

Lektion 7

Die Thermen

Von den Griechen übernahmen die Römer den Brauch, Bäder anzulegen. Zunächst entstanden sie in Privathäusern, ab dem 2. Jahrhundert v. Chr. wurden in Rom die ersten öffentlichen Badeanstalten bzw. Thermen gebaut (thermae: warme Bäder). Zur Zeit des Augustus wuchs ihre Zahl auf 170. In der Kaiserzeit entstanden große und prächtige Thermen, z. B. die Caracalla- und Diokletiansthermen, die die größten Thermenanlagen in Rom waren. Die Caracallatherme, die im 3. Jahrhundert n. Chr. gebaut wurde, hatte ein Ausmaß von 337 x 328 m; das sind ungefähr 109 000 m^2.
Der Besuch einer Therme begann in der Regel damit, dass man im Umkleideraum (apodytērium) seine Kleidung ablegte. Eigene Sklaven oder Aufseher übernahmen die Bewachung der Gegenstände. In welcher Reihenfolge man die einzelnen Baderäume benutzte, war grundsätzlich nicht festgelegt; in der Regel badeten die Römer von heiß nach kalt. Dazu dienten verschiedene Räume: der Heißluftsaal (lacōnicum), der Warmbaderaum (caldārium), das mäßig erwärmte Bad zwischen dem Warm- und Kaltbadebereich (tepidārium) und das Kaltbad (frīgidārium). Die Becken und Fußböden, manchmal auch die Decken und Wände, waren häufig aufwendig mit Mosaiken oder Marmor ausgestattet.
Das Wasser in den Becken und die Räume wurden durch das Hypokaustensystem geheizt: Sklaven entfachten in einem tiefer gelegenen Heizraum ein Feuer. Die stark erhitzte Luft gelangte in den unter dem Fußboden liegenden Hohlraum (hypocaustum) und in die röhrenförmigen Hohlziegel, sodass auch die Wände erwärmt wurden.

1 Eingangshalle
2 Umkleideraum
3 Kaltwasserbad
4 Warmraum
5 Heißraum
6 Ofenfeuer
7 Warteraum für die Diener

Die Stabianer Bäder von Pompeji. Blick von Osten in der Bereich der Männerbäder (Rekonstruktion)

Neben den eigentlichen Baderäumen gab es auch Sporthallen und Bibliotheken sowie eine Vielzahl anderer Räume, in denen z. B. Schwitzbäder, Massagen und Ähnliches angeboten wurden. So waren die Thermen in Rom und in den Provinzstädten, wie z. B. in Trier, Teil der Freizeitgestaltung der Bürger und dienten der körperlichen und geistigen Entspannung sowie einem geselligen Beisammensein. Zu einer Thermenanlage gehörte auch eine Art Sportplatz (palaestra), der von Säulengängen umgeben war.
Die meisten Bäder waren ganzjährig geöffnet. Der Eintrittspreis für Männer betrug in der Regel 1/2 As, für Frauen einen As. Manchmal übernahmen wohlhabende Bürger die Kosten für die Unterhaltung eines Bades.

Das Präsens von esse/Das Adjektiv der a- und o-Deklination als Attribut und Prädikatsnomen/Der Infinitiv als Subjekt

G

Lūcius Nōnius dominam rogat: „Ubī est Quīntus?“ Tum clāmat: „Ubī es, Quīnte?“ Quīntus respondet: „Hīc sum.“ Domina rogat: „Ubī sunt servae?“ Quīntus clāmat: „Servae, ubī estis?“ Servae respondent: „Hīc sumus. Cūr clāmās, Quīnte?“ Dominus fīlium rogat: „Ubī sunt servī bonī? Servōs bonōs nōn videō.“ Dāvus servus est. Dāvus fīdus est. Lūcius Nōnius saepe servum fīdum laudat: „Dāve, fīdus es.“ Dāvus respondet: „Semper fīdus sum. Etiam Eutychus fīdus est. Semper fīdī sumus.“ Domina: „Etiam servae bonae sunt.“ Domina servās laudat: „Bonae estis. Saepe cibōs variōs parātis.“ Dominae placet servās bonās laudāre.

Erste Übungen

1 Übersetze und konjugiere lateinisch:

a) bonus sum b) fīda sum

2 Übersetze und bilde von serva bona die entsprechenden Formen:

Nominativ Singular → Akkusativ → Dativ → Plural → Akkusativ → Dativ → Nominativ → Genitiv → Singular → Nominativ

Bilde dieselbe Formenkette von servus fīdus. Suche weitere Beispiele.

3 Setze in die Lücken jeweils ein passendes Adjektiv ein und übersetze dann die Sätze:

fīdam – cēterae – iūcundum – fessa – multa – Rōmānum

a) Nōnia forum ? vīsitat.
b) Subitō Cornēliam amīcam ? videt.
c) Nōnia: „Ecce, hīc sunt ? aedificia.“
d) Cornēlia respondet: „ ? sum. Ubī sunt ? amīcae?“
e) Nōnia: „Amīcae labōrant. ? est forum vīsitāre.“

W

Hodiē dominus nōn labōrat. *Itaque* Lūcius Nōnius et Quīntus *thermās* vīsitant. Quīntus gaudet: „Ibi amīcōs *conveniō*.“ Nōnius: „Ibi *ōtiō mē dō*.“
Turba Rōmānōrum *thermās* intrat. Lūcius Nōnius: „Dāvus servus *togās* et *tunicās* *observāre* debet. Itaque servō *togās* et *tunicās* *mandō*.“

L

In den Thermen

Lucius Nonius hatte einen anstrengenden Arbeitstag. Am Nachmittag will er mit Quintus in die Thermen gehen, um sich dort ein wenig zu erholen. Quintus dagegen hofft, dort seine Freunde zu treffen. Der Sklave Davus wird sie begleiten und im Umkleideraum (apodytērium) auf die Kleidung aufpassen.

Lūcius Nōnius Quīntum vocat: „Fessus sum. Itaque mihi[1] placet thermās vīsitāre et ibi ōtiō iūcundō mē dare. Ubī es, Quīnte? Properā! Thermās vīsitāmus!“ Quīntus gaudet: „Thermās praeclārās libenter vīsitō. Iūcundum est thermās vīsitāre et ibi amīcōs convenīre.“

Paulō post Lūcius et Quīntus et Dāvus servus māgnīs thermīs appropinquant. Apodytērium[2] intrant. Lūcius et Quīntus togās et tunicās servō fīdō mandant. „Togās et tunicās observāre necessārium est“, pater fīliō explicat. „Nam hodiē multī Rōmānī adsunt, multī apodytērium intrant.“ „Dāvus togās observat. Nam servus bonus et fīdus est“, Quīntus respondet.

Lūcius et fīlius caldārium[3] intrant. Hīc Mārcum, amīcum Quīntī, vident. Quīntus salūtat: „Salvē, Mārce! Ubī sunt cēterī amīcī?“ Mārcus rīdet: „Iam diū tē exspectāmus, Quīnte! In palaestrā[4] sumus. Ibi lūdīs variīs nōs[5] dāmus.“ Tum Quīntus et Mārcus properant et palaestram intrant.

[1] **mihi (Dativ)** mir

[2] **apodytērium, ī n.** der Umkleideraum

[3] **caldārium, ī n.** der Warmbaderaum

[4] **in palaestrā** auf dem Sportplatz

[5] **nōs (Akkusativ)** uns

Mosaik mit Badesandalen aus den Thermen von Thamugadi, Algerien. Beim Eintritt lautet die Inschrift: BENE LAVA („Angenehmes Bad!“), beim Verlassen liest man: SALVUM LAVISSE („Wünsche, ein gesundes Bad gehabt zu haben!“).

Übungen

1 Lege in deinem Heft eine Tabelle mit zwei Spalten an, die erste für die Substantive, die zweite für die Adjektive. Trage die Adjektive aus dem Lesestück in die zweite Spalte ein und anschließend in die erste Spalte die Substantive, auf die sich die jeweiligen Adjektive beziehen (Bezugswörter).

2 Schreibe aus dem Lesestück alle Formen von esse und das jeweilige Adjektiv als Prädikatsnomen heraus. Übersetze die Sätze und nenne das jeweilige Subjekt.

3 Bestimme die folgenden Wortpaare und setze sie dann in den Plural oder in den Singular. Berücksichtige dabei die KNG-Kongruenz:

servārum fessārum – lūdōs variōs – servī fīdī – servīs bonīs – templa praeclāra – serva bona – amīcās fīdās – dominum bonum – cibō iūcundō

4 Ordne die Adjektive inhaltlich den passenden Substantiven zu und bilde dabei die richtige Form (KNG-Kongruenz):

multī – fīdūs – iūcundus – bonus – fessus – praeclārus

servam	?	templa	?
ōtium	?	amicārum	?
convīvās	?	servīs	?

5 Adjektiv ohne Bezugswort. Übersetze die Sätze:
a) Bonī labōrant.
b) Necessāria parant.
c) Cēterī forum vīsitant.
d) Multa vident.
e) Multī aedificia spectant.

6 Bestimme in den folgenden Sätzen die Satzglieder. Übertrage hierzu die Tabelle in dein Heft und ordne die Satzglieder der einzelnen Sätze in die richtige Spalte ein. Achte auf den unterschiedlichen Gebrauch der Adjektive. Übersetze die Sätze.

Subjekt	Akkusativ-Objekt	Attribut	Prädikat
Domina	servam	bonam	laudat
Servī	–	–	bonī sunt

a) Dominus multōs convīvās invitat.
b) Servae cēnam iūcundam parant.
c) Cibōs apportāre necessārium est.
d) Domina servās bonās laudat.
e) Aqua bona est.

7 Thermen gab es nicht nur in Rom. Informiere dich, in welchen deutschen Städten heute noch Überreste römischer Thermenanlagen zu finden sind.

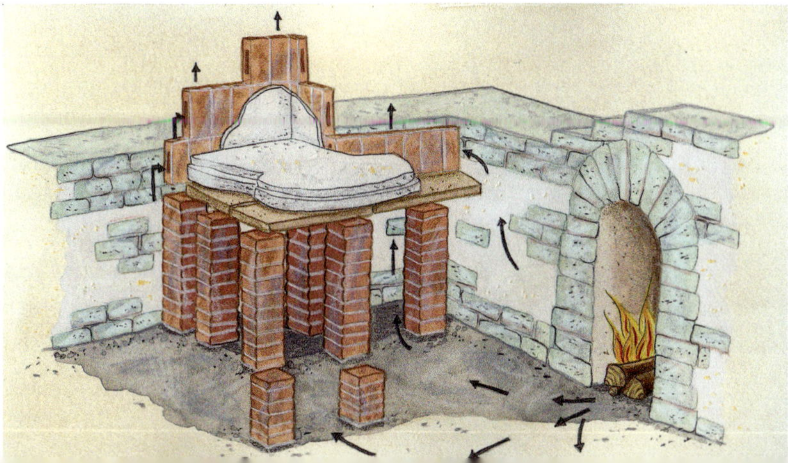

Schematische Darstellung einer Hypokaustenheizung

Lektion 8

Das Forum Romanum

Die Römer verwendeten für einen Marktplatz den Begriff forum. In Rom gab es mehrere fora mit einem reichhaltigen Angebot an Waren. Das älteste forum der Stadt Rom (Rōma) hieß Forum Rōmānum. Auch wenn sich dort Marktstände, Imbissbuden und Geschäfte befanden (diese wurden alle als tabernae bezeichnet), war es doch viel mehr als ein Verkaufsplatz.

Im Zentrum der Stadt gelegen, galt das Forum Rōmānum als der Mittelpunkt (medium) des römischen Reiches (imperium Rōmānum) – ja, die Römer sahen in ihm sogar den „Nabel der Welt“, wie sie es ausdrückten. An diesem Platz liefen die wichtigsten Straßen (viae) der Innenstadt zusammen, und dort befanden sich auch die Gebäude, in denen sich die Beamten oder die Senatoren versammelten. Weiterhin erledigten dort römische Bürger viele Geschäfte, die mit Geld (pecūnia) zu tun hatten. Vor allem aber war das Forum Rōmānum ein beliebter Treffpunkt.

Geprägt wurde der Platz von mächtigen Tempeln mit prachtvollen Statuen von Göttern, später auch von Kaisern, sowie weiteren Gebäuden (aedificia). Besonders groß waren die Basiliken, wie die Römer ihre Markt- und Gerichtshallen nannten. Im Innern der berühmten Basilica Aemilia konnte man zum Beispiel zahlreiche Ladengeschäfte aufsuchen oder einfach nur die schöne Ausstattung bewundern: Die Innenwände waren mit Bildern aus der römischen Geschichte und Sagenwelt geschmückt.

Auf dem forum fanden auch wichtige Gerichtsverhandlungen statt. Wenn dabei ein Anwalt (patrōnus) in Aktion trat, der als guter Redner berühmt war, dann nutzten viele Römer die Gelegenheit, seinen Worten (verba) zuzuhören. Denn die Redekunst (ēloquentia) genoss hohes Ansehen, und eine gut vorgetragene Rede galt tatsächlich als kleines Kunstwerk.

Die Überreste des Forum Romanum heute

Unterhaltung boten auch die am Forum Rōmānum gelegenen Theater, und sogar Gladiatorenspiele konnten dort veranstaltet werden. Zu diesem Zweck errichtete man dann Zuschauertribünen, die nach der Darbietung wieder abgebaut wurden. Auch in den Abendstunden, wenn die Menschen ihre Arbeit beendet hatten, sorgten Schausteller, Akrobaten oder auch Wahrsager auf dem Forum für ein buntes Treiben.

G

Der Ablativ der a- und o- Deklination

Servus dominō epistulam recitat. Sed servus dominum nūntiō sollicitat. Dominus nūntium māgnā cūrā audit. Nūntius dominō nōn placet. Dominus nūntiō nōn gaudet.
Paulō post servī cibīs variīs cēnam bonam parant, nam amīcī dominum vīsitant. Convīvium dominum cūrīs līberat[1]. Convīvia dominō semper placent. Dominus convīviīs semper gaudet.

[1] **līberāre** befreien

Erste Übungen

1 Bilde den Ablativ Singular und Plural zu:

hortus – aqua – spectāculum – servus fīdus – cēna bona – forum praeclārum

2 Die folgenden Substantiv-Adjektiv-Verbindungen stehen alle im Ablativ. Setze sie in den Nominativ Singular bzw. Plural und übersetze sie dann:

equō praeclārō – multīs cūrīs – frūmentō necessāriō – convīvā fessō – libellō iūcundō – cēterīs simulācrīs

3 Übersetze die folgenden Wendungen. Wie wird der Ablativ im Deutschen jeweils wiedergegeben?

amīcum cibō adiuvāre – spectāculō stupēre – fābulam māgnā sapientiā explicāre – dominum epistulā sollicitāre – vīnō bonō gaudēre

W

Alle Wege führen nach Rom

Quō properās? – *Romae* appropinquō. Rōmānī multa templa praeclāra *aedificant*. Itaque *Rōma* multīs placet.

Hīc vidēs *aedificium antīquum. Aedificium māgnum* et *altum* est. Ibi vidēs forum Rōmānum, *medium Rōmae* et *medium imperiī* Rōmānī.

L Auf dem Forum Romanum

Lucius Nonius ist mit seiner Ehefrau und den Kindern aufs Land zu seinen Eltern gefahren. Die Dienste der beiden Sklaven Davus und Eutychus werden nicht benötigt. Mit Erlaubnis seines Herrn macht Davus, der bereits seit vielen Jahren in Rom lebt, gemeinsam mit Eutychus, der erst vor kurzem aus Griechenland in die Hauptstadt gekommen ist, einen Spaziergang durch die Stadt.

Dāvus et Eutychus per[1] viās Rōmae ambulant. „Quō properāmus, Dāve?“, Eutychus rogat. „Forum Rōmānum adhūc īgnōrās“, Dāvus respondet. „Illūc[2] properāmus. Nam ibi multa aedificia praeclāra sunt.“

Paulō post servī forum intrant. Eutychus māgna aedificia, templa antīqua, statuās altās spectat et stupet. Dāvus amīcō explicat: „Forum est medium imperiī Rōmānī. Itaque Rōmānī forum multīs aedificiīs ōrnant: Deīs templa et statuās aedificant. Nam deī imperium Rōmānum servant; deī Rōmānōs cūrīs līberant.

Rōmānī etiam māgnās basilicās[3] aedificant. Ecce, basilica Aemilia! Ibi patrōnus multīs verbīs fūrem[4] accūsat. Māgnā ēloquentiā iniūriam dēmōnstrat. Multī Rōmānī māgnō gaudiō verba patrōnī audiunt.“ Etiam Eutychus ēloquentiā patrōnī gaudet.

Eutychō placet basilicam intrāre. Ibi tabernās variās spectat: „Cibōs et vīnum amō, Dāve, sēd pecūniā careō.“ Dāvus autem rīdet: „Pecūniā nōn carēmus, amīce. Tē cūrīs līberō. Vīnum apportā, caupō[5]!“ Caupō rīdet et statim vīnum apportat. Mox servī vīnō fessī sunt.

[1] **per (mit Akkusativ)** durch

[2] **illūc** dorthin

[3] **basilica, ae f.** die Basilika (vgl. den Infotext)

[4] **fūrem (Akkusativ Sing.)** einen Dieb

[5] **caupō (Vokativ)** Wirt!

Computerrekonstruktion der Basilica Aemilia

Übungen

1 Auf dem Forum Romanum ...

Quid servī ibi vident? – Antworte auf Lateinisch!

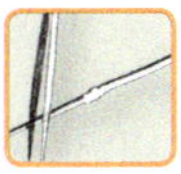

2 Schreibe aus dem Lektionstext alle Ablative heraus. Setze sie dann in den Singular bzw. in den Plural.

3 Bestimme jeweils die erste Form und bilde dann die Formenketten:

a) aedificiī → Ablativ → Plural → Akkusativ → entsprechende Form von servus → Singular → Ablativ → entsprechende Form von cēna → Nominativ → Genitiv → entsprechende Form von gaudium
b) pecūniam → entsprechende Form von patrōnus → Dativ → Plural → entsprechende Form von cūra → Ablativ → Akkusativ
c) Ergänze beide Formenketten um zwei weitere Pfeile mit Aufträgen.

4 Was fehlt hier? Ergänze die Lücke in den Sätzen 1–5 durch den jeweils passenden Ausdruck im Ablativ:

a) cibō bonō
b) māgnā ēloquentiā
c) māgnīs aedificiīs
d) multīs verbīs
e) cūrīs

1. Rōmānī forum ? ōrnant. 2. Familia ? gaudet. 3. Dāvus Eutychō monumenta praeclāra ? explicat. 4. Patrōnus servum ? accūsat. 5. Nūntius dominum ? līberat.

5 Mittel? – Art und Weise? – Grund? – Trennung?

a) multīs verbīs accūsāre
b) cēnā bonā gaudēre
c) amīcum pecūniā adiuvāre
d) cūrīs līberāre
e) māgnā cūrā sollicitāre
f) servōs fīdōs verbīs iūcundīs laudāre
g) convīviō fessus

Lege eine Tabelle nach dem unten stehenden Muster an und vervollständige sie: Gib zuerst an, wie man jeweils nach dem Ablativ fragt. Trage dann die Wendungen a)–g) mit Übersetzung in die entsprechenden Spalten ein. Unterstreiche dabei die Wörter, die im Ablativ stehen.

Wendung mit Ablativ	des Mittels	der Art und Weise	des Grundes	der Trennung
	Frage:			
ōtiō carēre: frei sein von Muße; keine Muße haben	–	–	–	Wovon?

6 Wenn verschiedene Wörter einem gemeinsamen Sachbereich angehören, spricht man von einem „Sachfeld“ (vgl. S. 32). Übersetze die einzelnen Begriffe in den drei Feldern und finde dann für das jeweilige Sachfeld eine passende Bezeichnung.

statua – monumentum – basilica – taberna – theātrum

fīlia – amīcus – patrōnus – domina – convīva – servus

ēloquentia – epistula – nārrāre – recitāre – accūsāre – vocāre – respondēre – libellus – litterae

Welche weiteren Vokabeln, die in die Wortkreise passen, fallen dir ein? Welche weiteren Sachfelder könnte man zusammenstellen?

7 Auf dem Forum Romanum gibt es (fast) alles.
Welche der folgenden Personen und Gegenstände kann man auf dem Forum Romanum antreffen, welche nicht? Übersetze die Begriffe.

templa deōrum – theātra māgna – hortus Lūciī Nōniī – spectācula – togae – monumenta praeclāra – multī cibī – statuae altae – vīlla dominī – simulācra deārum – lectus Calpurniae – variae tabernae – turba Rōmānōrum

8 **Wörter im Wandel**
Vieles, was sich im alten Rom befand, wurde mit lateinischen Wörtern bezeichnet, die es (teilweise leicht abgewandelt) auch heute noch im Deutschen gibt. Welche der folgenden Begriffe bedeuten in unserer Sprache dasselbe wie im Lateinischen? Bei welchen hat sich die Bedeutung verändert?

Basilika – Monument – Forum – Taverne – Imperium – Medium – Zirkus

Lektion 9

Die römischen Götter und ihre Verehrung

Die Römer verehrten viele Götter, die zum großen Teil auch mit den Göttern der Griechen gleichgesetzt wurden. Jeder Gott war für bestimmte Bereiche zuständig: Iuppiter war als oberster Gott auch der Herr der Erde und des Himmels. Iūno war die Beschützerin der Ehe und die Ehefrau des Iuppiter. Vesta bewachte das Herdfeuer. Minerva war die Göttin der Wissenschaft, der Kunst und auch des Handwerks. Mārs war der Kriegsgott, Apollō der Gott der Heilkunst und der schönen Künste, der Sänger und der Dichter. Venus war die Göttin der Liebe und der Schönheit.

Wie in Griechenland wurden auch in Rom die Götter in Abbildungen verehrt, die sie in Menschengestalt zeigten. Die Römer brachten ihren Göttern außerhalb des Tempels (templum) auf einem Altar (āra) Brandopfer dar. Da Tieropfer, z. B. von Schweinen, Schafen oder Rindern sehr aufwendig und teuer waren, gab es im privaten Bereich auch viele unblutige Opfer. Dabei wurden den Göttern z. B. Feldfrüchte, Kuchen oder Wein auf dem Altar dargeboten.

Anders als die Griechen sahen die Römer ihre Religion (religiō) als eine Art Vertrag mit den Göttern, an den sich beide Seiten halten mussten: Man opferte, wenn sich die Gottheit bereits als hilfreich erwiesen hatte, oder im Voraus, um Schutz und Hilfe zu erhalten. Diese typisch römische Eigenheit steckt in dem lateinischen Satz „dō, ut dēs“: „Ich gebe, damit du gibst“.

Einer der berühmtesten Tempel der Römer stand auf dem Kapitol. Er war drei Göttern geweiht, dem Iuppiter Optimus Maximus Capitōlīnus, der Iūno Capitōlīna und der Minerva Capitōlīna. Vor diesem Tempel traten die Konsuln, die obersten Staatsbeamten Roms, mit einem Opfer ihr Amt an, hier endeten die Triumphzüge, die über die Via Sacra zum Kapitol führten.

Das Kapitol mit dem Tempel der Kapitolinischen Trias

G

W

Substantive und Adjektive der a- und o-Deklination auf -er/Präpositionen

Eutychus Quīntum exspectat. Rogat: „Ubī est Quīntus? Cūr *puer* cessat? Ecce, *puerum* videō! Tandem *puer* adest."
Multī *virī* et *feminae Capitōlium* vīsitant. Etiam Eutychus et Quīntus *Capitōlium* visitant. Ibi templa *sacra* et statuās *sacrās* spectant. Statuae *pulchrae puerō* valdē placent.

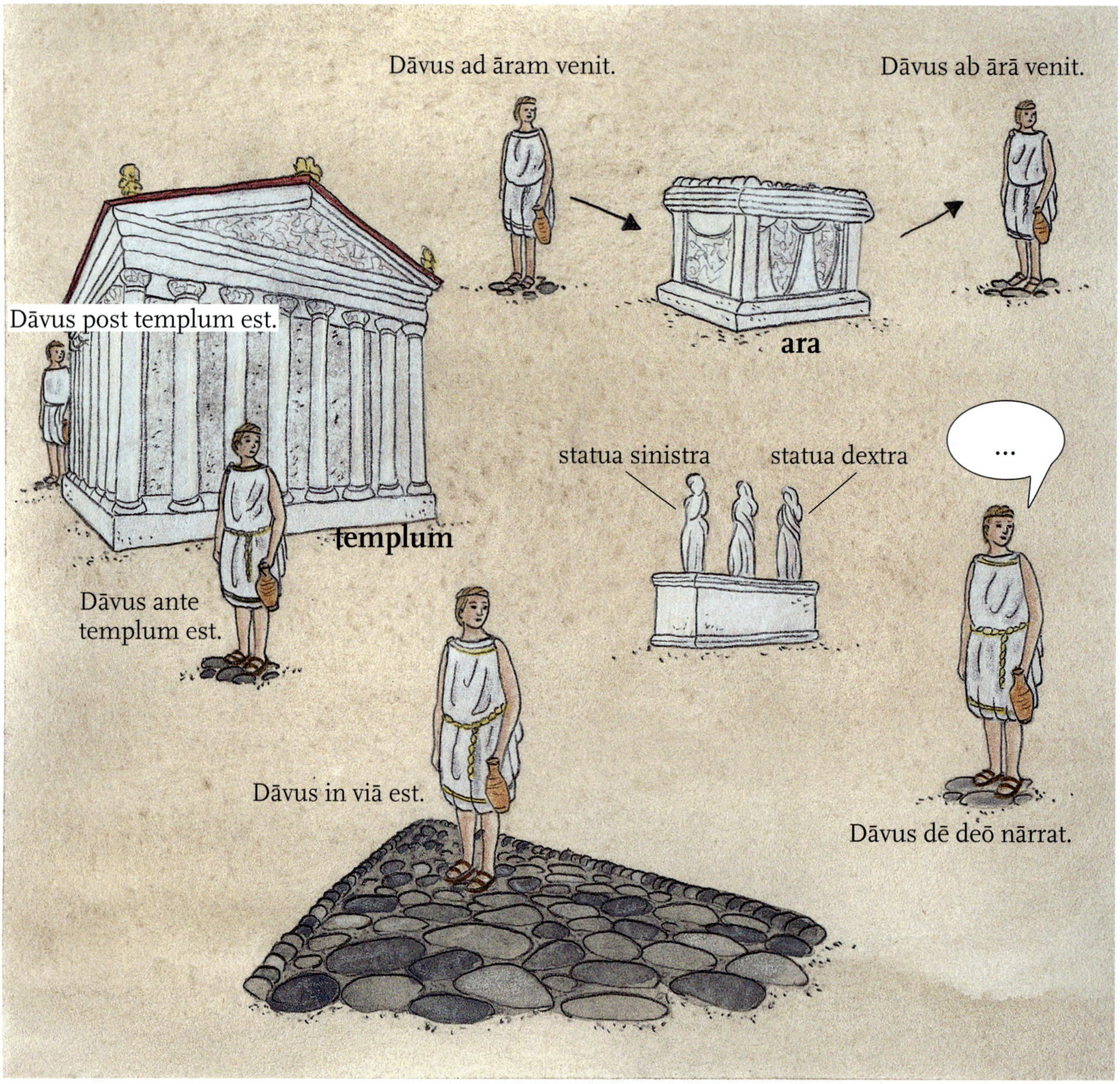

Eutychus et Dāvus *in* forō sunt: *Per* forum *ad* templum *summī* deī ambulant. Servī *ad Capitōlium* properant. Dāvus *ante* statuam *dē summō* deō nārrat. Eutychus *post* statuam verba Dāvī audit. Servī nunc *ā* statua *ad* templum properant.

Erste Übungen

1 Formenstaffel. Bilde die angegebenen Formen:

a) vir → Dativ → Plural → Akkusativ → Singular → Genitiv → Plural → Ablativ → Singular → Nominativ

b) fēmina pulchra → Plural → Akkusativ → Singular → Genitiv → Plural → Dativ → Singular → Ablativ → Nominativ

2 Ergänze die fehlenden Ausgänge und übersetze dann:

a) Hodiē mult ? vir ? et fēmin ? forum vīsitant.
b) Etiam puer ? et puell ? forum intrant.
c) Ibi statu ? pulch ? deōrum spectant.
d) Rōmānī forum mult ? statu ? pulch ? ōrnant.

3 Ordne die Präpositionen richtig zu:

ad
in
per
ante
in
dē

... statuam properās
... amīcīs nārrāre
... forum Rōmānum ambulāmus
... viā sumus
... tabernam amīcus est
... lectō sum

Das Kapitol heute: Blick auf den Senatorenpalast, der etwa an der Stelle des römischen Jupitertempels errichtet wurde.
Im Hintergrund das Forum Romanum.

L Auf dem Kapitol

Davus möchte Eutychus den Tempel des Iuppiter Maximus zeigen. Über das Forum gehen sie direkt auf den kapitolinischen Hügel zu, wo neben dem Tabularium ein Weg hinaufführt.

Hodiē māgna turba Rōmānōrum in forō est: Virī, fēminae, puerī puellaeque aedificia vīsitant. Dāvus et Eutychus per Viam Sacram ad Capitōlium ambulant.

Eutychus: „Ecce statuae virōrum clārōrum et monumenta pulchra! Ecce columnae[1] altae māgnī templī!“

Dāvus: „Māgnum aedificium post monumenta est templum Iovis[2]. Ante templum āram vidēs. Hīc Rōmānī summō deō sacrificant. In templō simulācrum sacrum deī est.“

Eutychus: „Nārrā mihi dē templō, Dāve!“

Dāvus: „In templō nōn sōlum cella[3] Iovis[2] est, sed etiam cellae Iūnōnis[4] et Minervae sunt. In cellā sinistrā simulācrum sacrum Iūnōnis est, in cellā dextrā Minervam vidēs, in mediō simulācrum Iovis[2] est.“

Eutychus stupet et rogat: „Cūr Rōmānī in Capitōliō ūnum[5] templum tribus[6] deīs aedificant?“

Dāvus respondet: „Iuppiter et Iūno et Minerva Rōmānōs servant. Rōmānī deīs sacrificant et dōna dant. Deī perīcula ab imperiō Rōmānō prohibent et Rōmānōs cūrīs līberant.“

Eutychus rīdet: „Etiam servōs cūrīs līberāte, deī Capitōlīnī[7]!“

[1] **columna, ae** die Säule
[2] **Iovis** Genitiv von **Iuppiter**: Jupiter
[3] **cella, ae** die Kapelle, der heilige Raum
[4] **Iūnōnis** Genitiv zu **Iūno**
[5] **ūnus, ūna, ūnum** ein einziger
[6] **tribus (Dativ Plural)** drei
[7] **deī Capitōlīnī** Götter vom Kapitol

Die Kapitolinische Trias: Jupiter, Juno (r.), Minerva

Übungen

1 Sammle aus dem Lektionstext alle lateinischen Wörter, die mit Religion zu tun haben, und ordne sie nach Wortarten. Füge zu jedem Begriff eine kleine Zeichnung oder ein Symbol hinzu.

2 Formenstaffel. Bilde die angegebenen Formen:

simulācrum sacrum → Genitiv → Plural → Ablativ → Singular → Akkusativ → Plural → Dativ → Singu lar → Nominativ

puella pulchra → Plural → Dativ → Singular → Genitiv → Plural → Ablativ → Singular → Vokativ → Plural → Akkusativ → Singular → Nominativ

3 Ergänze die fehlenden Ausgänge und übersetze dann:

a) Hodiē māgna turba vir ? et fēmin ? , puer ? et puell ? in forō est.
b) Eutychus monument ? pulch ? forī spectat.
c) Etiam statuae vir ? clār ? servō placent.
d) Tum per vi ? sac ? ad Capitōlium properat.
e) Ibi simulācr ? sac ? summī deī spectat.

4 Akkusativ oder Ablativ? Ergänze die richtigen Ausgänge, die nach den Präpositionen folgen müssen:

a) Servī per for ? ambulant.
b) Dāvus Eutychō de templ ? summī deī nārrat.
c) „In Capitōli ? templum summī deī vidēmus.
d) In cell ? sinist ? simulācrum Iūnōnis vidēs, in cell ? dext ? simulācrum Minervae.
e) Deī perīcula ā Rōmān ? prohibent.
f) Itaque Rōmānī in ār ? ante templ ? deīs sacrificant."

5 Quintus hat sich einen Spaß gemacht und die Silben mehrerer Wörter durcheinandergebracht. Kannst du die Ordnung wiederherstellen, die Formen bestimmen und diese übersetzen?

a) ōr vir um
b) īs in fēm
c) bō la rās
d) mum sum
e) cher pul
f) nis si tram
g) mus cri sa cā fi
h) na dō

6 Ordne den Substantiven jeweils ein passendes Adjektiv zu. Bilde dann den Nominativ Singular und übersetze.

1. puerīs 2. aedificium 3. templī 4. virōs 5. simulācrō 6. puellās

a) dextrum b) māgnī c) sacrō d) clārōs e) pulchrās f) bonīs

7 Informiere dich über die folgenden Fragen und berichte darüber: Welche antiken Bauwerke kann man heute noch in Rom auf dem Kapitol besichtigen? Gibt es heute noch andere Orte, die sich nach dem römischen Kapitol benennen und ebenfalls große politische Bedeutung haben?

Lektion 10

Schule und Unterricht

Im antiken Rom wurden die Kinder (līberī) zu Hause von ihren Eltern oder von einem gebildeten, meist griechischen Sklaven unterrichtet. Seit dem 3. Jahrhundert v. Chr. wurde der Unterricht auch in der Öffentlichkeit abgehalten: in Ladenlokalen auf den fora, in einer Säulenhalle oder sogar an Straßen und Kreuzungen. Der Grund für die schlechten Lernbedingungen war, dass die Eltern, die den Lehrer bezahlen mussten, nur wenig Geld für ihn ausgeben wollten.
Die schulische Ausbildung war nach griechischem Vorbild dreigeteilt: Sie begann für Jungen und Mädchen mit sieben Jahren in der Elementarschule (lūdus), dann folgte mit zwölf Jahren der Unterricht beim Grammatiker (grammaticus), was unserer höheren Schulausbildung entspricht. Etwa ab dem 17. Lebensjahr kam für diejenigen, die sich auf die Tätigkeit eines Anwalts oder Politikers vorbereiten wollten, die Ausbildung in Rhetorik, Philosophie und Rechtswesen hinzu. Dort wurde auch geübt, vor großem Publikum eine freie Rede zu halten.
Der Unterricht beim Lehrer der Elementarschule (magister lūdī) begann früh am Morgen und dauerte bis zum späten Nachmittag, nur von einer kurzen Mittagspause unterbrochen. Anschließend gingen die Kinder oft in die Thermen. Sie wurden von einem Sklaven in die Schule gebracht und wieder abgeholt. Dieser paedagōgus – so hieß derjenige, der das Kind begleitete – sorgte dafür, dass ein Schüler regelmäßig zum Unterricht ging.
Die Schüler (discipulī) lernten lesen, schreiben und rechnen. Da sie oft wegen der Kosten keine Bücher hatten, mussten sie den Stoff Wort für Wort (ad litteram) auswendig lernen. Sie lernten nicht nur Latein, sondern auch Griechisch. Auch nachdem die Römer Griechenland unterworfen und es zur Provinz gemacht hatten, haben sie stets die griechische Kultur und Bildung bewundert.
Wortwahl und Ausdruck, Sprache und Stil, die Grammatik insgesamt haben die Schüler anhand der intensiven Lektüre klassischer Texte erlernt. Dazu gehörten besonders die Werke der Dichter (poētae) wie Vergil, Terenz, Ovid und Horaz. Aber auch den griechischen Dichter Homer las man in der Schule.
Auch in der Antike hatten die Kinder Schulferien. Ob sie von Ende Juli bis Mitte Oktober dauerten oder erheblich kürzer waren, ist umstritten. Die Kinder hatten auf jeden Fall schulfrei an einigen religiösen Festen, z. B. an den Saturnalien im Dezember.

Schulszene auf einem Sandsteinrelief aus Neumagen (bei Trier, Mosel)

Der Indikativ Imperfekt der a-, e-, i-Konjugation und von esse/ Der Imperativ von esse

Diū Dāvus et Eutychus cum Mārcō amīcō per viās Rōmae ambulābant. Dāvus ad Mārcum: „Ante multōs annōs Capitōlium vīsitabāmus. Ibi multa monumenta erant. Tum statuās spectābam; templum summī deī vidēbās.“
Mārcus: „Magna turba in forō erat. Multōs virōs vidēbāmus. Multī ā forō ad templum summī deī veniēbant. Tum vir monēbat: Puerī, este bonī! Sacrificāte deīs!“

Erste Übungen

1 Konjugiere folgende Verben im Indikativ Präsens und im Indikativ Imperfekt:

a) ambulāre b) vidēre c) venīre d) esse

2 Ordne die folgenden Verbformen in einer Tabelle nach Indikativ Präsens und Indikativ Imperfekt und übersetze sie dann:

nārrāmus, audiēbātis, ridēbās, salūtās, rīdeō, rogābam, tacēbant, adiūvō, apportātis, sciēbat

Welche Konjugation hat einen Bindevokal beim Tempuszeichen?

3 Fertige eine Tabelle an und unterscheide nach Verbformen und Substantivformen. Bestimme die jeweiligen Formen und begründe deine Entscheidung:

cūrās, celebrās, imperābās, puellās, erās, veniēbās, fēminam, tacēbam, fābulam, videō, amīcō, audiō

Rom in Gefahr!

Nūntius clāmat:
Gallī *cum* Rōmānīs *pūgnant* et Rōmānōs *superant*. Rōmam *occupant* et templa *dēlent*. Rōmānī in Capitōlium properant. Gallī māgnā *cum audāciā mūrōs* Capitōliī *superāre* parant. Cūr deī Gallōs ā Capitōliō nōn *arcent* et *adversāriōs* nōn fugant?

L Eine typische Schulstunde?

Quintus und seine Freunde gehen in eine Schule, die in der Nähe des Kapitols liegt. Heute sind die Schüler jedoch nicht aufmerksam und haben kein großes Interesse, griechische und lateinische Dichtung zu lesen. Deshalb bitten sie den Lehrer, er solle ihnen aus der Geschichte Roms erzählen. Ob der strenge Lehrer heute großzügig ist?

Quīntus cum amīcīs lūdum intrat et magistrum salūtat: „Salvē, magister!“

Etiam magister salūtat: „Salvēte, puerī puellaeque!“

Hodiē līberī attentī[1] nōn sunt, verba magistrī nōn audiunt. Itaque magister puerōs puellāsque monet: „Este attentī[1], discipulī!“ Etiam Quīntum monet: „Cūr nōn tacēs? Attentus[1] es, Quīnte!“

Quīntus respondet: „Hodiē mihi nōn placet verba poētārum velut Homērī vel Vergiliī audīre. Magister, nārrā mihi et amīcīs fābulam!“

Tum magister discipulīs fābulam clāram dē Rōmānīs antīquīs nārrat:

Ante multa saecula Gallī in Italiam perveniēbant. Rōmānōs ad Ālliam[2] superābant et Rōmae appropinquābant. Māgna erat cūrā Rōmānōrum: Nam Gallī etiam Rōmam occupābant et aedificia templaque dēlēbant. Rōmānī cum fēminīs līberīsque in Capitōlium properābant. Ibi Gallōs exspectābant et māgnā cum audāciā ā templō summī deī arcēre volēbant[3]. Fēminae virōs monēbant: „Parātī este! Arcēte Gallōs!“

Noctū[4] autem Gallī mūrōs Capitōliī superāre parābant. Tum ānserēs[5] Rōmānōs excitābant. Statim Rōmānī cum Gallīs pūgnābant et adversāriōs fugābant.

[1] **attentus, a, um** aufmerksam

[2] **Āllia** die Allia (ein kleiner Fluss in Latium, nördlich von Rom)

[3] **volēbant** sie wollten

[4] **noctū (Adv.)** nachts

[5] **ānserēs (Nom. Pl.)** die Gänse

Übungen

1 Gefahr für Rom! Verschaffe dir einen Überblick über die Ereignisse in den Zeilen 9–21: Schreibe für die beiden Gegner (Gallī – Rōmānī) jeweils die Prädikate mit den dazugehörigen Objekten heraus. Erzähle dann, wie die Auseinandersetzung verlaufen ist.

2 Lege in deinem Heft eine Tabelle mit zwei Spalten an und trage aus dem Lesestück die Verbformen im Indikativ Präsens und Imperfekt in die Tabelle ein. Unterstreiche jeweils das Tempuszeichen des Indikativ Imperfekt.

3 Schreibe die Imperative aus dem Lesestück heraus und setze sie in den jeweils anderen Numerus.

4 Ordne die folgenden Bezeichnungen den betreffenden Ablativen aus dem Lesestück zu. Berücksichtige dabei den Zusammenhang des Textes:

Ablativ der Trennung (abl. sēparātīvus) – Ablativ der Begleitung (abl. sociātīvus) – Ablativ der Art und Weise (abl. modī)

cum amīcīs (Z. 1) – cum fēminīs līberīsque (Z. 13) – māgnā cum audāciā (Z. 15) – ā templō (Z. 15) – cum Gallīs (Z. 20)

5 Übersetze die folgenden Verbformen und setze sie dann in den lateinischen Indikativ Imperfekt:

intrat – dēlent – fugō – bona es – venīs – fessī sunt – nārrō – fīdus sum – reperiunt – monētis – necessārium est – veniō – labōrō

6 Suche alle Formen heraus, die im Indikativ Imperfekt stehen. Übersetze sie und nenne dann den Infinitiv Präsens:

ōrnābam – turbam – etiam – eram – parātam – parābām – cēnam – cēnābam – lūdīs – arcēbātis – aderātis – clāmātis – parābātis – fābulās – dēmōnstrābās – nārrās – dābās – deās – debēbās

7 Tempustausch. Vertausche Indikativ Präsens und Indikativ Imperfekt:

nārrant – dēlēbam – arcēbātis – pervenitis – superābam – eram – repondēmus – venīmus – debēbant – sumus – das – erant

8 Bilde aus folgenden Wörtern einen Satz in der Vergangenheit:

a) in – Capitōlium – templum – summus – deus – esse
b) Rōmānī – ante – templum – summus – deus – sacrificāre
c) Iuppiter – Rōmānī – servāre
d) deus – Rōmānī – ā – cūrae – līberāre

9 Beschreibe die Szene auf dem Neumagener Relief (S. 54). Woran kannst du den Lehrer und die Schüler erkennen? Vergleiche die dargestellte Situation mit dem heutigen Schulunterricht.

Plateaulektion 6 – 10

Grundwissen: Wichtige Plätze in Rom

Capitōlium
Einer der sieben Hügel Roms, mit dem Tempel des Iuppiter Optimus Maximus. Neben Jupiter wurden dort auch Juno und Minerva als besondere Schutzgötter der Stadt verehrt.

Circus Maximus
Rennbahn für Wagenrennen, meist mit Viergespannen. Neben den Gladiatorenkämpfen die beliebteste Massenveranstaltung der Römer.

Forum Rōmānum
Mittelpunkt des imperium Rōmānum und der Stadt Rom, zwischen den Hügeln Palatin und Kapitol. Umrahmt von prächtigen Tempeln und großen Basiliken, die genutzt wurden als Geschäftsräume, Versammlungsorte und Gerichtssäle.

lūdus

„Grundschule", meist in einer Säulenhalle am Forum oder an öffentlichen Plätzen. Ein magister lūdī vermittelte dort gegen Geld Grundkenntnisse im Lesen, Schreiben und Rechnen. Wer es sich leisten konnte, erhielt später eine umfassende Ausbildung beim grammaticus.

thermae

Große Badeanlage mit unterschiedlich temperierten Badebecken und einem Schwitzbad. In der palaestra gab es zusätzlich Gelegenheit, Sport zu treiben. Ein beliebter Ort, um sich zu reinigen, zu erholen und Freunde zu treffen.

Ein Spaziergang über das Forum Romanum

L

Dāvus Eutychō forum Rōmānum dēmōnstrat et monumenta explicat: „Forum Rōmānum nōn sōlum medium Rōmae, sed etiam imperiī Rōmānī est. In forō multa aedificia pulchra et multa templa antīqua vidēs, velut templum Sāturnī deī, templum Vestae deae, templum Concordiae deae. Ante Sāturnī templum aerārium[1] est: In aerāriō quaestōrēs[2] pecūniam populī[3] Rōmānī observant. Itaque multī Rōmānī hoc[4] templum ‚aerārium Sāturnī' vocant. Ecce, rōstra[5]! Ad rōstra populus[3] Rōmānus convenit et verba virōrum clārōrum audit. Dē rōstrīs iam Catō Rōmānōs saepe monēbat, dē rōstrīs iam Cicerō verbīs praeclārīs imperium Rōmānum celebrābat. Rōmānī ēloquentiā virōrum clārōrum valdē gaudent.
Mediō in forō templum antīquum est, ubī Vestālēs[6] flammam[7] Vestae deae sacram observant. Virīs Rōmānīs nōn licet[8] templum Vestae intrāre. Āra deae ante templum in ātriō Vestae est.
Ibi Vestālēs[6] deae vinum et frūmentum sacrificant et Vestam rogant: Vesta dea, līberā familiās Rōmānās iniūriīs cūrīsque et prohibē perīcula ab imperiō Rōmānō!"

[1] **aerārium, ī n.** die Schatzkammer

[2] **quaestōrēs (Nom. Pl.)** die Finanzbeamten (die Quästoren)

[3] **populus, ī m.** das Volk

[4] **hoc (Akk. Sg. neutr.)** diesen

[5] **rōstra, ōrum n.** die Rednertribüne

[6] **Vestālēs (Nom. Pl.)** die Priesterinnen der Göttin Vesta (die Vestalinnen)

[7] **flamma, ae f.** die Flamme, das Feuer

[8] **licet** es ist erlaubt

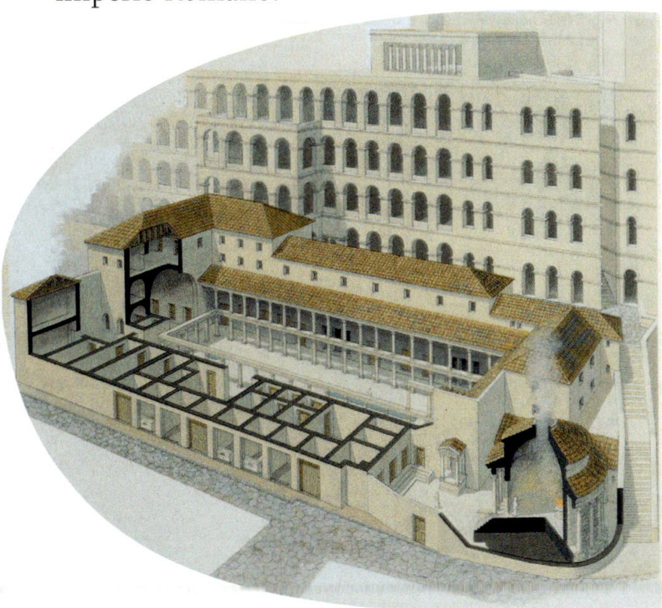

Rekonstruktion des Vestatempels und des ātrium Vestae auf dem Forum

Vestalin und der Vestatempel auf einem denārius des Q. Cassius Longīnus (54 v. Chr.)

- Der Tempel der Concordia ist einer der ältesten Tempel auf dem Forum in Rom. Informiert euch, in welchem Jahr und aus welchem Anlass dieser Tempel errichtet wurde, und stellt die Ergebnisse in eurer Klasse vor.
- Die Vestalinnen sind die einzige weibliche Priesterschaft in Rom. Informiert euch, welche strengen Regeln für alle Priesterinnen der Vesta galten.

Methodenkompetenz (3): Sätze erschließen

1. Das Abfragen der Satzglieder ist eine Möglichkeit, einfache lateinische Sätze sicher zu erschließen. Eine andere Möglichkeit ist es, die Satzglieder zu bestimmen und farbig zu markieren. Du kannst dich dabei durchaus am Verlauf des Satzes orientieren.
2. Folgende Tipps sind hilfreich:
   a) Da zwischen Subjekt und Prädikat Kongruenz besteht, solltest du diese beiden Satzglieder immer in derselben Weise markieren.
   b) Da unmittelbar nach jeder Präposition das zugehörige Nomen im erforderlichen Kasus steht, solltest du Präpositionalausdrücke immer zusammenfassen.
   c) Du erkennst Adjektive, die als Attribut verwendet werden, meist daran, dass vor oder nach dem Adjektiv ein Substantiv in KNG-Kongruenz steht.
   d) Du erkennst Adjektive, die als Prädikatsnomen verwendet werden, meist daran, dass das Prädikat mit einer Form des Hilfsverbums esse gebildet ist.
3. So kannst du die Sätze markieren:

a)

Quīntus et Nōnia	ad forum	properant	et	monumenta	forī	spectant.
Subjekt	Adverbiale	Prädikat		Akkusativobjekt	Genitivattribut	Prädikat

b)

Iūcundum est	per forum	clārum	ambulāre.
Prädikat	Adverbiale	Attribut	Subjekt

Übe diese Möglichkeit der Satzerschließung an den folgenden Sätzen.

a) Quīntus nārrat: „In forō multa aedificia vidēmus.
b) Aedificia antīqua sunt.
c) Multī Rōmānī forum intrant et māgna monumenta spectant.
d) Templum Iovis[1] in Capitōliō clārum est."

[1] **Iovis** Genitiv Singular zu Iuppiter

Übungen

Formen erkennen

1 a) Alles -i? Suche alle Formen heraus, die in mehreren Kasus vorkommen:

liberī – discipulī – saeculī – mūrī – virī – Capitōliī – adversāriī – dōnī – aedificiī – puerī – patrōnī – verbī – deī – lūdī – simulācrī – Rōmānī

b) Alles -um? Suche alle Formen heraus, die Genitiv Plural sind:

turbārum – simulācrum – equum – togārum – ōtium – spectāculum – patrōnum – viārum – puerōrum – discipulum – magistrōrum

c) Alles -is? Ordne die folgenden Wörter in einer Tabelle nach Substantiven und Verben:

adversāriīs – audīs – convenīs – convīvīs – convīviīs – dominīs – dormīs – dōnīs – perīculīs – pervenīs – puerīs – reperīs – scīs – statuīs

2 Substantiv sucht Adjektiv! Ordne den Substantiven das jeweils passende Adjektiv (KNG!) zu. Bilde dann den Nominativ Singular und übersetze die Wendung:

Formen zuordnen

1. discipulum
2. poētās
3. cum fēminā
4. dōnīs
5. deō
6. servōrum
7. ōtiī
8. ēloquentiam
9. simulācra

a) sacra
b) māgnam
c) iūcundī
d) summō
e) bonum
f) variīs
g) clārōs
h) fessōrum
i) pulchrā

3 Formenstaffel. Bilde die angegebenen Kasus:

Formen bilden

a) puer pulcher → Dativ → Plural → Genitiv → Singular → Vokativ → Plural → Akkusativ → Singular → Ablativ → Plural → Nominativ → Singular
b) Bilde dieselbe Reihe jeweils mit via Sacra und aedificium altum.

4 Wer fragt, gewinnt! Übersetze die folgenden Wendungen und bestimme dann durch Abfragen, was der Ablativ jeweils angibt: das Mittel, den Grund, die Art und Weise, die Trennung oder den Begleiter?

Kasus bestimmen und bilden

cūrīs līberāre – cum amīcīs thermās intrāre – māgnō gaudiō amīcōs convenīre – verbīs amīcōrum gaudēre – cibō carēre – templum simulācrō ornāre – summā cūrā nūntium amīcī audīre – convīvae vīnō fessī sunt – deī perīcula imperiō Rōmānō prohibent

5 Ablativ oder Akkusativ? Ergänze die richtigen Ausgänge nach den Präpositionen:

a) Quīntus cum Marc **?** amīc **?** per vi **?** Rōmae ambulat.
b) Quīntus amīcō dē verb **?** magistrī nārrat.
c) Tum līberī ad therm **?** properant.
d) Ante therm **?** cēterōs amīcōs conveniunt.
e) In therm **?** multī virī fēminaeque sunt.

Lektion 11 – 15

Aus Roms Frühzeit

In der folgenden Sequenz erfährst du Sagenhaftes und Geschichtliches über die Gründung und die weitere Entwicklung Roms.
In der Sage ist die Gründung der Stadt eng verbunden mit den Zwillingen Romulus und Remus. Diese waren als Säuglinge ausgesetzt worden und wären verhungert, wenn sie nicht von einer Wölfin genährt und von einem Hirten aufgezogen worden wären. Die Römer glaubten fest an diese Sage. Noch Jahrhunderte später wurde dieser Mythos auf Münzen dargestellt.

Römischer Denar aus dem Jahr 137 v. Chr. mit dem Kopf der Göttin Roma (links)

- Beschreibe, was du auf der rechten Abbildung der Münze siehst.

Am Anfang wohnten die Menschen in sehr einfachen Lehmhütten. Durch Ausgrabungen hat man festgestellt, dass der Palatin im 10./9. Jahrhundert v. Chr. als erster von den sieben Hügeln Roms besiedelt wurde.

Die Entwicklung Roms in den ersten Jahrhunderten nach der Gründung haben die Etrusker, die das Gebiet nördlich von Rom beherrschten, wesentlich geprägt. Ein Beispiel ist, dass sie das griechische Alphabet übernommen haben. Durch ihre Vermittlung konnte sich das lateinische Alphabet aus dem griechischen entwickeln.

Etruskisches Musteralphabet auf einer kleinen Vase aus dem 7. Jh. v. Chr. (New York, The Metropolitan Museum of Art)

Auf die Zeit der etruskische Könige in Rom gehen auch Zeichen der Herrschaft zurück, die später in der Zeit der Republik und in der Kaiserzeit bei den höchsten Staatsbeamten in Gebrauch waren. Besondere Zeichen der Herrschaft waren die sella curūlis der beiden Konsuln und die Rutenbündel (fascēs) der Liktoren.

Zwei alte Männer im Gespräch. Etruskische Tonplatte, 2. Hälfte des 6. Jh. v. Chr. (Paris, Louvre)

Zug von Togati und Liktoren. Wandmalerei in einem etruskischen Grab in Tarquinia, 1. Hälfte des 3. Jh. v. Chr.

- Suche auf der Karte im Einband das Gebiet, in dem die Etrusker gelebt haben. Wie heißt die Region heute? Nenne die wichtigsten Orte.

Lektion 11

Von den sagenhaften Anfängen Roms

753

„Sieben – Fünf – Drei: Rom schlüpft aus dem Ei“ – Mit diesem Merksatz kannst du dir ein wichtiges Datum der römischen Geschichte leicht merken. Denn angeblich wurde die Stadt Rom 753 v. Chr. gegründet. Doch wie kam es dazu?

Der Sage nach segelte Aeneas, der Sohn der Göttin Venus, nach der Zerstörung Trojas mit seinem Vater Anchises, seinem Sohn Iulus und einigen Gefährten nach Italien, um dort eine neue Heimat zu finden. Nach langen und abenteuerlichen Irrfahrten erreichte Aeneas schließlich die Küste Italiens und ließ sich dort nieder. Nach seinem Tod wurde sein Sohn Iulus rechtmäßiger Thronerbe und gründete die Stadt Alba Longa.

Etwa vierhundert Jahre später war Numitor König von Alba Longa. Sein Bruder Amulius stürzte ihn jedoch vom Thron und machte sich selbst zum König. Um zu verhindern, dass Numitors Tochter Rhea Silvia Söhne bekam, die dann rechtmäßige Thronerben wären, machte Amulius sie zu einer Priesterin der Göttin Vesta. So war sie gezwungen, ehelos zu leben. Dennoch gebar Rhea Silvia vom Kriegsgott Mars die Zwillinge Romulus und Remus. Voll Zorn ließ Amulius die beiden Kinder in einem Körbchen auf dem Fluss Tiber aussetzen. Der Korb verfing sich jedoch in einem Feigenbaum. Eine Wölfin fand die Jungen, schleppte sie in eine Höhle und säugte sie. Hier entdeckte sie der Hirte Faustulus. Gemeinsam mit seiner Frau Laurentia zog er die Zwillinge auf. Als diese erwachsen waren und von ihrer wahren Herkunft erfahren hatten, töteten sie Amulius und machten Numitor wieder zum König. Dieser erlaubte ihnen, an dem Ort, an dem sie gerettet worden waren, eine neue Stadt zu gründen.

Doch wer König dieser neuen Stadt (oppidum novum) werden sollte, darüber konnten sich die Brüder nicht einigen. Schließlich beschlossen sie, den Willen der Götter durch eine Vogelschau (augurium) auf dem Hügel Aventin (in Aventīnō) und Palatin (in Palātiō) zu erkunden. Hier wurde Romulus zum König bestimmt. Die neue Stadt nannte er daher nach seinem eigenen Namen Rom. So erzählt es die römische Sage.

Die Kapitolinische Wölfin, etruskische Bronzestatue, 6. oder 5. Jh. v. Chr. (Rom, Kapitolinische Museen)

Der Indikativ Präsens und der Indikativ Imperfekt der konsonantischen Konjugation

G

W

Fēmina virōs monet: „Gallī Rōmam *petunt* et Rōmam occupāre *cupiunt*. Cūr cessātis? Cūr cum adversāriīs nōn *contenditis*?
Māgnae cūrae fēminās et līberōs vexant: Gallī ad Āliam multōs Rōmānōs *capiēbant*, multōs etiam *occīdēbant*. Itaque templum summī deī *petimus*. Ibi in magnīs periculīs semper sacrificābāmus et *auxilium* ā deō *petēbāmus*."

Erste Übungen

1 Unterscheide die Verben der e-Konjugation von denen der konsonantischen Konjugation. Übertrage hierzu die Tabelle unten in dein Heft und ordne die Infinitive der entsprechenden Konjugation zu. Markiere anschließend das lange -ē bei Verben der e-Konjugation und bilde die 1. Person Sg.

e-Konjugation	Konsonantische Konjugation	Konsonantische Konjugation auf -io
???	???	???

petere – tacēre – capere – prohibēre – cupere – pārēre – occīdere – dēbēre – contendere

2 Konjugiere im Indikativ Präsens und Imperfekt:

cessāre – gaudēre – venīre – agere – capere

3 Nenne die richtige Konjugation, ergänze dann die fehlenden Vokale und übersetze:

salūt?s – pet?nt – cup?bat – arc?mus – s?nt – aud?tis – cap?o – rīd?nt – cap?bāmus

L Zwei Brüder im Streit

Durch die Wölfin waren die Zwillinge Romulus und Remus auf wunderbare Weise gerettet worden. Viele Jahre später gingen die Brüder daran, ihre eigene Stadt zu gründen. Doch schon bald gerieten sie in Streit, wer von ihnen der neue König werden solle.

Hodiē magister discipulīs fābulam clāram dē Rōmulō et Remō nārrat:
Iam diū Rōmulus et Remus oppidum novum condere cupiēbant, sed iterum atque iterum dē rēgnō contendēbant. Dēnique cōnsilium capiēbant auxilium ā deīs petere et augurium agere[1]. Itaque Remus in Aventīnō, Rōmulus in Palātiō caelum observābat et sīgna deōrum exspectābat.
Subitō Remus sex vulturēs[2] in caelō videt. Statim ad Rōmulum properat et clāmat:
„Ecce, sex vulturēs! Iuppiter mihi sīgnō dēmōnstrat: Ego oppidum novum regere dēbeō!"
Sed Rōmulus respondet: „Cūr clamās, Reme? Ecce! Duodecim..., duodecim vulturēs[3] hīc appārent. Deī mihi adsunt! Mihi rēgnum dant! Mihi licet oppidum novum condere!"
Iam Rōmulus parat locum mūrō parvō circumdāre. Remus autem rīdet et Rōmulum verbīs īnfēstīs lacessit: „Mūrus tam parvus praesidium nōn est. Adversāriōs nōn arcet." Et statim mūrum trānsilit[4]. Rōmulus autem valdē īrātus est: Arma capit Remumque occīdit.

[1] **augurium agere** den Flug der Vögel beobachten und deuten

[2] **sex vulturēs (Akkusativ Pl.)** sechs Geier

[3] **duodecim vulturēs (Nominativ Pl.)** zwölf Geier

[4] **trānsilire (mit Akkusativ)** über etwas springen

Übungen

1 Quis-Quiz: Wer ist Wer?

Quis a) ... cum fīliō Italiam petit?
b) ... Albam Longam condit?
c) ... fīlius Rhēae Silviae est?
d) ... puerōs servat?
e) ... Rōmam mūrō circumdat?

2 Beschreibe die Gründung Roms aus der Sicht des Romulus oder gestalte den Lektionstext „Zwei Brüder im Streit“ zu einem Rollenspiel um. Um dir die Anfänge Roms besser merken zu können, kannst du auch ein Gedicht oder einen Rap darüber verfassen.

3 Benenne von den finiten Verben des Lektionstextes jeweils ihre einzelnen Bestandteile. Übertrage hierzu die Tabelle unten in dein Heft, ordne die Bestandteile zu und übersetze.

Verbform	Präsens-stamm	Bindevokal	Tempus-zeichen	Endung	Übersetzung
nārrat	nārra	–	–	t	er/sie/es erzählt

4 Übersetze die Formen und vertausche dann Singular und Plural:

a) petimus
b) lacessit
c) agēbant
d) reperit
e) sacrificās
f) respondēbātis
g) arceō
h) cupimus
i) condit
j) regō

5 Ergänze die fehlenden Formen im Präsens bzw. Imperfekt und nenne jeweils den Infinitiv mit Bedeutung:

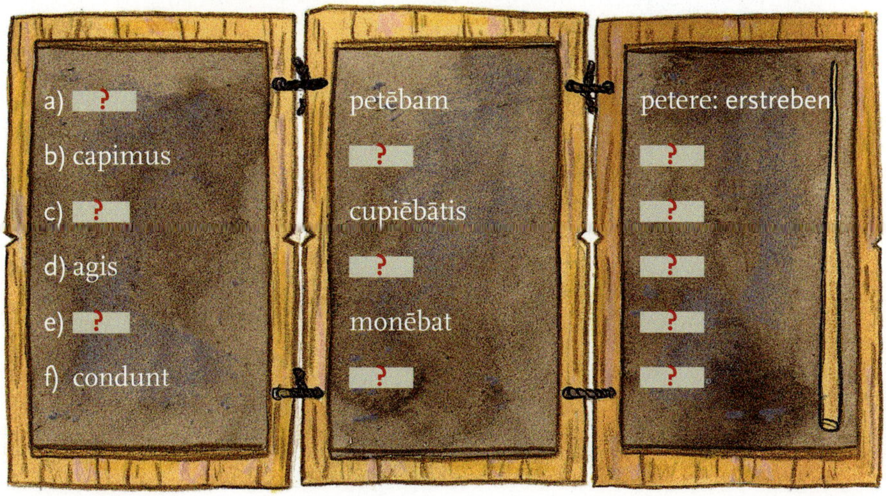

6 Formenstaffel: Bilde zu den Verbformen die vorgegebene Reihe.

contendis → 3. Pers. → Plural → Imperfekt → 2. Pers. → Singular → 1. Pers. → Präsens

cupiō → 2. Pers. → Plural → Imperfekt → 1. Pers. → Singular → 3. Pers. → Präsens

7 Die Mauer des Romulus.
Stell dir vor, Romulus hat seine Stadtmauer aus lauter Bausteinen lateinischer Verbformen gebaut. Die Bausteine helfen dir beim Bilden folgender Verbformen.

de	con	ti	lē	cu	dō	mus
cir	re	bās	dē	tis	bat	a
pe	dō	pis	bant	cum	gē	ge

a) ihr erbittet
b) wir zerstören
c) du verhandeltest
d) ich umgebe
e) sie lenkten
f) du wünschst
g) ich gebe
h) er gründete

8 a) Beschreibe die Kapitolinische Wölfin (S. 64). Welchen Eindruck macht sie auf dich?
b) Kennst du andere Sagen, in denen Kinder ausgesetzt, aber dennoch gerettet werden?

Terrakotta-Urne in Form einer Hütte, aus Vetulonia, 1. Hälfte des 8. Jh. v. Chr. (Florenz, Museo Archeologico). So dürften die ersten Häuser in der von Romulus gegründeten Stadt ausgesehen haben.

Lektion 12

Von den geschichtlichen Anfängen Roms

Um das Jahr 1000 v. Chr. drangen von Norden her mehrere Volksstämme nach Italien ein. Dazu gehörten die Latiner (Latīnī), Sabiner (Sabīnī) und Etrusker (Etruscī, Tuscī).

Die Latiner siedelten auf dem Hügel Palatin (Palātium), der verkehrsgünstig in der Nähe des Tiber und an einem alten Handelsweg lag. Nicht weit entfernt davon ließen sich auf dem Hügel Quirinal Hirten aus dem Stamm der Sabiner nieder. Diese beiden Siedlungen auf den Hügeln Palatin und Quirinal bildeten den Kern der späteren Stadt Rom.

Der Sage nach fehlten den Siedlern auf dem Palatin jedoch Frauen. Deshalb luden sie die Sabiner vom benachbarten Quirinal und andere Stämme zu festlichen Spielen ein. Im Verlauf der Spiele raubten die Römer jedoch unter Führung des Romulus die Töchter der Sabiner und machten sie zu ihren Ehefrauen. Die empörten Sabiner schworen Rache und zogen einige Zeit später bewaffnet zum Palatin. Die Sabinerinnen aber hatten ihre Entführer inzwischen lieb gewonnen. Es gelang ihnen, zwischen ihren Ehemännern auf der einen Seite, und ihren Vätern und Brüdern auf der anderen Seite zu vermitteln und so den Kampf zu verhindern. Man einigte sich darauf, friedlich miteinander zu leben.

Von großer Bedeutung für die weitere Entwicklung der Dörfer waren die Etrusker. Sie hatten ursprünglich in der heutigen Toskana Städte gegründet. Als diese Städte ihr Herrschaftsgebiet nach Süden ausdehnten, wurden auch die Dörfer der Latiner und Sabiner zu einer neuen Stadt zusammengefasst. Sie erhielt nach dem etruskischen Geschlecht der Rutilier den Namen „Ruma".

Die Mitte der neuen Stadt lag in einer Senke zwischen den Siedlungen der Latiner und Sabiner, die durch einen unterirdischen Abwasserkanal, die Cloāca Maxima, trockengelegt worden war. In diesem neuen Stadtzentrum entstand ein gemeinsamer Markt- und Versammlungsplatz; er entwickelte sich als forum Rōmānum zum Zentrum der Stadt und später des ganzen Weltreiches.

Die ersten Siedlungen auf den Hügeln. Der Hügel mit dem Tempel ist das Kapitol, davor liegt der Palatin.

G W

Substantive der 3. Deklination (Konsonantenstämme)/ Dativ des Besitzers

Lūcius Nōnius Asprēnas, *pater* Nōniae et Quīntī

Calpurnia, *uxor* Lūciī Nōniī et *māter* Nōniae et Quīntī

Lūcius et Calpurnia *parentēs* Nōniae et Quīntī sunt.

Rōmulus *rēx* Rōmānōrum erat. *Rēgi uxor* nōn erat. Etiam Rōmānīs *uxorēs* nōn erant. Itaque nūntiī Rōmulī *rēgis* ad *rēgēs fīnitimōs* properābant et a *rēgibus* cōnūbium[1] petēbant. Sed *rēgēs fīnitimī* parātī nōn erant Rōmānīs fīliās dare. Verba *rēgum fīnitimōrum* Rōmulō nōn placēbant.

[1] **cōnūbium, ī** das Recht der Eheschließung

Erste Übungen

1 Formenstaffel. Bilde jeweils die angegebene Form:

rēx → Dativ → Plural → Akkusativ → Singular → Genitiv → Plural → Ablativ → Singular → Vokativ → Plural → Nominativ → Singular
uxor → Akkusativ → Plural → Ablativ → Singular → Genitiv → Plural → Dativ → Singular → Vokativ → Plural → Nominativ → Singular

2 Bilde jeweils den Singular bzw. den Plural:

rēx – rēgem – rēge – rēgum – rēgibus (2)
māter – mātrēs (2) – mātris – mātrī – mātre

3 Ergänze die passenden Ausgänge:

rē ? bonus – rēg ? bonī (2) – rēg ? bonīs – rēg ? bonōs – mātr ? pulchram – mātr ? pulchrās – mātr ? pulchrae (3) – mātr ? pulchrārum

Der Raub der Sabinerinnen

Nachdem Romulus die Stadt Rom gegründet hatte, kamen immer mehr junge Männer in die neu gegründete Stadt, um dort zu leben. Allerdings hatten sie ein Problem: Es gab keine Frauen in Rom!

L

Iam multōs annōs Rōmulus oppidum novum regēbat. Ibi multī virī vīvēbant, sed nūllae mulierēs. Itaque Rōmulus nūntiōs ad rēgēs fīnitimōs mittēbat et cōnūbium[1] petēbat. Fīnitimī autem rīdēbant et nūntiīs Rōmulī respondēbant: „Fīliās nostrās Rōmānīs nōn dāmus!“ Tum Rōmulus rēx dolum adhibet: Lūdōs praeclārōs parat et fīnitimōs invītat. Imprīmīs[2] Sabīnī verbīs Rōmulī rēgis pārent: Patrēs, mātrēs, fīliī fīliaeque Rōmam[3] properant et lūdōs vīsitant. Multās hōrās parentēs cum līberīs spectācula Rōmānōrum spectant, subitō autem Rōmulus rēx sīgnum dat: Māgnō clāmōre Rōmānī fīliās Sabīnōrum capiunt et raptant.

Puellae in summō timōre sunt et Rōmānōs rogant: „Cūr nōs[4] rapitis? Cūr nōs mātrī et patrī ēripitis? Cūr parentibus nostrīs tantōs dolōrēs datis?“ Rōmulus autem fīliīs respondet: „Virīs Rōmānīs – ut scītis – uxōrēs nōn sunt. Itaque ā patribus vestrīs cōnūbium[1] petēbam, sed Sabīnī nūntiōs Rōmānōs rīdēbant. Nunc vōs[5] rogō: Vīvite cum Rōmānīs in oppidō novō! Este uxōrēs Rōmānōrum!“

[1] **cōnūbium, ī n.** das Recht der Eheschließung

[2] **imprīmīs (Adv.)** besonders, vor allem

[3] **Rōmam** nach Rom (wohin?)

[4] **nōs (Akk. Pl.)** uns

[5] **vōs (Akk. Pl.)** euch

Der Raub der Sabinerinnen, Nicolas Poussin, 1637

Übungen

1 Welche Aussage stimmt? Wähle jeweils die richtige Lösung aus und übersetze dann:

a) In oppidō novō multae mulieres – multī servī – multī virī vīvēbant.
b) Rōmulus rēx servōs – nūntiōs – patrem ad rēgēs fīnitimōs mittēbat.
c) Populī fīnitimī libellōs clārōs – ludōs praeclārōs – equōs pulchrōs vidēre cupiēbant.
d) Subitō Rōmānī fīliās – servās – mātrēs Sabīnōrum raptābant.
e) Puellae in summō timōre – dolōre – gaudiō erant.
f) Rōmulus puellās ōrābat: cenāte – vīvite – labōrāte in oppidō novō!

2 Ersetze durch die entsprechende Form von pater bzw. māter und übersetze dann:

dominā – domina – dominus – dominō (2) – dominās – dominae (3) – dominī (2)

3 Ersetze das Wort in Klammern durch die entsprechende Form von pater und māter:

a) Nōnia saepe cum ___?___ (Calpurniā) forum vīsitat.
b) Quīntus cum ___?___ (Lūciō) lūdōs Rōmānōs vīsitat.
c) Nōnia et Quīntus cum ___?___ (Calpurniā et Lūciō) circum vīsitant.
d) Nōnia verba ___?___ (Calpurniae) audit.
e) Verba ___?___ (Calpurniae) ___?___ (Lūciō) nōn placent.

4 Ordne den Substantiven das richtige Adjektiv zu. Achte dabei auf KNG-Kongruenz.

5 Zur römischen familia gehören mehr Personen als zu einer Familie in der heutigen Zeit (vgl. Lektion 1, Einführung). Erstelle ein Sachfeld zum Begriff „familia", indem du alle Substantive für römische Familienmitglieder, die du bisher kennengelernt hast, zusammenstellst.

6 Welche Szene des Lesestücks ist auf der römischen Münze und auf dem Gemälde von Nicholas Poussin (S. 71) dargestellt?

Der Raub der Sabinerinnen als Motiv auf einem römischen Silberdenar

Die Etrusker und ihr Einfluss auf Rom

Die Etrusker (Etruscī, Tuscī) stammten wahrscheinlich aus Kleinasien. Um das Jahr 1000 v. Chr. sind sie nach Italien eingewandert und haben sich in der heutigen Toskana niedergelassen. In den nächsten Jahrhunderten dehnten sie ihr Herrschaftsgebiet weiter nach Süden aus. Sie eroberten Siedlungen anderer Stämme und gründeten Städte, darunter auch Rom.

Die Etrusker beherrschten Rom und die umliegenden Gebiete über 200 Jahre. Um das Jahr 510 v. Chr. vertrieben die Römer das etruskische Königsgeschlecht der Tarquinier. Damit war die Königsherrschaft in Rom beendet, und es begann die Zeit der Republik.

Die Römer behielten jedoch einige der etruskischen Bräuche bei, die man disciplīna Etrusca nennt. Dazu gehörte zum Beispiel, dass sie vor wichtigen politischen Entscheidungen Orakel befragten, den Flug der Vögel beobachteten oder die Eingeweide von Tieren, etwa die Leber von Schafen, untersuchten. Daraus leiteten Priester dann den Willen der Götter ab.

Von den Etruskern übernahmen die Römer auch zahlreiche Gegenstände und Symbole, mit denen sie die Macht verdeutlichten: Auf dem ehemaligen Amtssessel der etruskischen Könige, der sella curūlis, nahmen nun die Konsuln, die höchsten Beamten Roms, Platz; und die Rutenbündel der Liktoren, die fascēs, blieben auch in der römischen Republik Zeichen der Staatsgewalt.

Die Etrusker waren ein lebensfrohes Volk, das Musik, Tanz, Gelage und Sport über alles liebte. So sieht man auf Sarkophagen Verstorbene häufig beim Gastmahl. Für ihre Verstorbenen legten die Etrusker Totenstädte an. Sehr beeindruckend sind die Totenstädte von Cerveteri und von Tarquinia. Tausende von Grabhügeln oder in Felsen gehauene Grabstätten sind hier erhalten, die teilweise noch mit Malereien geschmückt sind.

Die Etrusker hatten auf der Grundlage der griechischen Schrift ihre eigene Schrift entwickelt. Deren Buchstaben sind zwar entziffert, die wenigen erhaltenen Texte in etruskischer Sprache können jedoch bis heute noch nicht vollständig übersetzt werden.

Etruskisches Bronzemodel einer Schafsleber, um 100 v. Chr. (Piacenza, Museo Civico)

Grabhügel in Populonia, 7. Jh. v. Chr.

G Die Verben der a-, e-, i-Konjugation und esse: v- und u-Perfekt

Rōmānī multōs annōs in Palātiō vīvēbant. Sed virīs nūllae mulierēs erant. Tum Rōmulus lūdōs parāvit et fīnitimōs invītāvit. Patrēs Sabīnōrum fīliās monuērunt, sed fīliī fīliaeque Sabīnōrum nōn pāruērunt et ad lūdōs properāvērunt. Fīliae lūdōs multās hōrās spectābant; subitō autem sīgnum audīvērunt: Tum virī Rōmānōrum adfuērunt et fīliās Sabīnōrum raptāvērunt.

Erste Übungen

1 Schreibe die Perfektformen aus dem G-Stück in dein Heft und kennzeichne den Perfektstamm und die Personalendung. Stelle für die a-, e-, i-Konjugation und esse eine Regel zur Bildung des Perfektstamms auf.

2 Ordne den Präsensformen die entsprechenden Perfektformen zu:

Präsensformen: laudāmus – audīs – parō – parant – audit – laudātis
Perfektformen: audīvit – parāvī – laudāvistis – parāvērunt – audīvistī – laudāvimus

3 Numerustausch. Setze jeweils in den Singular oder Plural:

spectāvī – fuistis – vocāvistī – audīvit – dēbuī – fuērunt – pāruit – clāmāvistī – fuī

W

Tarquinius Superbus rēx *ultimus* Rōmānōrum erat. *Quia superbia* rēgis māgna erat, Rōmānī rēgem fugāre cupiēbant. *Aliquandō calamitās mala cīvitātī īnstābat.* Tarquinius, quia in summō timōre erat, fīliīs imperābat: „Properāte *in* Graeciam! *Cōnsulite* Pȳthiam, *sacerdōtem* Apollinis! Apollō mē semper adiuvābat."

L

Ein merkwürdiges Orakel

Nach dem Tod des Romulus regierten sechs weitere Könige in der Stadt Rom. Der letzte König, Tarquinius Superbus, wurde von seinem Neffen, L. Iunius Brutus, gestürzt. Brutus konnte sich dabei auf einen Orakelspruch aus Delphi stützen, den er geschickt interpretierte.

Tarquinius Superbus, ultimus rēx Rōmānōrum, diū summā superbiā regēbat et cīvitātem vexābat. Aliquandō autem nūntius rēgī appropinquāvit et nūntiāvit: „Audī, rēx! Māgnus anguis[1] in templō appāruit et sacerdōtēs fugāvit! Calamitās mala cīvitātī nostrae īnstat.“ Tarquinius, postquam verba nūntiī audīvit, in summō timōre erat. Statim fīliōs vocāvit et imperāvit: „Properāte in Graeciam ad ōrāculum Delphicum[2]! Cōnsulite Pythiam, sacerdōtem Apollinis[3]! Nam Apollō mē iam anteā semper cōnsiliīs adiuvābat.“ Fīliī patrī pāruērunt et cum L. Iūniō Brūtō ad ōrāculum properāvērunt. Postquam templum Apollinis intrāvērunt, sacerdōs clāmāvit: „Imperium summum Rōmae habēbit, quī vestrum prīmus mātrī ōsculum dederit.“[4] Fīliī Tarquiniī rēgis, postquam verba mīra sacerdōtis audīvērunt, stupuērunt: „Cūr deus imperat mātrī ōsculum dare[5]? L. Iūnius Brūtus autem, quia callidus fuit, cōgitāvit: „Sacerdōs nōn mātrem nostram, sed Terram, mātrem hominum, dēsīgnāvit[6].“ Itaque Brūtō placuit terrae clam ōsculum dare. Paulō post Rōmānī, quia superbiā Tarquiniōrum īrātī fuērunt, Tarquinium rēgem et fīliōs rēgis fugāvērunt. Tum Brūtō summum imperium mandāvērunt.

[1] **anguis, is m.** die Schlange

[2] **ōrāculum Delphicum** das Orakel in Delphi

[3] **Apollō, Apollinis** der Gott Apollo

[4] „Das höchste Amt in Rom wird bald derjenige haben, der von euch als erster der Mutter einen Kuss gibt.“

[5] **ōsculum dare** einen Kuss geben, küssen

[6] **dēsīgnāre** meinen, andeuten

Brutus vor dem Orakel in Delphi. Szene aus dem Randfries auf der großen Silberplatte (Lanx) von Stráže/Slowakei, 4. Jh. n. Chr.

Übungen

1 Lege eine Tabelle für esse und für die Verben der a-, e- und i-Konjugation an und trage deren Perfektformen aus dem Lesestück ein.

2 Lies dir den Text des Lesestücks noch einmal durch. Bringe dann die folgenden Sätze in die richtige Reihenfolge.

a) Fīliī rēgis cum Brūtō in Graeciam properāvērunt.
b) Postquam verba sacerdōtis audīvērunt, Lūciō Iūniō Brūtō terrae ōsculum dare placuit.
c) Tum Brūtus cum fīliīs Rōmam properāvit.
d) Itaque Tarquinius in summō timōre erat.
e) Māgnus anguis in templō appāruit.
f) Ibi Pȳthiam, sacerdōtem Apollinis, vīsitāvērunt.

3 Präsens oder Perfekt? Welche Endung passt zu welchem Tempusstamm? Bilde so viele Formen wie möglich und übersetze sie dann.

Die Endungen: ō – it – tis – ērunt – t – ī – istis – s – mus – istī – nt – imus
Die Verbstämme: clāma – pāru – veni – mone – fu – tace – audi – fugāv – timu – audīv – cōgita – placu

4 Bilde die entsprechende Perfektform:

a) clāmat b) pārent c) estis d) scīmus e) monēmus f) audit
g) esse h) dormiunt i) taceō

5 Bilde von den Verben nuntiāre, parēre und esse folgende Formenstaffel:

1. Person Singular Präsens → Plural → 3. Person → Imperfekt → 2. Person → Singular → Perfekt → 3. Person → Plural → 1. Person → Singular → Infinitiv → Präsens

6 Vervollständige das Prädikat im Perfekt und übersetze die Sätze.
Lūcius Nōnius erzählt seinem Sohn von dem Einfall der Gallier in Rom:

a) Gallī Rōmānōs ad Ālliam superā ? et Rōmae appropinquā ?.
b) Rōmānī Gallōs tim ?. c) Itaque cum fēminīs līberīsque in Capitōlium properā ?. d) Ibi Gallōs exspectā ?. e) Quia virī fessī fu ?, fēminae virōs mon ?: „Arcēte adversāriōs!“ f) Tum virī Gallōs arc ? et fugā ?.

7 Silben-Durcheinander. Setze die Silben in die richtige Reihenfolge und übersetze das Verbum:

a) vī – au – dī b) vērunt – in – tā – vī c) nu – mo – it
d) pe – mus – vi – im – rā e) pu – istī – stu f) pā – ērunt – ru

8 Informiere dich, wie im Apollonheiligtum von Delphi ein Orakel gegeben wurde. Suche weitere bekannte Prophezeiungen der Pythia.

Patrizier und Plebejer

Auch nach der Vertreibung der Könige gab es im römischen Volk Unruhe. Das einfache Volk, die plēbs, fühlte sich von den reichen und vornehmen Bürgern, den Patriziern (patriciī), schlecht behandelt. Ein Plebejer (plēbēius), wie man die einfachen Leute nannte, durfte keine öffentlichen Ämter übernehmen. Auch waren den Plebejern Ehen mit den Familien (gentēs) der Patrizier verboten. Vor allem aber litt die Plebs häufig große Not. Wer nämlich als Soldat für Rom in den Krieg zog, der konnte für seine Familie kein Geld (aes) verdienen und musste unter Umständen Schulden (aes aliēnum) machen. Wenn jedoch ein Plebejer nicht in der Lage war, seine Schulden zurückzuzahlen, dann drohte ihm sogar die Versklavung. Es dauerte Jahrhunderte, bis sich die Situation veränderte. Ein wichtiger Schritt war die Veröffentlichung von Gesetzen auf zwölf Holztafeln, die auf dem Forum Romanum aufgestellt wurden – das erste schriftlich festgehaltene Gesetzeswerk überhaupt. Und vor allem wurde das Amt des Volkstribuns (tribūnus plēbis) geschaffen, der die Aufgabe hatte, sich für die Rechte der Plebejer einzusetzen. Doch um solche Erfolge musste die Plebs lange kämpfen.

Besonders berühmt ist der Auszug der Plebejer auf den nahe der Stadt (urbs) gelegenen Heiligen Berg (Mōns Sacer). Diese Aktion versetzte die Patrizier in Angst und Schrecken, denn es drohte ein Angriff benachbarter Volksstämme (gentēs), und nun fehlten ihnen die Soldaten. So schickten sie den angesehenen Menenius Agrippa zu den Plebejern, der diesen die noch heute bekannte Geschichte vom menschlichen Körper (corpus) erzählte:

„Einst kam es innerhalb des Körpers zum Streit. Da die Glieder meinten, der Magen arbeite nicht, wollten sie ihn nicht mehr versorgen. Die Hände weigerten sich, Nahrung zum Mund zu führen, der Mund war nicht mehr bereit, Essen aufzunehmen, und die Zähne zerkauten nichts. Doch nun litt nicht allein der Magen Hunger, sondern auch die Glieder wurden schwach. So erkannten sie, dass der Magen keineswegs faul und untätig war, und beendeten ihren Streik.“

Mit dieser fābula soll Menenius Agrippa die Plebs dazu bewegt haben, in die Stadt zurückzukehren.

Menenius Agrippa erzählt den Plebejern die Geschichte vom Körper und den Gliedern. Detail aus dem Fries von August Eisenmenger im Abgeordnetenhaus des Österreichischen Parlaments in Wien, 1885

G W

Substantive der 3. Deklination: Genitiv Plural auf -ium und Neutra

Lūcius *frāter* Quīntī est. Lūcius et Quīntus *frātrēs* sunt.
Lūcius et Quīntus in *urbe* Rōma vīvunt. *Urbs* Rōma *patria frātrum* est.
Temporibus antīquīs *urbs* Rōma medium imperiī Rōmānī erat. Rōmānī multās *gentēs* superāvērunt et dominī multārum *gentium* erant. Poētae clārī *tempora* antīqua celebrābant.

Erste Übungen

1 a) Dekliniere frāter und urbs. In welchem Kasus unterscheidet sich ihre Deklination?
b) Dekliniere tempus. In welchen Kasus unterscheidet sich seine Deklination von frāter und urbs?

2 Formenstaffel. Bilde die jeweils angegebenen Formen:

a) urbs clāra → Plural → Akkusativ → Singular → Genitiv → Plural → Ablativ → Singular → Dativ → Plural → Nominativ → Singular
b) tempus antīquum → Dativ → Plural → Akkusativ → Singular → Genitiv → Plural → Ablativ → Singular → Nominativ

3 a) Bestimme die folgenden Substantiv-Adjektiv-Verbindungen nach Kasus und Numerus. Bilde dann den Nominativ Singular und übersetze diesen.

urbium clārārum – imperium praeclārum – dōna parva – tempora iūcunda – multārum gentium – cōnsilium bonum – mūrum altum – frātrum fīdōrum

b) Welche dieser Substantive gehören zur 3. Deklination?

Der römische Staat in Gefahr

L

Heute stand römische Geschichte auf dem Stundenplan der Kinder. Die Erzählung vom Auszug der Plebs hat viele Schüler sehr beeindruckt. Quintus, der Verständnis für die Plebejer hat, unterhält sich auf dem Heimweg mit seinem Bruder, der den Standpunkt der Patrizier für richtig hält.

Hodiē magister discipulīs dē patriciīs[1] et plēbēiīs narrāvit. Dum discipulī domum[2] properant, Quīntus frātrī verba magistrī explicat:

„Postquam Brūtus Tarquinium Superbum rēgem fugāvit, tempora plēbēiīs misera erant: Quia Rōmānī saepe cum gentibus fīnitimīs bellum gerēbant, plēbēiī agrōs colere nōn poterant[3]. Itaque plēbs cibīs egēbat; etiam aes aliēnum multōs plēbēiōs vexābat.

Aliquandō cōpiae gentium fīnitimārum urbī appropinquāvērunt et urbem occupāre parābant. Plēbēiī autem prō patriā pūgnāre nōn iam parātī erant: Urbem relinquēbant et in Montem Sacrum properābant."

Statim frāter vocat: „Cūr plēbēiī gentes īnfēstās ab urbe nōn arcēbant? Nōnne[4] plēbēiīs virtūs erat?"

Quīntus respondet: „Plēbēiīs virtūs erat, sēd cibīs et aere egēbant. Nūlla iūra habēbant. Itaque nōn iam parātī erant prō patriā pūgnāre."

Frāter autem īrātus est: „Cīvitās nostra in summō perīculō erat!"

Quintus: „Dum plēbēiī ab urbe aberant et patriciōs[1] adiuvāre parātī nōn erant, patriciī in māgnō timōre erant. Itaque Menēnius Agrippa ad Montem Sacrum properāvit et plēbī fābulam clāram dē corpore nārrāvit. Tum plēbēiī prō patriā pūgnāre parātī erant."

Nunc frāter gaudet: „Patricius[1] praeclārus patriam servāvit!"

[1] **patricius, ī m.** der Patrizier
[2] **domum** nach Hause
[3] **poterant** sie konnten
[4] **nōnne?** etwa nicht?

Der Auszug der Plebejer zum Mons Sacer, B. Barloccini, 1849

Übungen

1 Gib den Inhalt der Zeilen 3–13 des Lesestücks mit eigenen Worten wieder: Warum weigern sich die Plebejer in einer Situation, die für alle Römer gefährlich ist, die Stadt zu verteidigen?

2 Übertrage die fābula dē corpore des Menenius Agrippa auf die beiden verfeindeten Gruppen in Rom: Was wollte Menenius den Plebejern erklären? Warum waren sie nach dieser Geschichte bereit, Rom zu verteidigen?

3 Die gleiche Endung, aber ... – Bestimme die folgenden Formen. Gib, sofern nötig, die Lernform an und übersetze diese:

ātrium – urbium – ōtium – gentium – virtūs – parātus – tempus – temporibus – tempora – labōrā – pecūnia – āra – aere – arcē – arcēre – amīce – age

4 Neue und alte Endungen – Bestimme die folgenden Substantiv-Adjektiv-Verbindungen nach Kasus und Numerus und forme sie dann wie angegeben um. Bilde schließlich den Nominativ Singular und übersetze diesen.

a) gentium praeclārārum → Akkusativ → Ablativ
b) patriam nostram → Genitiv → Dativ
c) montēs altōs → Genitiv → Singular
d) aere aliēnō → Akkusativ → Genitiv
e) temporis antīquī → Plural → Akkusativ

5 Lauter Gliedsätze – Welche Prädikate passen in die Gliedsätze? Vervollständige die Aussagen und übersetze sie.

nārrāvit	occupāvērunt	vexābat	aedificō	fugāvimus

a) Rōmulus: „Dum urbem novam ?, frāter mē lacessēbat.“
b) Brūtus: „Quia Tarquinius Rōmānōs māgnā superbiā ?, rēgem fugāvimus.“
c) Vir plēbēius: „Postquam Tarquinium ?, cibīs et aere carēbāmus.“
d) Menēnius Agrippa: „Postquam plēbēiī Montem Sacrum ?, fābulam dē corpore nārrāvī.“
e) Magister: „Postquam Menēnius Agrippa fābulam clāram ?, plēbēiī in urbem Rōmam properāvērunt.“

6 Die um das Jahr 450 v. Chr. auf zwölf Holztafeln aufgeschriebenen Gesetze bilden das erste schriftlich festgehaltene Gesetzeswerk in Rom. Überlege, welche Vorteile dieses „Zwölftafelgesetz“ für die Plebejer brachte.

Rom und seine Nachbarn

Nach der Vertreibung des letzten etruskischen Königs aus Rom im Jahr 510 v. Chr. mussten sich die Römer mit ihren Nachbarvölkern auseinandersetzen.
Sie verbündeten sich im 5. Jahrhundert v. Chr. zunächst mit den Latinern. Gemeinsam unterwarfen sie unter der Führung des Feldherrn Coriolan die Volsker und anschließend die Aequer. Im Norden mussten sich die Römer gegen das mächtige Volk der Etrusker behaupten. 396 v. Chr. gelang es ihnen schließlich nach einem zehnjährigen Kampf, die bedeutende etruskische Stadt Veji einzunehmen und zu zerstören. In den folgenden Jahrzehnten des 4. Jahrhunderts dehnten die Römer dann ihre Macht zunehmend auf Mittelitalien und bis zur Küste des Adriatischen Meeres aus.
In den unterworfenen Gebieten gründeten sie Städte für römische Bürger, die sogenannten Kolonien. Die übrigen Städte und Völker Italiens machten die Römer durch Verträge zu ihren Bundesgenossen: Sie blieben unabhängig, mussten aber die Römer mit ihren Truppen in Kriegen unterstützen. Später erhielten sie sogar das römische Bürgerrecht.
Durch die Ansiedlung von Kolonien und durch die Unterstützung der Bundesgenossen gelang es den Römern, in der ersten Hälfte des 3. Jahrhunderts ein Herrschaftsgebiet in Mittel- und Süditalien zu sichern.

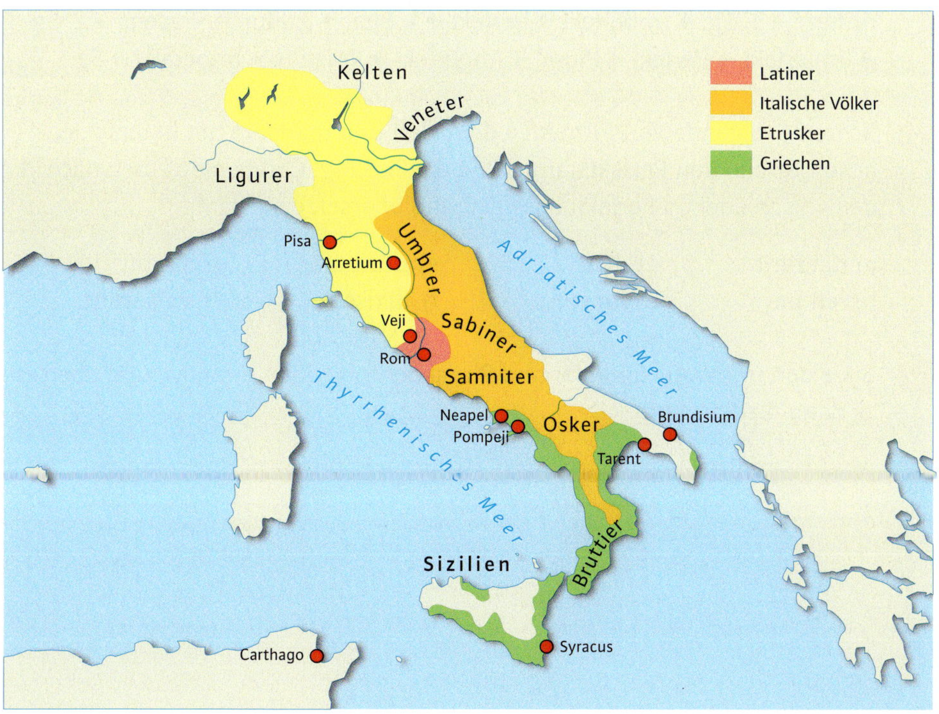

G

Die Verben der konsonantischen Konjugation: Der Imperativ/ Die Verben der e-, i- und konsonantischen Konjugation: s- und Dehnungsperfekt

W

Patriciī ad Menēnium Agrippam: „Properā ad Montem Sacrum! Pete auxilium ā plebeiīs! Nārrā plebeiīs: Urbs nostra in summō periculō est!“
Menēnius Agrippa ad plebeiōs: „Servāte urbem nostram! Relinquite Montem Sacrum! Capite arma et contendite prō patriā! Arcēte gentēs īnfēstās!“

Patriciī Menēnium ad plebeiōs mittunt. Multīs verbīs plebeiōs *movet. Dīcit: „Īram dēpōnite,* relinquite montem, contendite prō patriā!“
Patriciī Menēnium ad plebeiōs *mīsērunt.* Multīs verbīs plebeiōs *mōvit. Dīxit: „Īram dēpōnite,* relinquite montem, contendite prō patriā!“ Plebeiī *īram dēpōsuērunt* et montem *relīquērunt.*

Erste Übungen

1 Übersetze die folgenden Infinitive. Konjugiere sie dann im Indikativ Perfekt und gib an, welche Art der Perfektbildung jeweils vorliegt.

cōgitāre – habēre – movēre – dīcere

2 Formenstaffel. Bilde die folgenden Formen:

mittere → 3. Sg. → Imperfekt → Perfekt → 1. Plur. → 3. Plur. → Präsens → 2. Sg. → Imperfekt → Perfekt → Plural → Imperfekt → Präsens → Imperativ → Sg.

3 Schreibe folgende Verbformen in dein Heft und markiere mit unterschiedlichen Farben den Perfektstamm und die Endung. Ordne die Verben nach den verschiedenen Perfektbildungen und übersetze sie dann:

a) rīsērunt	c) dīxit	e) nūntiāvī	g) pāruit
b) relīquit	d) movī	f) dīxistis	h) mīsērunt

4 Bilde den Imperativ Singular und Plural der folgenden Infinitive und übersetze dann die Formen:

petere – audīre – agere – monēre – colere – ēripere – pārēre – capere

Verrat am Vaterland

L

Bei einem Krieg gegen die Volsker (im Jahr 494 v. Chr.) bewies der junge Patrizier Gnaeus Marcius bei der Eroberung der Stadt Corioli so großen Mut, dass er den Beinamen Coriolanus erhielt und von allen Bürgern hoch geachtet wurde. Da jedoch im Krieg die Äcker von den Plebejern nicht bestellt werden konnten, kam es im folgenden Jahr in Rom zu einer großen Hungersnot. Als endlich Getreide zur Verfügung stand, weigerte sich der Patrizier Coriolan, es billig an die Plebejer zu verkaufen. Damit zog er sich den Zorn der Plebejer zu:

Quia Coriolānus nōn parātus erat plēbī frūmentum parvī[1] vendere, īram plēbī mōvit. Plēbs enim frūmentō egēbat; māgnum aes aliēnum plēbeiōs vexābat. Itaque plēbeī Coriolānum accūsāvērunt et fugāvērunt. Coriolānus autem īrātus urbem relīquit et ad Volscōs, adversāriōs Rōmānōrum, fūgit.

Paulō post cōnsilium cēpit bellum cum Rōmanīs gerere et cum cōpiīs Volscōrum urbem Romam occupāre. Romanī autem, postquam cōpiās adversāriōrum ante urbem vidērunt, in māgnō timōre erant et iterum atque iterum lēgātōs ad Coriolānum mittēbant. Sed nē sacerdōtēs quidem animum Coriolānī flexērunt. Tandem Veturia, māter Coriolānī, et Volumnia, uxor Coriolānī, cum parvīs līberīs in castra Volscōrum properāvērunt. Ibi Veturia ad fīlium dīxit: „Quid agis, Coriolāne? Cūr cum cōpiīs adversāriōrum vēnistī? Adversārius an fīlius es? Cūr, fīlī, mātrem vexās?

[1] **parvī** zu einem niedrigen Preis

Fresko von Bernardo Castello (1557–1629). Genua-Pegli, Villa Lomellini Rostan

Cūr cōnsilium cēpistī urbem nostram occupāre et dēlēre? Hīc māter, uxor, līberī vīvunt! Cōgitā: Nunc aut mors aut servitūs mātrī, uxōrī, līberīs īnstat! Abdūc cōpiās Volscōrum! Arma dēpōnite et relinquite urbem!"

Dēnique verba mātris fīlium mōvērunt. Coriolānus lacrimās nōn iam tenuit: Fēminās dīmīsit et cōpiās Volscōrum abdūxit. Ita fēminae urbem precibus lacrimīsque servāvērunt.

Übungen

1 Nenne den Grund für den Streit zwischen Coriolan und den Römern (Z. 1–5).

2 Nenne in den Zeilen 1–11 die satzverknüpfenden Konjunktionen (Konnektoren) sowie jeweils das Subjekt und das Prädikat. Fasse dann den Inhalt dieser Zeilen mit eigenen Worten kurz zusammen.

3 a) Gib mit eigenen Worten wieder, was Veturia ihrem Sohn sagt (Z. 12–16).
b) Beschreibe, mit welchen sprachlichen Mitteln (z. B.: Wortwahl, Satzart oder Satzbau) sie ihre Aussage unterstreicht.

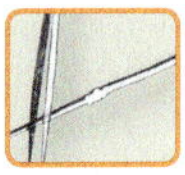

4 Quintus hat in folgendem Kasten Perfektformen versteckt. Suche alle Perfektformen heraus:

> cupiō – liberāvistī – vocābātis – dūximus – fūgit – fugābātis – petunt – monuistis – dēposuī – tenuit – licet – agēbās – gessērunt – relinquunt – relīquērunt

5 Bestimme und übersetze folgende Verbformen:

a) habuit
b) dīximus
c) occupāvērunt
d) rogāvistis
e) abdūxistis
f) coluī
g) dēposuistī
h) flexērunt

6 Setze den Singular in den Plural und umgekehrt:

a) audīvī
b) dīmīsit
c) mōvērunt
d) fūgistis
e) tenuistī
f) tacuimus

7 Bist du schon perfekt? Setze die folgenden Präsensformen ins Perfekt und übersetze sie:

capit – ambulant – dūcitis – dēbeō – dēpōnis – agunt – movēs – mittimus

8 Bilde zu folgenden Perfektformen die entsprechenden Präsensformen:

flexērunt – superāvistis – dūxit – fūgimus – tacuit – dīxistī – excitāvit – habuērunt

9 Klare Anweisungen! Coriolan gibt seinen Truppen Befehle. Diese reagieren sofort:

Coriolānus: „Arma dēpōnite!“ – Cōpiae: „Arma dēpōnimus.“

a) Formuliere aus den folgenden Wendungen Anweisungen Coriolans und die Reaktionen seiner Truppen und übersetze sie:

urbem dēfendere – prō patriā contendere – urbem relinquere – animum flectere – castra movēre

b) Stell dir vor, Coriolan würde seine Befehle nur einem einzelnen Mann geben. Formuliere entsprechend!

10 a) Welche Szene des Lesestücks ist auf dem Fresko von Bernardo Castello (S. 83) dargestellt?

b) Informiere dich mithilfe eines Lexikons oder des Internets: Welcher englische Dichter und welcher deutsche Komponist haben den Stoff des Coriolan jeweils in einem ihrer Werke behandelt?

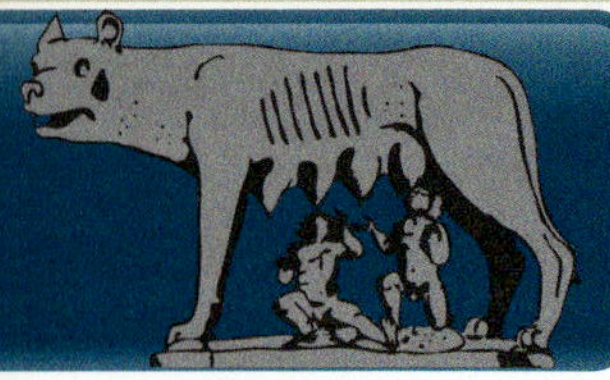

Plateaulektion 11 – 15

Grundwissen: Das frühe Rom

In den antiken Quellen zur römischen Frühgeschichte sind sagenhafte und historische Ereignisse miteinander vermischt. Viele Sagen haben jedoch einen wahren Kern.

Sage von der Flucht des **Aeneas** (Sohn der Venus) mit seinem Vater **Anchises** und seinem Sohn **Iulus** aus dem zerstörten **Troja** → Irrfahrt nach **Italien**

Geburt der Zwillinge **Romulus** und **Remus** durch die Vestalin Rhea Silvia, eine Nachfahrin des Iulus (Vater: der Kriegsgott Mars); diese werden ausgesetzt und von einer Wölfin gerettet

753 v. Chr.: sagenhaftes Datum der Gründung Roms → Streit um die Herrschaft: Romulus tötet Remus und wird erster König von Rom

Kriege mit benachbarten Stämmen (z. B. Latiner, Etrusker, Sabiner): Sage vom **Raub der Sabinerinnen**, durch den erstmals Frauen nach Rom gekommen sein sollen

um **510 v. Chr.**: Lösung von der etruskischen Vorherrschaft: Vertreibung des letzten etruskischen Königs **Tarquinius Superbus** aus Rom → Beginn der **römischen Republik**

494 v. Chr.: Auszug der Plebejer (einfaches Volk) zum Mons Sacer als Versuch, bei den **Patriziern** (vornehme Bürger) die Verbesserung ihrer Lebensumstände durchzusetzen (Ständekämpfe); Rückkehr als Reaktion auf die Fabel des Menenius Agrippa vom Körper und von den Gliedern, die nur gemeinsam existieren können

um **450 v. Chr.**: Erlass der **Zwölftafelgesetze**, Aufstellung auf dem Forum Romanum (erstes schriftlich festgehaltenes Gesetzeswerk)

sagenhafte Geschichte vom Feldherrn **Coriolan**, der zu den verfeindeten Volskern überlief, dann aber von seiner Mutter Veturia zum Abzug von Rom bewegt wurde

4./3. Jahrhundert v. Chr.: Unterwerfung benachbarter Stämme: **Vormachtstellung Roms in Italien**

Virtūs – eine rein männliche Eigenschaft?

L

Gestern trafen sich Quintus, sein Freund Marcus und seine Schwester Nonia, um sich gegenseitig etwas vorzulesen. Als Quintus an die Reihe kam, trug er einen Text aus einem Geschichtsbuch über den Krieg gegen die Etrusker vor.

„... Clam Etruscī Rōmae appropinquābant, Rōmānī autem iam diū in urbe hostēs exspectābant. Subitō clāmōrem audīvērunt: ‚Ad arma! Hostēs appārent, urbī appropinquant.‘ Statim virī arma capiunt. Tum vir Rōmānus ex urbe properat, pūgnat, hostēs ab urbe arcet. Ita ūnus[1] vir virtūte patriam servāvit.“
Mārcus stupuit et dīxit: „Nūlla gēns virōs Rōmānōs superat.“
Sed Nōniae verba amīcī nōn placuērunt. Itaque puella vocāvit: „Etiam fēminae prō patriā pūgnant, etiam fēminae virtūte nōn carent. Aliquandō etiam fēmina patriam servāvit: Veturia, māter Coriolānī, castra Volscōrum petīvit fīliumque precibus mōvit.“
Sed Mārcus: „Fēminae verbīs, nōn armīs pūgnant.“
Et Quīntus: „Virī Rōmānī armīs pūgnant, quia fīliī Mārtis deī sunt. Mārs, ut scis, pater Rōmulī et Remī est; frātrēs urbem Rōmam aedificāvērunt.“
Tum Nōnia: „Et Aenēās, pater populī Rōmānī, fīlius Veneris erat. Ex urbe Trōiā fūgit. Postquam mūltōs annōs per mare[2] nāvigāvit, tandem in Italiam pervēnit. Posterī[3] Aenēae urbem Rōmam regēbant. Itaque nōn sōlum līberī Mārtis, sed etiam Veneris sumus.“

[1] **ūnus (Nom. Sg.)** ein einziger

[2] **per mare** über das Meer

[3] **posterī (Nom. Pl.)** die Nachkommen

Coriolan und seine Mutter, Holzschnitt von James Caldwell (1803) nach einem Gemälde von Gavin Hamilton

- Im alten Rom gingen die meisten Menschen davon aus, dass Frauen weitaus geringere Fähigkeiten hatten als Männer. Untersuche, wo diese Einstellung in dem vorliegenden Text zu erkennen ist. Wie beurteilst du Marcus' und Nonias Aussagen?
- Der Holzschnitt von James Caldwell stellt den Auftritt von Coriolans Mutter im Lager ihres Sohnes dar. Erkläre, warum Nonia im Übersetzungstext ausgerechnet diese Geschichte erwähnt.

Methodenkompetenz (4): Stammformen lernen

Folgende Informationen gewinnst du aus den **Stammformen**: Der Infinitiv Präsens und die Präsensform zeigen dir, wie der **Präsensstamm** heißt. Der Präsensstamm wiederum wird zur Bildung der **Präsens- und Imperfektformen** verwendet.
Aus der Perfektform kannst du den **Perfektstamm** erkennen. Dieser wird zur Bildung aller **Perfektformen** verwendet. Vergleiche die folgende Tabelle:

Infinitiv Präsens	1. Person Singular Präsens	1. Person Singular Perfekt
z. B. monē-re	mone-ō	monu-ī
Präsensstamm: monē-		**Perfektstamm: monu-**
Bildung des **Präsens**: Präsensstamm + -ō, -s, -t usw. (teilweise mit Bindevokal) z. B. moneō, monēs, monet, ... Bildung des **Imperfekts**: Präsensstamm + -(ē)bam, -(ē)bas, -(ē)bat usw. z. B. monēbam, monēbas, ...		Bildung des **Perfekts**: Perfektstamm + -ī, -istī usw. z. B. monuī, monuistī, ...

Im Vokabelverzeichnis zu dieser Plateaulektion sind die bereits bekannten Verben aufgelistet, zu denen du nun noch den Perfektstamm nachlernen musst. Dazu einige Tipps:

- Suche dir Lernhilfen wie deutsche oder englische Fremdwörter oder „Eselsbrücken".
- Lerne die Stammformen gerade schwieriger Verben im Stil eines Liedtextes. Sage sie dir laut und klar auf, sodass du die ganze Reihe automatisch beherrschst.
- Denke dennoch beim Lernen immer wieder mit: Überlege dir zum Beispiel, um welche Art der Perfektbildung es sich jeweils handelt.

Übungen

Formen erkennen

1 Von welchen lateinischen Verben sind die folgenden deutschen Fremdwörter abgeleitet? Gib jeweils den Infinitiv Präsens mit einer deutschen Bedeutung und die Stammformenreihe an. Nenne auch die Art der Perfektbildung:

regieren – Konvention – agieren – parieren – Lizenz – Mission – Vision

Formen erkennen und bilden

2 Gib zu jeder der folgenden Verbformen den Infinitiv Präsens mit einer deutschen Bedeutung und die Stammformenreihe an. Nenne auch die Art der Perfektbildung. Setze dann alle Präsensformen ins Perfekt und umgekehrt:

dēlet – coluistis – gerunt – rīsistī – tacēs – dormīvimus – lacessīvērunt – ēripis – vēnit – cupiunt – adiuvant – vīxistis – appārētis

Methodenkompetenz (5): Tempora übersetzen

Gerade bei der Schilderung von Handlungen aus der Vergangenheit ist es oft gar nicht so einfach, das richtige Tempus zu verwenden, und das gilt auch für das Deutsche.
Für die Übersetzung der lateinischen Tempora ins Deutsche beachte die folgende Tabelle. Eine Faustregel zum Tempusgebrauch lautet: **Bei der Wiedergabe von Handlungen aus der Vergangenheit ist das deutsche Präteritum meist am besten geeignet.**

Lateinisches Tempus	Verwendung	deutsche Übersetzung
Präsens	• Handlungen in der Gegenwart • Ereignisse in der Vergangenheit bei lebhafter Schilderung (historisches Präsens) • allgemeine Aussagen (z. B. „Jeden Morgen **geht** die Sonne auf.“)	• Präsens • Präsens oder Präteritum • Präsens
Imperfekt	• Gewohnheiten • nicht abgeschlossene, andauernde Vorgänge in der Vergangenheit • wiederholte Handlungen in der Vergangenheit • versuchte Handlungen	• Präteritum • Präteritum • Präteritum • Präteritum
Perfekt	• Handlungen in der Erzählung in der Vergangenheit/die Haupthandlung eines Satzes • abgeschlossene Handlungen (die beurteilt werden), Ergebnisse von Handlungen	• Präteritum • Perfekt

Übungen

1 Untersuche den Gebrauch der Tempora in dem folgenden Ausschnitt aus dem Übersetzungstext (Zeile 1–6). Die farbige Markierung der Verben soll dir dabei helfen – wofür steht sie im Einzelnen? Verwende zur Erklärung des Tempusgebrauchs die neben dem Text stehenden Begriffe.

„... Clam Etruscī Rōmae appropinquābant, Rōmānī autem iam diū in urbe hostēs exspectābant. Subitō clāmōrem audīvērunt: ‚Ad arma! Hostēs appārent, urbī appropinquant.‘ Statim virī arma capiunt. Tum vir Rōmānus ex urbe properat, pūgnat, hostēs ab urbe arcet. Ita ūnus vir virtūte patriam servāvit.“ Mārcus stupuit et dīxit: „Nūlla gēns virōs Rōmānōs superat.“

Tempus erkennen

allgemeine Aussagen – Handlungen in der Erzählung – Ergebnisse von Handlungen – besonders lebhafte Schilderung vergangener Ereignisse – Handlungen im Hintergrund

2 Wie werden in den Sätzen aus dem Übersetzungstext (Z. 15/16, „Postquam ... regēbant.“) die vier Verben übersetzt? Begründe deine Entscheidung (vgl. Gr. 13 S 3.2).

Lektion 16 – 20

Vom Leben in der Stadt und auf dem Land

Von interessanten und besonderen Ereignissen, die immer wieder in Rom stattfanden, wirst du in den folgenden Lektionen lesen.

Als Mittelpunkt des Imperium Romanum, das sich immer weiter ausdehnte, hatte Rom zur Zeit des Kaisers Augustus ungefähr eine Million Einwohner. Nur wenige Römer besaßen ein großes Stadthaus (vgl. S. 14). Die meisten Menschen lebten in sogenannten īnsulae. Eine īnsula war ein mehrgeschossiges von Mietern bewohntes Wohnhaus, in dessen Erdgeschoss auch Ladengeschäfte untergebracht sein konnten.

Holzmodell einer īnsula in der Hafenstadt Ostia

Alltag in Rom

- Beschreibe die Straßenszene in Rom.

Wohlhabende Römer hatten neben ihrem Haus in der Stadt auch eine vīlla (vīlla suburbāna), ein Landgut, das man als Zweitwohnsitz bezeichnen könnte und das in der näheren und weiteren Umgebung von Rom lag. Hier konnten sich die Römer von ihren beruflichen Tätigkeiten erholen sowie sich von dem Lärm der Großstadt zurückziehen.
Eine Bauernfamilie lebte in einer vīlla rūstica und bewirtschaftete die Ländereien in der Nähe des Hofes. Die Erzeugnisse wurden in Rom auf den Märkten (fora) zum Verkauf angeboten.

Modell des Landgutes von Boscoreale bei Pompeji

Pflügender Bauer, 2. Jh. n. Chr. (Staatliche Museen, Berlin)

- Beschreibe die vīlla rūstica und überlege, wozu die Tongefäße dienten, die im Innenhof in der Erde vergraben waren.

Lektion 16

Sklaven in Rom

In Italien lebten um Christi Geburt zwei bis drei Millionen Sklaven. Bei einer Gesamtbevölkerung von circa 7,5 Millionen Personen war ungefähr jeder dritte Einwohner ein Sklave.

Nach römischem Recht galten Sklaven nicht als Menschen, sondern als Sache (rēs). Sie waren das Eigentum eines Herrn, der nach eigenem Belieben über sie verfügen konnte.

In die Sklaverei gerieten ursprünglich Personen, die ihre Schulden nicht zurückzahlen konnten und daher zu Sklaven wurden (Schuldknechtschaft). Mit der Ausdehnung des römischen Reiches wurden vor allem Kriegsgefangene versklavt. Durch die steigende Nachfrage nach billigen Arbeitskräften wurde im 1. und 2. Jahrhundert v. Chr. der Sklavenhandel ein blühendes Geschäft, an dem sich neben Piraten (pīrāta, ae m.) oft auch römische Statthalter beteiligten.

Auf dem Sklavenmarkt, einer Art Versteigerung auf öffentlichen Plätzen, waren die Herkunft, das Alter und die persönlichen Stärken der Sklaven auf einem Zettel zu lesen, der am Hals getragen wurde. Ein einfacher Haussklave war 2 000 Sesterzen (derzeit ca. 180 Euro) wert. Eine schöne Sklavin konnte 100 000 Sesterzen, ein Sprachlehrer bis zu 700 000 Sesterzen kosten.

Die Lebensbedingungen der Sklaven waren je nach der Tätigkeit sehr unterschiedlich. Die Arbeit im Steinbruch, im Bergwerk (metallum), auf dem Feld (ager) oder der Einsatz als Gladiator in der Arena (arēna) waren überaus hart und unmenschlich. Ein Teil dieser Sklaven war ständig an Fesseln gekettet oder musste in Sklavenkasernen unter entsetzlichen Bedingungen leben.

Die Sklaven, die in einer Stadt lebten, waren meist besser gestellt. Sie waren tätig als Hilfen im Haushalt, als Handwerker, Köche, Verwalter, Sekretäre, Erzieher oder Lehrer. Manche arbeiteten sogar als Architekten oder als Ärzte. Einige Sklaven brachten es aufgrund ihrer Leistung zu einem gewissen Ansehen und konnten sich Eigentum erwerben.

Als Belohnung für treue Dienste wurden manche Sklaven freigelassen. Sklaven konnten sich auch von ihren Herren freikaufen. Mancher freigelassene Sklave, der es zu großem Reichtum und politischen Einfluss gebracht hatte, schaffte sogar den Aufstieg in die soziale Oberschicht.

Halseisen (collāre) eines Sklaven, gefunden in einem Grab bei Frascati, mit der Aufschrift:
TENE ME • ET • REBOCA ME APRONIANO PALATINO • AD MAPPA(M) AUREA(M) • IN ABENTINO QUIA FUGI

Das Personalpronomen/Der Akkusativ der Richtung

G

Volumnia uxor ad Coriolānum: „Ego cum līberīs in urbe vīvō. Tū autem cum adversāriīs Rōmam vēnistī et urbem occupās. Summum perīculum nōbīs īnstat. Cūr nōs vexās?“
Coriolānus ad Volumniam uxōrem: „Plēbēiī mē fugāvērunt. Verba plēbēiōrum mihi nōn placent. Sed lacrimae mātris et uxōris mē flectunt. Ego vōbīscum nōn iam bellum gerō. Cōpiās mēcum abdūcō.“

Erste Übungen

1 Übertrage die Tabelle in dein Heft und füge die entsprechenden Personalpronomina aus dem rechten Kästchen ein:

Nominativ	Dativ	Akkusativ	Ablativ
ego	?	?	?
?	tibi	?	?
?	?	nōs	?
?	?	?	vōbīscum

nōs tū
tēcum vōbīs vōs mē
tē vōs mihi
nōbīscum mēcum nōbīs

2 Setze das passende Personalpronomen ein.

Volscī ad Coriolānum:
„Cūr Rōmānī ? dīmīsērunt?
Cur ad ? venis?
Quid ? agere cupis?“

Coriolānus ad Volscōs:
„Quia Rōmānī ? accusāvērunt, ad ? veniō.
? Rōmam occupāre cupiō.“

nōs vōs
vōbīscum mē tē
nōbīscum

W

Dē vītā servōrum
Dominus servīs semper *praeest*. *Vīta* multōrum servōrum misera est, nam servī ā pātriā *absunt* et uxor *dēest*. Uxōrem et līberōs nōn iam vidēre *possunt*. Saepe in *arēnā pūgnīs interesse* dēbent, multī autem in *arēnā* nōn *supersunt*.

L Das Schicksal des Eutychus

Die Kinder Nonia und Quintus unterhalten sich mit Eutychus über sein Leben als Sklave.

Nōnia: „Eutyche, nārrā nōbīs dē vītā tuā!“

Eutychus: „Ante multōs annōs in Graeciā lūdō praeeram. Multī puerī disciplīnae[1] meae intererant.“

Quīntus: „Quōmodo Rōmam pervēnistī?“

Eutychus: „Aliquando cum amīcīs in Siciliam nāvigāvī. Pīrātae autem nōbīs īnsidiās paravērunt et nāvigium[2] nostrum cēpērunt. Rōmam nōs abdūxērunt et in forō vendidērunt[3]. Ibi Lūcius Nōnius Asprēnas, pater tuus, mē ēmit. Nunc Rōmae[4] vītam agō et magister vester sum.“

Nōnia: „Fortūna misera tibi est: A patriā tuā abes; uxor et līberī tibi dēsunt.“

Eutychus: „Ita nōn est: Uxor et līberī quidem mihi dēsunt, sed vīta mea misera nōn est. Plūrimī servī aut in agrīs aut in metallīs[5] labōrant. Multī etiam in arēnā pūgnīs intersunt, paucī supersunt. Mihi autem licet vītam in urbe Rōmā agere. Hīc per forum ambulāre et thermās vīsitāre possum.“

Quīntus: „Tū hīc vītam iūcundam – ut ego putō – agere potes. Et nōs tēcum monumenta Rōmae visitāre possumus et ā tē fābulās poētārum antiquōrum cōgnōscimus.“

[1] **disciplīna, ae f.** der Unterricht

[2] **nāvigium, ī n.** das Schiff

[3] **vendidērunt** 3. Person Plural Indikativ Perfekt von vendere

[4] **Rōmae** in Rom

[5] **metallum ī, n.** das Bergwerk

Sklavenmarke aus Rom oder Umgebung. Sie war aus Bronze und an einem eisernen Halsring befestigt. Ihre Aufschrift lautet (Ergänzungen in Klammern hinzugefügt): TENE ME NE FUGIA(M) • ET • REVOCA ME AD DOM(I)NUM MEU(M) VIVENTIUM • IN AR(E)A CALLISTI

Übungen

1 Welche Tätigkeiten mussten die Sklaven verrichten? Lies das lateinische Lesestück sorgfältig durch und suche die entsprechenden Textstellen heraus.

2 Wo im Deutschen ein Personalpronomen Subjekt ist, wird es im Lateinischen in der Regel nur durch die Endung des Prädikats ausgedrückt. Schreibe aus dem Lesestück die Sätze heraus, in denen ein lateinisches Personalpronomen im Nominativ das Subjekt bildet, und erkläre, warum es an diesen Stellen ausdrücklich genannt wird.

3 Spielt den lateinischen Lektionstext mit verteilten Rollen nach.

4 Bilde jeweils den angegebenen Kasus der Pronomina.

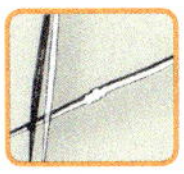

Beispiel: ego → Dat.: mihi → Pl.: nōbīs → Akk.: nōs

a) vōs → Dativ → Singular → Akkusativ
b) mē → Nominativ → Dativ → Plural
c) tū → Dativ → Akkusativ → Plural

5 Welches Pronomen passt? Ergänze jeweils das richtige Personalpronomen und übersetze dann:

Eutychus narrat:

a) Aliquandō in Siciliam nāvigābam. Subitō pīrātae **?** et amīcīs meīs īnsidiās paravērunt et **?** cēpērunt.
b) Summum perīculum **?** īnstābat.
c) Pīrātae **?** et amīcōs Rōmam abdūxērunt.
d) Uxor et līberī **?** dēsunt.
e) Sed dominus **?** nōn vexat.
f) Saepe līberī dominī **?** forum vīsitant.

mē mihi
mēcum mē nōs
mihi nōbīs

6 Formenstaffel. Beachte: Manchmal wechselt auch das Verbum.

adsum → 3. Person Sg. → Pl. → Imperfekt → Perfekt → abesse → Imperfekt → 1. Person Pl. → Präsens → posse → Imperfekt → Perfekt → 1. Person Sg. → Präsens

7 Auf welche lateinischen Wörter lassen sich die folgenden Fremdwörter zurückführen? Erkläre daraus die Bedeutung der deutschen Fremdwörter:

antik – Reliquie – Interesse – Mandant – Ultimatum – renovieren – salutieren – monieren – regieren – signieren

8 Welchen Zweck haben das Halseisen (S. 92) und die Marke (S. 94) mit ihren Inschriften?

Lektion 17

Die Saturnalien – ein großes Fest

Im Ablauf eines Jahres unterschieden die Römer zwischen den Tagen, an denen Verhandlungen vor Gericht geführt und Geschäfte getätigt werden konnten, und den religiösen Fest- und Feiertagen. An diesen waren Handel und Gerichtsprozesse verboten.

Eines der wichtigsten und beliebtesten Feste der Römer waren die Saturnalien (Sāturnālia), die in der Zeit der Wintersonnenwende vom 17. bis 23. Dezember gefeiert wurden.

Bei den Saturnalien handelte es sich ursprünglich um ein Bauernfest, das zu Ehren des Gottes Saturn (Sāturnus) gefeiert wurde. Er war der Sage nach der Vater des Gottes Iuppiter. Nach antiker Vorstellung hatte Saturn bis zum Ende des goldenen Zeitalters, in dem Nahrung für alle im Überfluss vorhanden war, über die Welt geherrscht.

Auch bei den Saturnalien wurde alles, soweit möglich, im Überfluss dargeboten. Die Menschen zeigten sich großzügig. Und vor allem feierten sie mit einer ausgelassenen Heiterkeit und Zügellosigkeit (licentia); allen war fast alles erlaubt. Selbst Sklaven gewährte man an diesen Tagen Freiheit (lībertās). Man sprach von der Freiheit des Dezembers (lībertās Decembris).

Im Laufe der Jahre hatten sich besondere Bräuche an den Saturnalien eingebürgert. So lud man sich gegenseitig zum Essen (cēna) ein und tauschte Geschenke (dōna) aus. Der Alkoholkonsum, das Trinken (bibere), scheint keine Grenzen gehabt zu haben. Und auch das Würfelspiel (ālea), eine große Leidenschaft der Römer, war während dieser tollen Tage ausdrücklich erlaubt. Beliebt war auch der Vortrag von Spottgedichten. Die Saturnalien ähnelten demnach dem heutigen Karneval oder Fasching.

Darstellung des Dezembers im Kalender des Filocalus aus dem Jahr 354. Die Würfel auf dem Tisch symbolisieren die „Saturnalische Freiheit"

G

Die Verben der a-, e-, i-, konsonantischen Konjugation und esse: Plusquamperfekt/das Possessivpronomen suus, sua, suum

Eutychus līberīs dē fortūnā suā nārrāvit. Ante multōs annōs in Graeciā lūdō praefuerat. Aliquandō patriam suam relīquerat et in Siciliam nāvigāverat. Sed pīrātae nāvem cēperant et Eutychum Rōmam abdūxerant. Ibi Lūcius Nōnius Eutychum in forō ēmerat et in vīllam suam dūxerat.

Erste Übungen

1 Forme alle Plusquamperfektformen des G-Stücks in die entsprechenden Formen des Imperfekts und Perfekts um.

2 Perfekt oder mehr als Perfekt? Übersetze folgende Verbformen:

fuerās – laudāvistī – pāruimus – audīverāmus – fuerant – fuērunt – laudāvērunt – vīderātis – rogāvistis

3 Setze die passende Form des Possessivpronomens suus, sua, suum ein und übersetze dann. Achte darauf, wie sich das Pronomen in der Übersetzung verändert.

a) Dominus amīcōs ? invītāverat.
b) Domina servās ? laudāverat.
c) Domina servōs ? vocāverat.
d) Dominus servās ? observāverat.
e) Dominus amīcō ? dōnum dederat.
f) Dominus uxōrī ? dōna dederat.
g) Domina patrī ? dōnum dederat.
h) Dominus et domina līberīs ? dōna dederant.

W

Servī *laetī* sunt. *Sērō* per viās *currunt*. In forō amīcīs *suīs occurrunt*. Mox in tabernam perveniunt. Ibi *lūdunt* et *multum bibunt*. *Herī plūs bibērunt*. Cūr *laetī* sunt? Cūr *lūdunt*? Cūr *bibunt*? Quis *causam* explicāre potest?

L Iō Sāturnālia! – Saturnalien, juchhe!

Während der Saturnalien trifft Eutychus bei einem nächtlichen Spaziergang seinen Freund Syrus. Dieser ist auch ein Sklave.

Eutychus post cēnam familiam suam relīquit et ad amīcōs cucurrit. Dum in forō est, Syrō, amīcō suō, occurrit.

Eutychus salūtāvit: „Salvē, Syre! Quid tam sērō per viās ambulās? Ēia,[1] nārrā! Cūr iterum atque iterum rīdēs?“ Syrus respondit: „Salvē, Eutyche! Vīnum bibī!“ Eutychus: „Multum bibistī!“ Syrus: „Iō Sāturnālia! Herī plūs vīnī biberam. Nam cum amīcīs meīs āleā[2] lūseram.“

Tum Syrus amīcō suō causam explicāvit: „Dominus noster mihi centum dēnāriōs[3] dederat, sed in āleā perdidī.“ Eutychus:,,Itaque prīmum tē lūdō dederās, deinde tē vīnō dedistī.“ Syrus: „Nunc autem fessus sum et dormīre cupiō. Sed mihi crēde: Rīdēre, lūdere, bibere – hoc[4] est vīvere! Sāturnālia[5] amō, quia lībertātem amō!“ Eutychus: „Cūr dīcis: lībertātem? Nōn lībertātī tē dedistī, sed licentiae.“

Syrus autem stupuit: „Tua verba vēra sunt, sed hodiē mē nōn sollicitant. Dēnāriī dominī meī mihi nōn iam sunt. Pecūniam perdidī, sed bene vīxī! Tempus fugit, ut nōn ignōrās. Sed tū, quōmodo tu cum amīcīs tuīs Sāturnālia ēgistī?“

Eutychus respondit: „Convīvae dominī nostrī dōna apportāverant atque servīs dederant. Dīxērunt: Vestrīs labōribus, servī, nōs semper adiūvistis. Iō Sāturnālia!“

Tanzende Komödianten (Mosaik einer Villa in Pompeji)

1. **ēia** Auf! Los!
2. **ālea, -ae f.** Würfel; Würfelspiel
3. **dēnārius, -ī m.** der Denar (röm. Silbermünze)
4. **hoc (Pron.)** hier: das (Nom. Sing. neutr.)
5. **Sāturnālia, -ium n.** die Saturnalien

Übungen

1 Stelle aus dem Lesestück alle lateinischen Wendungen zusammen, mit denen geschildert wird, wie es an den Saturnalien in Rom zuging.

2 Vergleiche das Verhalten des Eutychus mit dem Verhalten des Syrus.

3 Erläutere ausgehend vom Lesestück den Unterschied zwischen lībertās und licentia.

4 Tempusreihe: dō → dabam → dedī → dederam.

Bilde die entsprechende Reihe von den folgenden Verben:

currō – perdis – crēdit – circumdamus – occurritis – reperīmus – sunt

5 Präsens- oder Perfektstamm? Bestimme genau die folgenden Verbformen nach Person, Numerus, Modus und Tempus:

occurrit – occurrēbas – occurrerās – occurrimus – occurritis – occurristis – relinquit – relīquit – relinquunt – reliquērunt – erās – fuerās – respondet – respondit – respondēs – responderās

6 Die folgenden Aussagesätze lassen sich jeweils mit der Subjunktion quia zu einem Satzgefüge verbinden. Beachte das Zeitverhältnis und setze die Prädikate des neu gebildeten Gliedsatzes in das Plusquamperfekt. Orientiere dich dabei am Lesestück. Übersetze dann das jeweilige Satzgefüge.

Beispiel: Syrus iterum atque iterum rīsit. Multum bibit.
→ Syrus, quia multum biberat, iterum atque iterum rīsit.
Weil Syrus viel getrunken hatte, lachte er immer wieder. *Oder:*
Syrus lachte immer wieder, weil er viel getrunken hatte.

a) Syrus multum bibit. Pecūniam perdidit.
b) Syrus pecūniam pērdidit. Āleā lūsit.
c) Syrus āleā lūsit. Dominus cunctīs servīs centum dēnāriōs dedit.
d) Dominus cunctīs servīs centum dēnāriōs dedit. Rōmānī Sāturnālia ēgērunt.

7 Ergänze in den folgenden Sätzen die passenden Formen des Possessivpronomens und übersetze.

a) Pater fīliam amat.
b) Māter fīliōs laudat.
c) Quīntus ad amīcōs currit.
d) Dominus servōs vocat.
e) Poēta convīvās exspectat.
f) Poēta fābulās convīvīs recitat.

8 Welche Gemeinsamkeiten und welche Unterschiede gibt es zwischen dem heutigen Fasching oder Karneval und den Saturnalien der Römer?

Lektion 18

Der Triumphzug – die höchste Ehre

Der Triumphzug (triumphus) galt als Höhepunkt im Leben eines römischen Feldherrn oder Kaisers (imperātor). Er war eine Siegesfeier, die nur in außergewöhnlichen und seltenen Fällen vom Senat genehmigt wurde. Vorausgegangen sein musste ein militärischer Sieg (victōria) nach einem gerechten Krieg (bellum iūstum). In der Regel ist es notwendig gewesen, dass mindestens 5000 Feinde (hostēs) getötet worden waren.
Vor dem eigentlichen Festzug übernachtete der siegreiche Feldherr mit seinen Soldaten (mīlitēs) auf dem Marsfeld. Dort nahm er dann zusammen mit ihnen früh am Morgen Aufstellung. Die Spitze des Zugs bildeten Wagen mit der Beute (praeda) und den Kriegsgefangenen (captīvī). Es folgten Beamte und Senatoren, dann der Triumphator. Dieser fuhr auf einem von vier Schimmeln gezogenen Wagen (quadrīgae). Das Ende des Zuges bildeten die siegreichen Soldaten, die mit Lorbeer geschmückt waren und sich mit Spottliedern über den Feldherrn lustig machen durften.

Rom, der Weg des Triumphzuges in der Kaiserzeit

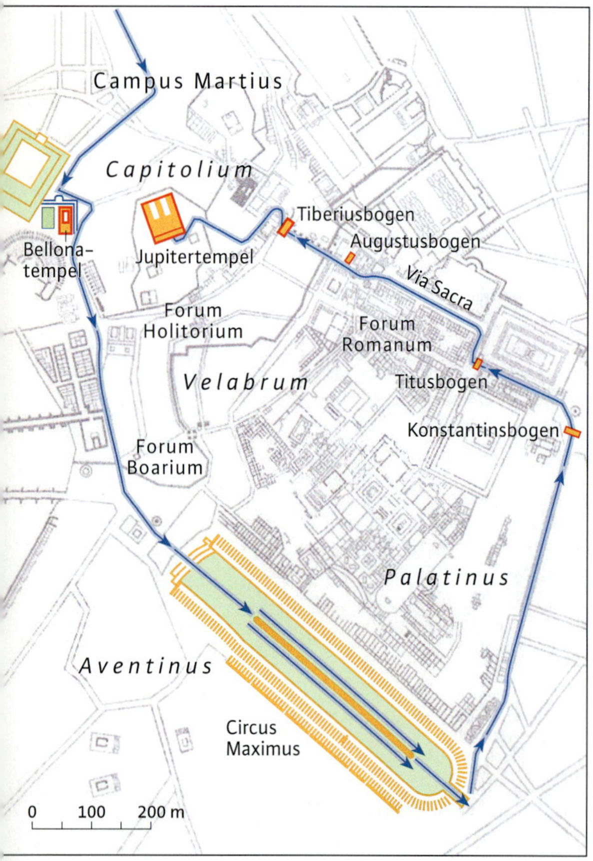

Man betrat die Stadt durch die Porta triumphālis und marschierte durch den Circus Maximus, hierauf über die Via triumphālis. Dann schwenkte man auf die Via Sacra ein und zog über das Forum Rōmānum, um schließlich hinauf auf das Capitōlium und zum Tempel des Iuppiter Optimus Maximus zu steigen. Der triumphierende Feldherr (imperātor) opferte dort dem höchsten Gott einen Stier (taurus) und legte die Insignien des Imperators ab, die er zuvor während des gesamten Triumphzuges tragen durfte. Für die kurze Zeit des Triumphzuges wurde der geehrte Feldherr oder Kaiser als eine Verkörperung des Iuppiter Optimus Maximus angesehen. Er trug eine purpurne goldbestickte toga, einen Lorbeerkranz und ein elfenbeinernes Szepter mit Adlerköpfen. Ein Staatssklave stand zusammen mit ihm auf dem vierspännigen Triumphwagen und hielt über ihn eine aus Gold gefertigte Eichenlaubkrone. Es war ihm zugleich aufgetragen, den Umjubelten mit regelmäßiger Wiederholung an seine wahre Natur zu erinnern und zu sagen: „Mementō tē hominem esse!“ – „Denke daran, dass du ein Mensch bist!“
Bei der römischen Bevölkerung stand der Triumphzug nicht zuletzt deshalb in so hohem Ansehen, weil militärische Siege als Grundlage des Friedens (pāx) angesehen wurden.

is, ea, id als Demonstrativ-, Personal- und Possessivpronomen

G

Dēlia serva ad Lūciam: „Ea fēmina domina mea est. Et is vir dominus meus est.“
Nōnia: „Eae servae in vīllā patris labōrant. Saepe māter eās servās laudat.

Eutychus thermās amat. Saepe eās vīsitat. Syrus quoque eās thermās vīsitat. Lūcius Nōnius id vīnum amat. Calpurnia quoque id amat. Cūnctī Rōmānī vīnum amant.
Eutychus dominum suum laudat. Etiam amīcī dominum eius laudant.

Erste Übungen

1 Dekliniere:

a) is labor   b) ea cīvitās   c) id templum

2 Übersetze und achte dabei genau auf die Wiedergabe der lateinischen Pronomina:

a) Lūcius amīcum suum exspectat. Iam eum videt.
b) Lūcius amīcum suum et patrem eius exspectat. Iam eōs videt.
c) Nōnia amīcam suam exspectat. Iam eam videt.
d) Nōnia amīcam suam et mātrem eius exspectat. Iam eās videt.
e) Quīntus multa dōna cupīvit. Nunc ea habet.

3 Demonstrativ-, Personal- oder Possessivpronomen? Übersetze und bestimme:

Eutychus magister Nōniae et Quīntī est. Līberīs dē Graeciā, patriā *suā*, nārrat. Ibi ante multōs annōs cum parentibus *suīs* vīvēbat. Aliquandō *is* cum amīcīs *suīs* in Siciliam nāvigāvit. Tum pīrātae Eutychō et amīcīs *eius* īnsidiās parāvērunt et *eōs* cēpērunt. *Ea* fortūna Eutychō et amīcīs misera fuit. Pīrātae enim *eōs* Rōmam abdūxērunt et in forō vendidērunt. Nunc Eutychus servus est.

W

Post victōriam *imperātōris cīvēs* laetī fuērunt. Nam *imperātor triumphum* celebrāvit. Itaque cīvēs māne *surrēxerant* et in forum convēnerant. *Imperātor* cum *mīlitibus* suīs *hostēs* vīcerat et *fīnēs* imperiī *dēfenderat*. Nunc *agmen mīlitum* forō appropinquāvit. Multī *cīvēs* in forō fuērunt. *Multitūdō cīvium praedam* atque *captīvōs* spectāvit.

L Iō triumphe! – Hurra, Triumph!

Im Jahre 9 n. Chr. hatte Tiberius einen sehr bedrohlichen Aufstand in den Grenzprovinzen Pannonien und Illyrien niedergeschlagen. Da im selben Jahr aber auch drei Legionen des Quinctilius Varus im Teutoburger Wald untergegangen waren, konnte Tiberius seinen Triumph erst im Jahre 13 n. Chr. feiern.

Für diesen Triumph hat sich Lucius Nonius, der Vater des Quintus und Neffe des Varus, besonders interessiert. Schließlich war er selbst im Jahre 9 n. Chr. Kommandeur von zwei in Germanien stationierten Legionen gewesen und hatte dort unmittelbar nach der Katastrophe Schlimmeres verhindert.

Herī Lūciō Nōniō cum familiā forum petere placuit: Nam Tiberius imperātor Rōmae[1] triumphum celebrāvit. Is enim ante paucōs annōs hostēs vīcerat et fīnēs imperiī dēfenderat.

Multī cīvēs Rōmānī māne surrēxerant et in forum convēnerant. Plūrimī eōrum āgmen exspectāvērunt; nam imperātōrem et praedam et captīvōs vidēre cupīvērunt.

Tandem imperātor, postquam quadrīgīs[2] urbem cum suīs mīlitibus intrāvit, Viā Sacrā[3] forō appropinquāvit. Ibi multitūdō cīvium valdē exsultāvit[4]. Triumphum amplum spectāvērunt et clāmāvērunt: „Avē, imperātor! Rōmānī tē salūtant!"

Etiam Lūcius Nōnius imperātōrem salutāvit. Līberī eum rogāvērunt: „Quandō pāx in prōvinciīs est? Nunc? Post eam victōriam?" Pater eīs respondit: „Īgnōrō. Sed populus Rōmānus iam diū pācem dēsīderat. Hodiē autem cum imperātōre et mīlitibus eius praeclāram victōriam celebrāmus et deīs grātiās agimus. Auxiliō enim eōrum legiōnēs nostrae copiās hostium ā nostrīs fīnibus arcuērunt. Eā victōriā deī urbī nostrae pācem dedērunt."

1 **Rōmae** in Rom

2 **quadrīgae, ārum f.** Viergespann, vierspänniger Wagen

3 **Via Sacra** die Heilige Straße in Rom (sie führte über das Forum Romanum hinauf zum Kapitol)

4 **exsultāre** jubeln, (auf)jauchzen; aufspringen

Relief eines Silberbechers aus Boscoreale in Italien

Dēnique āgmen Capitōlium ascendit et ad templum summī deī pervēnit. Ibi imperātor taurum sacrificāvit et deīs grātiās ēgit. Nam sine eōrum auxiliō pāx Rōmānīs nōn est.

Relief vom Tempel des Apollo in Circo (Rom)

Übungen

1 Das Pronomen is, ea, id kann als Demonstrativpronomen (a), Personalpronomen (b) oder Possessivpronomen (c) verwendet werden. Gib zu allen entsprechenden Formen dieses Pronomens, die sich im Lesestück finden, mit Zeilenangabe die jeweilige Verwendungsweise, (a), (b) oder (c), an.

2 Stelle aus dem Lesestück alle Wörter und Wendungen zusammen, die zum Sachfeld „Krieg und Militär“ gehören. Unterscheide dabei zwischen Handlungen (Verben) und Handlungsträgern (Substantiven).

3 Schreibt eine Reportage über den Triumphzug des Tiberius und tragt sie in der Klasse vor.

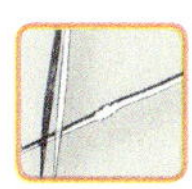

4 Setze die folgenden Präsensformen ins Perfekt und ins Plusquamperfekt.

Beispiel: dēfenditis → dēfendistis → dēfenderātis
ascendimus, dēfendit, venit, occurrit, contendis, bibis, occīdimus, ascendō, contenditis, ascendunt, occīdō, crēdō, dēfendis, occīditis, dēfendunt

5 Übersetze und bestimme dabei jeweils die Verwendung des Pronomens is, ea, id:

Imperātor hostēs vīcit.
Mīlitēs victōriam eius laudant,
libenter eī pārent,
eum imperātōrem salūtant,
etiam triumphum amplum cum eō celebrant.

6 Fīlius libellōs **suōs** nōn reperit. Etiam māter libellōs **eius** reperīre nōn potest.

Ersetze fīlius durch a) fīlia, b) fīliī, c) fīliae.
Verändere dann, falls nötig, auch die jeweiligen Pronomina und Prädikate.

7 Übersetze und bestimme die Pronomina:

Lūcius Nōnius amīcōs suōs et uxōrēs eōrum exspectat. Tandem ātrium intrant et eum et uxōrem eius salūtant. Lūcius et Calpurnia laetī sunt. Calpurnia līberōs suōs vocat. Iī veniunt et convīvās patris suī salūtant. Convīvae Calpurniae et līberīs eius dōna dant. Līberī convīvīs et dōnīs eōrum gaudent.

8 Beschreibe die Darstellung auf dem Silberbecher von Boscoreale (Seite 102) und erläutere die Szene. Lies dir dazu die Sachinformation noch einmal durch.

9 Beschreibe das Relief vom Tempel des Apollo (Seite 103) und erläutere, welcher Teil des Triumphzuges hier dargestellt ist.

10 Informiere dich in einem Lexikon oder im Internet, in welchen europäischen Städten es heute noch Triumphbögen nach römischem Vorbild gibt.

Der Titusbogen auf dem Forum Romanum

Ostia – die Hafenstadt Roms

Ostia war die Hafenstadt Roms und befand sich dort, wo der Tiber in das Tyrrhenische Meer mündete. Der Tibermündung verdankt die Stadt Ostia ihren Namen, denn das lateinische Wort ōs bedeutet „Mund, Mündung“. Mit der Ausdehnung des römischen Reiches wurde Ostia ein bedeutender Handelsplatz für den Import und Export von Waren (mercēs).

Rom zählte zu der Zeit, als Kaiser Augustus herrschte (27 v. Chr. – 14 n. Chr.), über eine Million Einwohner. Da viele Einwohner der Hauptstadt sich nicht durch eigene Arbeit ernähren konnten und daher auf Unterstützung angewiesen waren, war die Getreideversorgung aus dem circa 30 Kilometer entfernten Ostia von großer Bedeutung für den sozialen Frieden.

Der Hafen von Ostia war das Eingangstor für Waren aller Art. Außer Massengütern wie Getreide, Wein und Öl wurden auch Luxusgüter und Sklaven eingeführt: Getreide kam aus Sizilien, Ägypten und Nordafrika, Olivenöl und Wein aus Griechenland und Spanien, Edelmetalle wurden aus Spanien und Britannien, Marmor aus Afrika und Griechenland importiert. Die Fracht wurde vor dem Weitertransport in Speichern, Öl- und Weinmagazinen gelagert. In der Hafenstadt gab es auch Geschäftshäuser, Handwerksbetriebe, Fischläden, Gasthäuser und Imbisslokale (tabernae).

Für den Transport der Waren bevorzugten die Händler meist den Weg über das Meer (mare), obwohl im Römischen Reich ein gut ausgebautes Straßennetz zur Verfügung stand. Denn auf Schiffen konnten mehr Waren in kürzerer Zeit zu einem günstigeren Preis befördert werden.

Kaufleute (mercātōrēs), die sich im Seehandel betätigten, konnten es zu großem Reichtum bringen. Andererseits war dieser Beruf mit vielen Risiken verbunden. Die Angst, die teuren Waren und das eigene Leben auf einer Schifffahrt zu verlieren, war der Preis für den erhoffen Gewinn.

Oft kam es auch vor, dass die Schiffe von Piraten (pīrātae) gekapert und die Seeleute (nautae) als Sklaven verkauft wurden.

Noch öfter waren Stürme (tempestātēs), Navigationsschwierigkeiten oder schlechtes Kartenmaterial verantwortlich für den Untergang eines Handelsschiffes mit der gesamten Mannschaft.

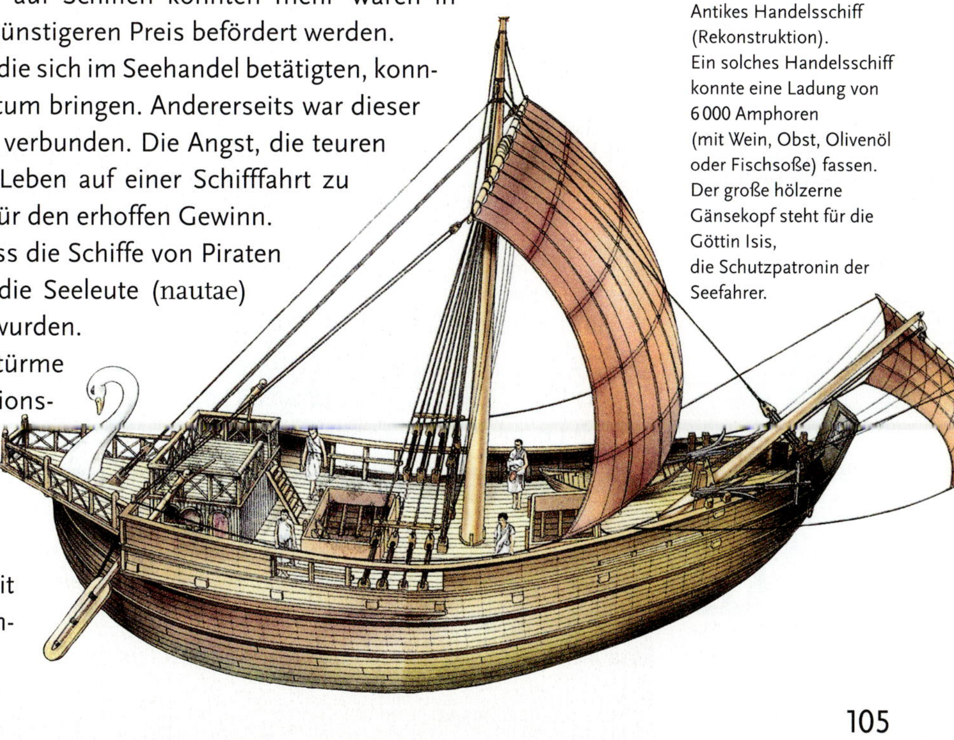

Antikes Handelsschiff (Rekonstruktion). Ein solches Handelsschiff konnte eine Ladung von 6 000 Amphoren (mit Wein, Obst, Olivenöl oder Fischsoße) fassen. Der große hölzerne Gänsekopf steht für die Göttin Isis, die Schutzpatronin der Seefahrer.

G

Der Accusativus cum Infinitivo (AcI)

1. Eutychus āgmen imperātōris Tiberiī videt.
2. Eutychus videt: Imperātor Tiberius triumphum celebrat.
   Eutychus videt imperātōrem Tiberium triumphum celebrāre.
   Eutychus audit: Āgmen forō appropinquat.
   Eutychus audit āgmen forō appropinquāre.
3. Dāvus dīcit: „Etiam imperātor Augustus triumphōs celebrāvit."
   Dāvus dīcit etiam imperātōrem Augustum triumphōs celebrāvisse.
   Cōnstat etiam imperātōrem Augustum triumphōs celebrāvisse.
4. Quīntus dīcit: „Hodiē cīvēs laetī sunt."
   Quīntus dīcit hodiē cīvēs laetōs esse.
5. Scīmus: Triumphus imperātōris Tiberiī amplus fuit.
   Scīmus triumphum imperātōris Tiberiī amplum fuisse.

Erste Übungen

1 Verwandle den Infinitiv Präsens in den Infinitiv Perfekt und umgekehrt:

amāre – parāvisse – fuisse – relinquere – tacēre – perdidisse – mīsisse

2 Aus zwei mach eins. Forme jeweils den zweiten Satz in einen AcI um, der vom Prädikat des ersten Satzes abhängig ist, und übersetze den neuen Satz.

a) Quīntus videt: Rōmānī imperātōrem salūtant.
b) Nōnia dīcit: Populus Rōmānus pācem dēsīderat.
c) Lūcius Nōnius scit: Legiōnēs Rōmānae hostēs vīcērunt.
d) Quīntus explicat: Triumphus imperātōris Tiberiī amplus est et multī hominēs laetī sunt.

3 Übersetze die folgenden Sätze:

a) Līberī nōn īgnōrant Tiberium imperātōrem triumphum celebrāre.
b) Populus imperātōrem cum mīlitibus urbem intrāvisse videt.
c) Cīvēs Rōmānī Tiberium forō appropinquāre audiunt.
d) Lūcius Nōnius scit Tiberium hostes ā fīnibus imperiī arcuisse.
e) Lūcius Nōnius līberīs explicat populum iam diū pācem dēsīderāre.

W

Pater Nōniae et Quīntō Ōstiam *dēmōnstrat*. Ibi multae *nāvēs* frūmentum, vīnum et *oleum* apportant. *Mercātōrēs* clāmant, nam *mercēs* vendere cupiunt.
Etiam *nautae* ibi sunt. Iī per *mare* nāvigāvērunt et terrās *ignōtās* vīdērunt.
Vīta *nautārum plēna* perīculōrum est. Nam *tempestātēs* saepe *nāvēs* dēlent.

Im Hafen von Ostia

L

Nonia und Quintus begleiten heute ihren Vater nach Ostia. Nachdem Lucius Nonius all seine Geschäfte erledigt hat, bummelt er noch ein wenig mit seinen Kindern durch die Straßen der Stadt und das Hafengelände mit seinen Marktplätzen:

Pater Nōniae et Quīntō aedificia Ōstiae dēmōnstrat. Dum per viās ambulant, multōs hominēs ad fora currere vident. Multōs mercātōrēs ante tabernās clāmāre audiunt.

Nōnia stupet: „Quot hominēs in viīs sunt!"

Pater respondet: „Audīvī herī multās nāvēs in Ōstiam pervēnisse et multās mercēs apportāvisse. Hodiē cīvēs ad fora properāre et eās mercēs emere vidēs."

Quintus clāmat: „Ecce, ea nāvis frūmentum, oleum, vīnum ē Siciliā apportāvit! Iam diū etiam ego cupiō per maria nāvigāre et terrās īgnōtās vidēre."

Sed Nōnia ad patrem: „Putō frātrem meum dēlīrāre[1]. Nam cōnstat perīcula maris magna esse."

Pater respondet: „Fortasse vōbīs fortūna Mārcī Sīlānī mercātōris, amīcī meī, nōta est: Eī multae nāvēs erant, saepe in ultimās terrās nāvigābat. Nūper autem comperī pīrātās nāvem eius in marī altō cēpisse et nautās in servitūtem dūxisse."

Nōnia addit: „Nōn sōlum pīrātae nāvēs dēlent, sed etiam tempestātēs nāvibus mercātōrum īnstant. Ergō etiam tū, Quīnte, intellegere potes vītam nautārum semper plēnam perīculōrum esse."

Quīntus autem rīdet: „Ego perīcula maris nōn timeō; nam putō Neptūnum deum mē semper servāre."

[1] **dēlīrāre** Unsinn reden, verrückt sein

Darstellung eines Schiffsunglücks auf einen römischen Sarkophag (Ny Carlsberg Glyptothek, Kopenhagen)

Übungen

1 Das Lesestück kann man anhand des jeweiligen Sachfeldes in zwei Teile gliedern. Nenne die Begriffe, die jeweils zu einem Sachfeld gehören.

2 Ordne die Satzteile der rechten Spalte sinnvoll den Subjekten der linken Spalte zu und übersetze dann:

1. Pater	a) nāvēs pulchrās habet.
2. Nōnia et Quīntus	b) terrās ignōtās vidēre cupit.
3. Nōnia	c) vītam Marcī Sīlānī dēlēvit.
4. Quīntus	d) Nōniae et Quīntō Ōstiam dēmōnstrat.
5. Mārcus Sīlānus	e) tantam turbam hīc esse stupet.
6. Pīrātae	f) mercatōrēs clāmāre audiunt.
7. Tempestās	g) perīcula maris nōn timet.
8. Quīntus	h) nautās in servitūtem dūxērunt.

3 Suche im lateinischen Lesestück alle Sätze, die einen AcI enthalten. Schreibe jeweils das übergeordnete Subjekt und Prädikat heraus sowie den AcI, der davon abhängt. Unterstreiche beide Wortblöcke mit unterschiedlichen Farben.

4 Bestimme genau die Verbform (Person, Numerus, Modus, Tempus) und bilde dann den Infinitiv im jeweiligen Tempusstamm. Beispiel:
sum: 1. Person Singular Indikativ Präsens → Infinitiv Präsens: esse
clāmāvistī: 2. Person Singular Indikativ Perfekt → Infinitiv Perfekt: clāmāvīsse

amant – colimus – dīxī – dūcunt – flexī – intersunt – mīsit – nāvigātis – pāruērunt – parō – fuistī – relīquistis – stupēmus – habuērunt – damus

5 Aus zwei mach eins! Forme jeweils den zweiten Satz in einen AcI um, der vom Prädikat des ersten Satzes abhängig ist, und übersetze den neuen Satz:

a) Cōnstat. Pater Nōniae et Quīntō Ōstiam dēmōnstrat.
b) Vident. Eae nāvēs mercēs ē Siciliā apportavērunt.
c) Pater audīvit. Mārcus Sīlānus in terrās ultimās nāvigāvit.
d) Amīcus narrāvit. Pīrātae nāvem Sīlānī cēpērunt.
e) Nōnius comperit. Pīrātae Sīlānum in servitūtem dūxērunt.
f) Cōnstat. Quīntus perīcula maris nōn timet.

6 Latein lebt! Erkläre die folgenden Wörter, die aus dem Lateinischen stammen. Suche dazu in einem Lexikon die heutige Bedeutung und nenne das lateinische Ursprungswort.

addieren – Defensive – Intelligenz – merkantil – maritim – Öl – Nautik

Das Leben auf dem Land

Unter einer „Villa" verstehen wir heute ein großes Haus mit Garten. Der lateinische Begriff vīlla wurde dagegen vor allem für Häuser, die außerhalb der Stadt lagen, beziehungsweise für Landgüter verwendet. Tatsächlich lebten die meisten Bewohner des römischen Reichs nicht etwa in Städten, sondern auf dem Land (rūs) und betrieben Acker- oder Weinbau und Viehzucht. Ihre Güter nannte man auch vīllae rūsticae.

Ebenso wie in den Stadthäusern gab es in vielen römischen vīllae ein Atrium, ein Peristyl sowie natürlich Schlafzimmer (Singular: cubiculum), Speisezimmer (Singular: triclīnium) und Räume für die Sklaven. Anzahl, Größe und Anlage der einzelnen Räume einer vīlla richteten sich nach dem Reichtum und den Ansprüchen ihres Besitzers. Typisch für vīllae rūsticae war außerdem ein großer Hof, auf dem auch gearbeitet wurde.

Allerdings war die Landwirtschaft nicht auf jedem Gut gleichermaßen wichtig. Reiche römische Bürger fuhren vor allem deshalb zu ihrer vīlla, weil sie Ruhe und Erholung suchten. Trotzdem waren diese vīllae zumeist keine Ferienhäuser, sondern auch dort wurde Landwirtschaft betrieben. Die Arbeit auf dem Feld verrichteten Sklaven, die von einem Gutsverwalter, dem vīlicus, angeleitet und überwacht wurden. Bei diesem handelte es sich ebenfalls um einen Sklaven oder Freigelassenen. Der vīlicus fällte die meisten Entscheidungen über die Leitung der vīlla selbst, sprach sich aber auch oft mit seinem Herrn ab.

Viele reiche Römer leisteten sich wahre Luxusvillen. So hat man riesige Landhäuser gefunden, die mit Wandmalereien, Statuen und sonstigen Kunstgegenständen prächtig ausgestattet waren. Auch gab es beeindruckende Gärten. Das Landleben in solchen vīllae unterschied sich sehr vom Alltag derjenigen Bauern, die nur einen kleinen Hof bewirtschafteten, denn diese hatten es oft schwer, überhaupt ihren Lebensunterhalt zu bestreiten.

Natürlich gab es auf dem Land weniger Möglichkeiten zur Unterhaltung als in der Stadt. Eine wichtige Rolle spielten daher die Landfeste. Berühmt sind die Cerealia, ein Fest zu Ehren der Ceres, der Göttin der Feldfrüchte, bei dem ausgiebig getanzt und gesungen wurde.

Computerrekonstruktion der Villa rustica in Hechingen-Stein mit Blick in den Innenhof

G

Adjektive der 3. Deklination (dreiendige)/Das Verbum īre

Equus *celer* nōn est. Itaque *iter celere* nōn est. Sed nāvis *celeris* est. Libenter nāve celerī nāvigāmus.
Quīntus in thermās *it*. Tum Mārcus rogat: „Quō *is*, Quinte?" Quintus: „In thermās *eō*. Etiam amīcī in thermās *eunt*. Iam herī cum amīcīs in thermās *iī*. Iam herī *iimus*."

Erste Übungen

1 a) Bestimme die folgenden Substantiv-Adjektiv-Verbindungen nach Kasus, Numerus und Genus. Bilde dann den Nominativ (Singular oder Plural) und übersetze diesen:

equum celerem – equō celerī (2) – victōriā celerī – nāvis celeris (2) – animōs celerēs – victōriae celerī – cōnsilium celere – cum hoste celerī – mīlitī celerī

b) Setze sämtliche Wendungen in den anderen Numerus.

2 Sortiere die Formen von īre nach den Tempora (Präsens, Imperfekt, Perfekt und Plusquamperfekt) und übersetze sie dann:

eunt – iērunt – ierant – ībant – ībās – ierās – īs – īstis – ītis – iit

3 „īre" oder i-Konjugation? Bestimme jeweils das Tempus und übersetze:

venis – redīs – redīstī – audīvistī – pervēnistīs – perīstis – pereō – dormiō – dormiunt – subeunt – subiērunt – comperērunt

W

Quīntus Nōniae dīcit: „Per Campāniam *iter facimus*. Nam patrem et mātrem patris vīsitāmus. *Avum* et *aviam* vīsitāmus.
Sed via *longa* est. *Neque* equus *celer* est. Itaque iter *longum* est.
Ad vīllam *avī īmus*. Ad vīllam *avī īre* placet. Ibi *avum* et *aviam ad-īmus*. Tum in urbem Rōmam *red-īmus*."

Feldarbeit und Saat im Herbst, Mosaik aus Saint-Romain-en-Gal, Frankreich

Olivenernte im Herbst, Mosaik aus Saint-Romain-en-Gal, Frankreich

Aufs Land!

L

Lucius Nonius Asprenas, der Großvater von Quintus und Nonia, war früher ein einflussreicher Senator. Doch nun widmet er sich ausschließlich seinem südlich von Rom gelegenen Landgut, auf dem er seit einigen Jahren lebt. Gerade im Sommer, wenn es in Rom sehr heiß wird, fahren auch Quintus' und Nonias Eltern, Lucius Nonius und Calpurnia, mit ihren Kindern gerne dorthin, um sich auf dem Land zu erholen. Die Reise ist jedoch mit einigen Strapazen verbunden.

Lūcius Nōnius Asprēnas, avus Lūciī Nōniī, in Campāniā rūs amoenum habet. Hodiē Lūcius Nōnius cōnsilium init cum familiā iter ad rūs patris facere. In animō habent ad vīllam avī īre. Quīntus et Nōnia itinere gaudent, nam vīlla rūstica avī eīs valdē placet. Itaque ācrī animō raedam[1] ascendunt.

Nōniī raedā[1] ex urbe exeunt. In itinere sōl ardet. Raeda[1] onusta[2] est, neque equī celerēs sunt. Līberī fīnem itineris dēsīderant et Quīntus rogat: „Cūr labōrēs itineris subīmus? Cūr nōn in urbem redīmus? Sitī[3] ācrī pereō!“ Sed pater fīlium monet: „Quid est? Iter per Campāniam longum esse nōn īgnōrās. Tacē!“

Post multās hōrās ad rūs perveniunt. Avus et avia līberōs salūtant. Tum eīs vīllam praeclāram et hortum amplum dēmōnstrant. Dum per hortum ambulant, vīlicus[4] avum adit et dīcit: „Hodiē servī bene labōrāvērunt et māgnōs labōrēs subiērunt. Tuōs agrōs amplōs coluērunt. Ūnus autem ē servīs labōrēs nōn subiit. Putō eum servum aegrum esse.“ Avus vīlicō respondet: „Quia servus hodiē nōn labōrāvit, eī cēnāre nōn licet.“

Quīntus et Nōnia stupent: Avus in līberōs bonus est, in servōs autem ācer!

[1] **raeda, ae f.** der Reisewagen

[2] **onustus, a, um** voll beladen

[3] **sitis, is f.** (Abl.: **sitī**) der Durst

[4] **vīlicus, ī m.** der Verwalter

Römischer Reisewagen
Relief an der Kirche von Maria Saal bei Klagenfurt (Kärnten)

Übungen

1 Schreibe aus dem Lesestück die Wörter heraus, die zum Sachfeld „Bewegung/Reisen“ gehören, und ordne sie nach Wortarten.

2 „Kleine“ Wörter – große Wirkung

nam – tum – sed etc. Suche aus dem Lesestück die Konnektoren (vgl. S. 180) heraus und beschreibe ihre Bedeutung für den inhaltlichen Zusammenhang des Textes.

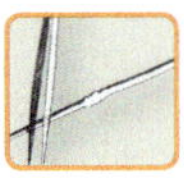

3 Substantive und Adjektive. Verbinde die folgenden Substantive und Adjektive zu sprachlich richtigen und inhaltlich sinnvollen Ausdrücken. Übersetze dann:

4 Eile mit Weile. Ersetze die Formen von properāre durch īre:

properō – properābant – properāvistī – properāverat – properant – properāvī – properābāmus

5 Alles „īre“?

a) Welche der folgenden Wörter können keine Formen von īre sein? Gib zu diesen die Lernform und die deutsche Bedeutung an.

eō – ita – īra – iī – ibi – eī – eīs – īs – iūris – īstīs – ītis – it – id – īmus – iimus – iērunt – iam – ieram – eram – ībam

b) Sortiere die Formen von īre nach den Tempora und übersetze sie.

6 Immer wieder „-i“.
Bestimme die folgenden Formen. Bilde jeweils die Lernform und übersetze diese.

clārī (2) – celerī (2) – cēterī – cīvī – cibī (2) – cēnāvī

7 Welche Bedeutung passt?
Zu zahlreichen Vokabeln hast du mehrere Bedeutungen gelernt, die sich teilweise erheblich voneinander unterscheiden. Bevor du die folgenden Substantiv-Adjektiv-Verbindungen übersetzt, nenne sämtliche Bedeutungen des Adjektivs, die du kennst. Welche passt hier am besten? Wo bietet sich eine freie Übersetzung an?

hortus iūcundus – vir iūcundus – mūrus altus – mare altum – sōl ācer – animus ācer – cibus ācer – cibī variī – varia fortūna – nūntius malus – homō malus – poēta clārus – caelum clārum

8 Teller und Speisen, aus Ton gebrannt und ursprünglich bemalt, waren als Gaben an die Götter oder an die Toten gedacht. Welche Früchte kannst du auf dieser Opferschale erkennen?

Früchteteller, 4./3. Jh. v. Chr. (Berlin, Staatl. Museen)

9 Die Entfernung von Rom in die Nähe von Neapel, wo das Landgut des Großvaters lag, betrug ca. 150 römische Meilen. Eine römische Meile entspricht 1,5 Kilometern. Berechne die Entfernung zum Landgut des Großvaters in Kilometern. Wie lange waren die Kinder unterwegs, wenn man mit einem Reisewagen 60 Kilometer am Tag zurücklegte?

Plateaulektion 16 – 20

Grundwissen: Leben in der Stadt und auf dem Land

Ōstia
Den wichtigsten Hafen der Stadt Rom hatte die Stadt **Ostia**. Ostia ...
- ... lag an der Mündung des Tiber in das Tyrrhenische Meer
- ... war Umschlagplatz für Nahrungsmittel, Sklaven und Luxusgüter aus aller Welt.

Sklaven in Rom

Um Christi Geburt war ungefähr jeder dritte Einwohner des römischen Reiches ein **Sklave**. Sklaven ...
- ... waren zumeist als Kriegsgefangene in die Sklaverei geraten
- ... wurden auf Sklavenmärkten im ganzen Reich verkauft
- ... galten vor dem Gesetz als eine Sache und hatten keine Rechte
- ... arbeiteten oft unter sehr harten Bedingungen (z. B. in Bergwerken oder auf den Feldern der Landgüter)
- ... konnten aber auch qualifizierte Arbeiten verrichten (z. B. als Arzt, Lehrer)
- ... konnten auch ihre Freiheit erlangen, und zwar durch Freilassung oder Freikaufen

Die vīlla rūstica
Römische Bürger, die es sich leisten konnten, hatten neben einem Haus in der Stadt auch ein **Landgut**. Solche **vīllae rūsticae** ...
- ... waren oft landwirtschaftliche Betriebe
- ... konnten auch als Ort dienen, an dem man sich von den Strapazen in der Stadt erholte
- ... wurden zumeist von einem vīlicus, einem **Sklaven** oder Freigelassenen, verwaltet

Iō Triumphe!

Als eine Nation, die vor allem durch militärische Erfolge groß geworden war, schätzten die Römer besonders den **Triumphzug**. Triumphe waren ...
- ... eine seltene Ehre für besonders verdiente Feldherren
- ... ein religiöses Ritual, bei welchem den Göttern geopfert wurde
- ... eine Möglichkeit, die römische Macht zur Schau zu stellen

Die Saturnalien

Eines der beliebtesten Feste der Römer waren die **Saturnalien**. Die Saturnalien ...
- ... wurden im Dezember zu Ehren des Gottes Saturn gefeiert
- ... waren ein besonders ausgelassenes Fest
- ... wurden mit Essen, Trinken und Würfelspiel begangen
- ... waren ein Anlass, sich gegenseitig zu beschenken

Begegnung zweier Sklaven

L

Nicht nur Lucius Nonius, seine Frau Calpurnia und ihre Kinder Quintus und Nonia genießen das Leben auf dem Landgut des Großvaters. Hier hat auch ihr Sklave Eutychus weniger zu tun als in ihrem Haus in der Stadt. Neugierig geht er durch die vīlla rūstica ihres Gastgebers und schaut sich alles genau an, als er plötzlich eine laute Stimme hört.

„Quō īs, serve?“ Servus māgnus intrāvit. Verbīs ācribus Eutychum accūsat: „Quid raptāvistī? Ubī est aes dominī meī? Ego pecūniam eius observāre dēbeō.“ Eutychus cōgitat: „Corpus amplum eius virī timeō.“ Tum homō īrātus clāmat: „Quid tēcum cōgitās?“ Et Eutychus respondet: „Nihil[1] raptāvī. Vīllam praeclāram spectō.“

Sed vir īnfēstus eī nōn crēdit: „Tē īgnōrō. Dīc mihi nōmen[2] tuum!“ Et Eutychus: „Ego sum Eutychus, servus Lūciī Nōniī. Eius pater dominus tuus est. Tū scis dominum meum herī cum uxōre līberīsque advēnisse. Ego cum eīs vēnī.“ Nunc vir verbīs iūcundīs respondet: „Salvē, Eutyche. Ego sum Pulcher, servus Lūciī Nōniī, patris dominī tuī.“

Eutychus rīdet, nam is homō pulcher nōn est. Statim Pulcher clāmat: „Cūr mē rīdēs? Dominus mihi id nōmen[2] dedit, postquam Rōmam pervēnī. In bellō prō patriā meā cum Rōmānīs pūgnāveram. Postquam Rōmānī nōs superāvērunt, mē cēpērunt: Nunc servus sum. Dominus mē nōn bene habet[3]. Mē et cēterōs servōs saepe rīdet. Rōmānī, dominī nostrī, hominēs malī sunt.“

Eutychus tacet. Plūrimōs servōs vītam miseram agere scit. Et suum dominum virum bonum esse intellegit. Sed eius pater in servōs ācer est.

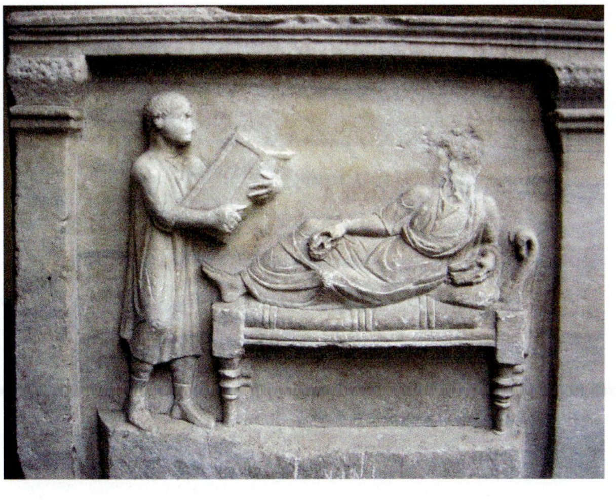

Ein Sklave bringt seinem Herren Schreibtafeln; Antikes Grabrelief (Archäologisches Museum, Mailand)

[1] **nihil** nichts

[2] **nōmen, nōminis n.** der Name

[3] **bene habēre** gut behandeln

- Beschreibe anhand des Lesestücks, wie der Großvater und der Vater jeweils in unterschiedlicher Weise mit den Sklaven umgehen. Wie beurteilst du die Tatsache, dass der Großvater seinem Sklaven den Namen Pulcher gegeben hat?

Methodenkompetenz (6): Adjektive und Pronomina

1. Adjektive: Im Übersetzungstext (Z. 1) findest du die Substantiv-Adjektiv-Verbindungen servus māgnus („ein großer Sklave“) und verbīs ācribus („mit heftigen Worten“). Diese passen nach **Ka**sus, **N**umerus und **G**enus (**KNG**) zueinander. Mache dir immer klar, zu welcher Deklination ein Substantiv oder Adjektiv gehört. Denn die Deklinationsklassen ändern sich in den Verbindungen natürlich nicht:

Nom. Sg. m.		Abl. Pl. n.	
servus	**māgnus**	**verbīs**	**ācribus**
Substantiv der o-Deklination m.	Adjektiv der a- und o-Deklination	Substantiv der o-Deklination n.	Adjektiv der konsonantischen Deklination

2. Possessivpronomina: Die Possessivpronomina meus, tuus, suus (Pl.: noster, vester, suus) werden wie Adjektive der a- und o-Deklination dekliniert und an Substantive nach KNG angepasst. Im Text (Z. 2) findest du zum Beispiel dominī meī („meines Herren“):

Gen. Sg. m.	
dominī	**meī**
Substantiv der o-Deklination m.	Possessivpronomen

3. is, ea, id als Demonstrativpronomen: Wird is, ea, id als Demonstrativpronomen verwendet, dann steht es in Verbindung mit einem Bezugswort, an das es nach KNG angepasst ist; vergleiche im Text (Z. 3) eius virī („dieses Mannes“):

Gen. Sg. m.	
eius	**virī**
is, ea, id als Demonstrativpronomen	Substantiv der o-Deklination m.

4. is, ea, id als Personalpronomen der 3. Person: Ohne direktes Bezugswort kann is, ea, id als Personalpronomen der 3. Person („er“, „sie“, „es“) verwendet werden. Es steht dann für eine zuvor genannte Person oder Sache, mit der es in **Numerus** und **Genus** übereinstimmt, z. B.:

	Singular m./Singular f.		Sing m./Sing f.	
Ubī est	**Dāvus servus/Dēlia serva**	?	**Eum/Eam**	nōn videō.
Wo ist **der Sklave Davus/die Sklavin Delia?**			„Ich sehe **ihn/sie** nicht.“	

Übungen

1 Im Übersetzungstext findest du zehn weitere Adjektivformen, die entsprechend der KNG-Kongruenz an ein Substantiv angepasst sind. Schreibe die Verbindungen heraus und bestimme bei ihnen Kasus, Numerus und Genus. Gib auch die Deklination der Substantive und Adjektive an.

Formen erkennen und bestimmen

2 Im Text stehen acht weitere Verbindungen von Possessivpronomen und Substantiv. Schreibe sie heraus und bestimme sie nach KNG. Gib die Deklination der Substantive an.

3 Im Text stehen zwei weitere Verbindungen von is, ea, id und Substantiv. Schreibe sie heraus und bestimme sie nach KNG. Gib die Deklination der Substantive an. Achtung! Formen von is, ea, id ohne Bezugswort werden nicht herausgeschrieben.

4 Im Übersetzungstext findest du fünf weitere Formen von is, ea, id als Personalpronomen der 3. Person. Schreibe sie heraus und bestimme sie nach KNG. Gib dann an, welchen zuvor genannten Begriff das Pronomen vertritt.

5 eius oder suus? Im Übersetzungstext wird das Besitzverhältnis sowohl durch eius als auch durch suus angegeben: pecuniam eius (Z. 2), eius pater (Z. 7), suum dominum (Z. 19/20) eius pater (Z. 21/22)
Nenne jeweils das Subjekt dieser Sätze und erkläre, wer mit eius oder suus gemeint ist. So kannst du beim Übersetzen von Texten die Bedeutung der Pronomen unterscheiden.

Formen erkennen und erklären

6 Substantiv sucht Adjektiv und Pronomen! Zu jedem Substantiv passt ein Adjektiv, ein Possessivpronomen und eine Form von is, ea, id. Ordne diese den Substantiven zu (KNG!). Bilde dann den Nominativ Singular und übersetze die Wendungen:

Formen zuordnen

Substantive: corporibus – itinere – maris – nāvium – superbiam – verba
Adjektive: ācria – altī – celerī – longārum – māgnīs – malam
Possessivpronomen: meō – nostrī – sua – suīs – tuam – vestrārum
is, ea, id: ea – eam – eārum – eō – eīs – eius

7 Bilde die nach KNG passende Form von is, ea, id zu folgenden Substantiven. Setze die Verbindungen dann – sofern notwendig – in den Nominativ und übersetze sie:

Formen bilden

aedificium – labōrēs (2) – libellī (2) – mortem – nautae (3) – pāce – puerōs – rēgis – servitūtī – sīgnō (2) – temporum – virum

Lektion 21 – 25

Virī et virtūtēs

Seit der Frühzeit der römischen Republik wurde die Erinnerung an die Taten bedeutender Männer (virī) durch die Jahrhunderte hindurch lebendig erhalten. Deren Taten galten als beispielhaft, wenn sie auf allgemein anerkannten Werten und bewunderten Tugenden (virtūtēs) beruhten. Zu diesen Tugenden gehörten z. B. die Ehrfurcht und Pflichterfüllung gegenüber den Eltern, den Göttern und dem Staat (pietās), der Mut (fortitūdō), die Treue (fidēs), das Maß und die Bescheidenheit (moderātiō), die Standhaftigkeit (cōnstantia).
Männer, die auf Grund ihrer Tugenden große Taten vollbracht oder wichtige Siege für Rom errungen hatten, wurden in Rom durch Statuen geehrt. Die Römer errichteten aber auch Tempel für die Tugenden als Gottheiten. Auch auf Münzen stellten sie die virtūtēs als Personen dar.

Kopf der personifizierten Virtus. Vorderseite eines Denars, 71 v. Chr.

Köpfe des personifizierten Honos (Ehre) (links) und der Virtus. Vorderseite eines Denars, 70 v. Chr.

Personifikation der Virtus in Amazonentracht mit Helm und in Fellstiefeln (rechts) und des Honos mit Hüftmantel, Füllhorn und Szepter. Rückseite eines Sesterz des Kaisers Galba, 69 n. Chr.

Kopf der personifizierten Pietas. Früheste Münzdarstellung der Pietas. Vorderseite eines Denars des M. Herennius, 108/107 v. Chr.

Rückseite des
Herennius-Denars als
Beispiel für pietās:
Aeneas trägt seinen
ten Vater Anchises aus
em brennenden Troja.

Kopf der personifizierten Pietas mit dem Storch als Kennzeichen. Vorderseite eines Denars des Imperators Q. Caecilius Metellus Pius, 81 v. Chr.

Kopf der personifizierten Iustitia. Vorderseite eines Denars des Kaisers Titus (79–81 n. Chr.)

Personifikation der Fides, die einen Früchteteller und eine Ährengarbe hält. Rückseite eines Silber-Denars des Kaisers Trajan, 104/106 n. Chr.

- Beschreibe, wie einzelne virtūtēs auf den Münzen dargestellt sind, und überlege, warum sie auf Münzen abgebildet wurden. Beachte dabei auch die Datierung der abgebildeten Münzen.
- Informiere dich in einem Lexikon oder im Internet, welche Tugenden in einem Tempel auf dem Forum Romanum verehrt wurden.

Lektion 21

Exempla trahunt

„Darauf soll jeder genau sein Augenmerk richten, wie das Leben, wie die Sitten waren, durch welche Männer und durch welche Eigenschaften zu Hause und im Krieg die römische Herrschaft begründet und vergrößert wurde. [...] Daraus kann man für sich und den eigenen Staat das entnehmen, was man nachahmen kann, aber auch, was man vermeiden muss."

Unter anderem mit diesen Worten leitet der römische Historiker Livius (ca. 59 v. Chr. – 17 n. Chr.) sein großes Geschichtswerk ein, in dem er die römische Geschichte von der Gründung der Stadt Rom (ab urbe conditā) bis zur Zeit des Kaisers Augustus erzählt. Ein Ziel der römischen Geschichtsschreibung ist es, den Lesern am Beispiel hervorragender Römer Vorbilder zu vermitteln, deren Einsatz für den römischen Staat die Zeitgenossen zur Nachahmung anregen soll. Das Motto lautet dabei: „Verba docent, exempla trahunt: Worte lehren, anschauliche Beispiele aber reißen mit!"

Entscheidend in der Darstellung sind dabei auch die einzelnen Tugenden (virtūtēs), für welche die jeweiligen Persönlichkeiten berühmt waren. Gerade für die Frühzeit Roms, als sich die Stadt nach der Vertreibung des Tarquinius Superbus in zahlreichen Kämpfen gegen ihre Nachbarn behaupten musste, gibt es eine Vielzahl von Erzählungen, die aus heutiger Sicht übertrieben wirken. Die Römer aber betrachteten diese Erzählungen als festen Bestandteil ihrer eigenen Geschichte. Denn an diesen Beispielen ließ sich gut zeigen, dass gerade in der frühen Republik einzelne Bürger immer wieder bereit waren, furchtlos für die Freiheit ihrer Stadt einzutreten.

Grabstein mit der Darstellung der Tat des Mucius Scaevola, aus Dunapentele (heute: Dunaújváros), in der römischen Provinz Pannonia, 2. Jh. n. Chr. (Ungarisches Nationalmuseum)

Die Erzählung von C. Mucius Scaevola zählt zu diesen Legenden: Angeblich war Tarquinius Superbus aus Rom zu Porsenna, dem König der etruskischen Stadt Clusium, geflüchtet und hatte ihn überredet, Rache für seine Vertreibung zu nehmen. Als Porsenna daraufhin mit seinem Heer vor den Toren Roms erschien, gerieten die Bürger in große Angst. Porsenna schloss Rom mit einem dichten Belagerungsring ein und wartete darauf, dass sich die Römer freiwillig ergeben würden. In dieser aussichtslosen Lage schlich sich Mucius in das Lager des Etruskerkönigs und wollte Porsenna töten. Dieser Plan scheiterte zwar, aber Mucius ließ sich lieber seine Hand verbrennen, als dass er sein Vorhaben aufgab. Porsenna war von dem unerschrockenen Mut des jungen Römers so beeindruckt, dass er bald darauf mit seinen Truppen abzog. So hatte C. Mucius Rom gerettet.

G

Pronomina im AcI

1. Quīntus amīcīs nārrat: „Scītis: Ego cum Nōnīa ad rūs avī iter fēcī." – „Scītis mē cum Nōniā ad rūs avī iter fēcisse."
2. Amīcī respondent: „Nōn īgnōrāmus: Tū saepe ad rūs avī iter facis." – „Nōn ignōrāmus tē saepe ad rūs avī iter facere."
3. Quīntus dīcit: „Scītis: Multās hōrās per Campāniam iter fēcimus." – „Scītis nōs multās hōrās per Campāniam iter fēcisse." Amīcī respondent: „Scīmus vōs multās hōrās per Campāniam iter fēcisse."
4. Quīntus nārrat: „Vīllam praeclāram et hortum amplum spectāvī. Hortus mihi valdē placuit." – Quīntus nārrat sē vīllam praeclāram et hortum amplum spectāvisse. Dīcit hortum sibi valdē placuisse.
5. Amīcī dīcunt: „Tēcum vīllam avī tuī vīsitāre in animō habēmus." – Amīcī dīcunt sē in animō habēre cum Quīntō vīllam avī eius vīsitāre.

Erste Übungen

1 Ergänze die jeweils fehlenden Personalpronomina (1./2. Pers.):

a) ego – ? – nōs – ?
b) ? – tuī – ? – vestrī
c) mihi – ? – nōbīs – ?
d) ? – tē – ? – vōs
e) ā mē- ? – ā nōbīs – ?

2 Aus zwei mach eins. Forme jeweils den zweiten Satz in einen AcI um, der vom Prädikat des ersten Satzes abhängt, und übersetze den Satz:

Quintus dīcit:
a) „Scītis. Ego ad rūs avī iter fēcī.
b) Nōn īgnōrātis. Fīnem itineris dēsīderāvī.
c) Nam audīvistis. Multās hōrās per Campāniam iter fēcimus."
Amīcī respondent:
d) „Comperimus. Multōs labōrēs in eō itinere subīstis.
e) Sed cōnstat. Tū vītam rūsticam amās."

3 Reflexiv oder nicht reflexiv? Welches Pronomen ist gefragt?

a) Eutychus servum māgnum videt. ? servum Lūciī Nōniī esse nōn scit.
b) Pulcher servus nārrat ? aliquandō prō patriā cum Rōmānīs pūgnāvisse.
c) Pulcher dominum suum nōn laudat; dīcit ? saepe servōs rīdēre.
d) Pulcher dē fortūnā suā nārrat; dīcit ? vītam mīseram agere.

W

Porsenna rēx iam diū urbem Rōmam *oppūgnat*. Itaque cīvēs Rōmānī in māgnō timōre sunt et *dē salūte dēspērant*. *Senātōres* deīs sacrificant et multīs precibus auxilium ab eīs petunt. Tum *adulēscēns* Rōmānus cōnsilium capit: In animō habet castra hostium inīre et rēgem occīdere.

L Unerschrockener Mut

Auf die Bitte des Tarquinius Superbus hin beginnt der etruskische König Porsenna mit der Belagerung Roms: Die Einwohner sollen dafür bestraft werden, dass sie Tarquinius vertrieben haben. Als die Situation schon sehr kritisch ist, fasst C. Mucius, ein junger Römer, einen verwegenen Plan:

Iam diū Porsenna rēx cum plūrimīs mīlitibus urbem Rōmam oppūgnābat. Cīvēs in māgnō timōre erant et iam dē salūte dēspērābant. Tum C. Mūcius adulēscens senātōrēs adiit et dīxit: „Nōn īgnōrātis nōs summō in perīculō esse. Sed scīte mē parātum esse patriam hostibus līberāre! Nam cōnsilium iniī Porsennam rēgem occīdere. Itaque vōs rogō: Sinite mē clam castra Etruscōrum inīre."

Senātōrēs, quia cōgnōvērunt sē summō in perīculō esse, precēs adulēscentis nōn negābant. Ac profectō C. Mūcius paulō post clam urbe exiit et castra hostium intrāvit. Quia autem Porsennam rēgem īgnōrābat, cāsū[1] virum, quī[2] cum rēge sedēbat, prō rēge occīdit. Statim fūgit et sibi viam per multitūdinem hostium fēcit; mīlitēs autem rēgis eum cēpērunt et ad rēgem traxērunt.

Porsenna, postquam audīvit adulēscentem cōnsilium inīsse sibi mortem parāre, īrātus mīlitēs īgnem apportāre iūssit et Mūcium rogāvit: „Cūr mihi īnsidiās parāvistī? Nōnne[3] scīs mihi nunc potestātem esse tē occīdere?" Mūcius autem respondit sē cīvem Rōmānum esse et mortem nōn timēre: „Multī aliī adulēscentes Rōmānōrum", inquit, „parātī sunt tē occīdere." Tum dextram[4] in īgnem tetendit et dīxit: „Corpus vīle[5] est iīs, quī[6] glōriam petunt."

[1] **cāsū** aus Zufall
[2] **quī (Relativpronomen im Nom. Sing. masc.)** der
[3] **nōnne?** etwa nicht?
[4] **dextra, ae f.** die rechte Hand
[5] **vīle (Adjektiv im Nom. Sg. neutr.)** wertlos
[6] **quī (Relativpronomen im Nom. Plur. masc.)** die

Peter Paul Rubens und Anthonis van Dyck: Mucius Scaevola vor Porsenna (entstanden vor 1628, Museum der Bildenden Künste, Budapest)

Übungen

1 Für welche virtūs sollte Mucius Scaevola den Römern ein Vorbild sein? Wie beurteilst du seine Haltung, wenn er im Lesestück (Z. 24–25) sagt: „Corpus vīle est iīs, quī glōriam petunt."

2 Suche im Lesestück alle Sätze, die einen AcI enthalten. Schreibe jeweils das übergeordnete Prädikat heraus sowie den AcI, der davon abhängt. Unterstreiche den Akkusativ und den Infinitiv. Wenn der Akkusativ mit einem Pronomen gebildet wird, erkläre jeweils, wer damit gemeint ist.

3 Sammle alle bisher gelernten lateinische Verben, nach denen ein AcI steht, und ordne sie den folgenden Gruppen zu:
Sprechen   Wahrnehmen   Wissen   Unpersönliche Ausdrücke

4 Aus zwei mach eins. Forme jeweils den zweiten Satz in einen AcI um, der vom Prädikat des ersten Satzes abhängt, und übersetze den Satz:

Tarquinius Porsennae rēgī dīcit:
a) „Nōn īgnōrās. Ego ex urbe Rōmā fūgī.
b) Scīs. Ego rēx vērus Rōmānōrum sum.
c) Appāret. Nōs amīcī sumus.
d) Cōnstat. Tū multīs cōpiīs imperās.
e) Sciō. Cum iīs multōs hostēs vīcistī.
f) Audīvī. Semper māgnā virtūte pūgnāvistis."

5 Wer ist gemeint? Übersetze und gib dann an, wer jeweils mit dem Pronomen im AcI bezeichnet wird:

a) Porsenna rēx urbī appropinquāvit. Nūntius nūntiat *eum* multīs cum cōpiīs urbem adīre. Nārrat *sē* eās cōpiās vīdisse.
b) Senātōrēs, postquam nūntium audīvērunt, cōgnōvērunt *sē* summō in perīculō esse.
c) Tum C. Mūcius dīxit *sē* parātum esse castra hostium inīre.
d) Itaque senātōrēs *eum* ex urbe exīre et Porsennam rēgem adīre iūssērunt.
e) Postquam mīlitēs Posennae rēgis Mūcium cēpērunt, adulēscens cōgnōvit *sibi* mortem īnstāre.
f) Mīlitēs rēgis enim dīxērunt *eī* mortem īnstāre.

6 Beschreibe die Szene auf dem Bild von P. Rubens (S. 122). Welche Inhalte des Lesestücks erkennst du hier wieder?

7 Im Deutschen gibt es die Redensart: „Für jemanden die Hand ins Feuer legen." Was meinen wir damit? Informiere dich im Internet oder in einem Lexikon, worauf diese Redensart zurückgeführt wird.

Lektion 22

Rom und die griechischen Städte in Süditalien

Seit der Mitte des 8. Jahrhunderts v. Chr. siedelten sich in Süditalien viele Griechen, die ihr Mutterland verlassen hatten, an. Ihre erste Kolonie auf italischem Boden war Cumae (griech. Kyme). In den nächsten Jahrzehnten waren die Gründungen in Unteritalien so zahlreich, dass im 6. Jahrhundert für diese Region die Bezeichnung Māgna Graecia („Großgriechenland") oder – nach einer kleinen Landschaft im Süden – Italia aufkam.

Im 5. Jahrhundert suchte Rom Kontakt zu den Griechenstädten in Süditalien, um sich Getreide aus Cumae oder von Sizilien zu besorgen. Die zunehmende Bedeutung der Griechen für die Römer wurde auch dadurch deutlich, dass bereits in der ersten Hälfte des 4. Jahrhunderts einflussreiche Römer die griechische Sprache beherrschten. Als sich die römische Herrschaft im 3. Jahrhundert nach Süditalien ausdehnte, konnten die Römer auch in den Griechenstädten wie Capua, Cumae und Neapel Fuß fassen. Durch Verträge wurden die Einwohner dieser Städte zu ihren Bundesgenossen (sociī).

Nachdem die Römer im Jahr 298 v. Chr. auch die süditalische Landschaft Lukanien erobert hatte, suchten einige Griechenstädte bei ihnen Schutz gegen Angriffe feindlicher Stämme. Die mächtige Stadt Tarent (Tarentum) dagegen stellte sich gegen Rom und rief den König Pyrrhus von Epirus zu Hilfe. Zunächst war Pyrrhus gegen die Römer erfolgreich, wozu auch der für die Römer überraschende Einsatz von Kriegselefanten beitrug. Der endgültige Sieg gelang jedoch Rom im Jahre 275 in der Schlacht bei Benevent: Auf Grund seiner Verluste kehrte Pyrrhus in sein griechisches Königreich zurück. Drei Jahre später kam Tarent in den Herrschaftsbereich der Römer.

Rom beherrschte nun die italienische Halbinsel vom Süden bis weit in den Norden und übertrug auf dieses Gebiet den Namen Italia. Nach der Eroberung Süditaliens gehörte Rom zu den großen Mächten im Mittelmeerraum. Die Herrschaft Roms über die griechischen Städte hatte zur Folge, dass die Römer mit dem griechisch-hellenistischen Gedankengut in Berührung kamen.

Griechische Siedlungen in Süditalien und auf Sizilien

velle, nolle, malle/Adjektive der 3. Deklination (ein- u. zweiendig)

Per multa saecula potestās cīvitātis Rōmānōrum *crēverat;* Rōmānī gentēs *potentēs* velut Etruscōs et Sabīnōs vīcerant. Cīvitātēs Māgnae Graeciae autem populō Rōmānō pārēre *nōluērunt.* Lībertātem *āmittere nōluērunt,* sed cum Rōmānīs bellum gerere *māluērunt.* Pyrrhus, rēx *audāx,* Graecōs adiūvit; *brevī* tempore cōpiās Rōmānās vincere *voluit.*

Erste Übungen

1 Dekliniere:

a) gēns potēns b) iter breve

2 Setze zu dem Substantiv jeweils ein passendes Adjektiv:

Substantive
rēgēm, tempore, cīvitātum, itinera, viae, imperātor

Adjektive
brevia, potēns, brevī, audācem, brevis, potentium

3 Übersetze:

Quīntus: „Ego ad Colosseum īre volō."
Mārcus: „Cūr tū nōn vīs mēcum ad forum īre?"
Quīntus: „Pater ad Colosseum īre vult, et ego cum patre eō."
Mārcus: „Cūr ad Colosseum īre māvīs?"
Quīntus: „Ad Colosseum īre volumus, quia ibi lūdī sunt."
Mārcus: „Vōs ad Colosseum īre vultis, ego autem ad forum īre mālō."

L Bewunderte Unbestechlichkeit

Zu den Geschichten, die sich die Familie der Nonier wie andere Römer auch von Generation zu Generation weitererzählten, gehörte die Geschichte vom König Pyrrhus von Epirus und vom römischen Konsul C. Fabricius Luscinus: Obwohl Pyrrhus viele Siege gegen die Römer errungen hatte, war sein Heer zum Schluss von den vielen Kämpfen völlig erschöpft. Fabricius erreichte durch seine Unbestechlichkeit die Freilassung der römischen Gefangenen.

Per multōs annōs potestās cīvitātis Rōmānōrum crēverat; multae gentes Italiae populō Rōmānō pāruērunt. Sed potentēs cīvitātēs Māgnae Graeciae velut Tarentum, Messāna, Syrācūsae populō Rōmānō pārēre nōluērunt; nam in lībertāte vīvere voluērunt. Imprīmīs Tarentīnī cum Rōmānīs bellum gerere māluērunt quam[1] lībertātem āmittere. Itaque Pyrrhum, rēgem audācem Ēpīrī, rogābant: „Adiuvā nōs et servā lībertātem nostram!“ Rēx libenter in Italiam venīre voluit, nam ingentem potestātem Rōmānōrum nōn timuit. Dīxit sē parātum esse Rōmānōs brevī tempore vincere.

Ac profectō rēx Ēpīrī complūribus pūgnīs cōpiās Rōmānōrum vīcit. Postquam senātōrēs dē clāde audivērunt, C. Fabricium cōnsulem cum lēgātīs ad Pyrrhum mīsērunt. Cōnsul cum eō dē captīvīs agere voluit, Pyrrhus autem Fabricium multīs dōnīs corrumpere māluit, quia putāvit se eō modō fīnem bellī facere posse. Sed Rōmānūs dōna accipere nōluit. Omnia dōna recusāvit et: „Cūr“, inquit, „mē corrumpere vīs? Dē captīvīs Rōmānīs tēcum agere volō.“ Rēx Ēpīrī virtūte Fabriciī stupuit. Itaque captīvōs Rōmānōs sine pretiō[2] dīmīsit.

Paulō post Pyrrhus Rōmānōs rūrsus vīcit. Sed victōria eī clādes gravis fuit: Multī mīlitēs fortēs perierant. Tandem Pyrrhus in Ēpīrum rediit et cīvitātēs Māgnae Graeciae in potestātem populī Rōmānī vēnērunt.

[1] **quam** als

[2] **sine pretiō** ohne Lösegeld

Pyrrhus von Epirus

Übungen

1 a) Schreibe aus dem Lesestück die Konnektoren (vgl. S. 180) heraus und nenne ihre Sinnrichtung.

b) Gliedere den Text mithilfe der Konnektoren in sinnvolle Abschnitte.

2 Schreibe alle Adjektive mit ihren Bezugswörtern (Substantiven) heraus; bestimme sie nach Kasus, Genus und Numerus und bilde dann den Nominativ Singular.

3 Erkläre, was man unter einem „Pyrrhus-Sieg“ versteht (Z. 17 ff.).

4 Bestimme folgende Formen nach Person, Numerus, Modus und Tempus und nenne den Infinitiv Präsens:

volō – videō – voluī – volāvī – vultis – volātis – voluistis – videt – volat – vult – volumus – volāmus

5 „Wortwechsel“ I: Ersetze die Formen von cupere durch entsprechende Formen von velle:

cupit – cupīvit – cupiēbant – cupiō – cupīveras – cupis – cupitis – cupiunt

6 „Wortwechsel“ II: Bestimme die Formen von velle nach Person, Numerus, Modus und Tempus und bilde dann die entsprechenden Formen von nōlle und mālle:

volēbat – vult – voluistis – vultis – voluerāmus – volēbant – vīs – voluērunt

7 Adjektiv sucht Substantiv. Suche für jedes Substantiv das richtige Adjektiv, bestimme Kasus, Numerus und Genus und nenne den Nominativ Singular:

cōnsulēs
mīlitī clādēs
cum imperātōre
tempus victōriam
cīvitātum

omnium
fortī breve
gravis probī
gravem
audācī

8 Wollen – nicht wollen – lieber wollen. Übersetze:

1. Cīvitātēs Māgnae Graeciae Rōmānīs pārēre nōluērunt, sed līberae esse māluērunt. 2. Itaque Tarentīnī et Pyrrhus rēx cum Rōmānīs pūgnāre voluērunt. 3. Post clādēs gravēs Rōmānī cum Pyrrhō dē captīvīs agere voluērunt. 4. Rēx autem Fabricium et lēgātōs dōnīs corrumpere māluit. 5. Sed Rōmānī dōna Pyrrhī accipere nōluērunt.

9 Vergleiche die Karte auf S. 124 mit einer modernen Karte von Süditalien und Sizilien. Wie heißen heute die Städte, die auf griechischen Siedlungen in der Antike zurückgehen?

10 Nenne mithilfe des Lateinischen die Bedeutung der folgenden Fremdwörter:

Korruption, crescendo, Potentat, nolens – volens, akzeptieren, Omnipotenz

Lektion 23

Rom in höchster Gefahr

Seit dem 7. Jahrhundert v. Chr. war die Stadt Karthago eine bedeutende See- und Handelsmacht im westlichen Mittelmeer. Die Karthager, die von den Römern Punier (Poenī) genannt wurden, hatten über Jahrhunderte hinweg ihr Herrschaftsgebiet über Nordafrika hinaus bis nach Sizilien, Sardinien, Korsika und Südspanien ausgedehnt. Im 1. Punischen Krieg (264–241 v. Chr.) gelang es allerdings den Römern, die Karthager zu besiegen und von Sizilien zu vertreiben. Bald darauf wurde Sizilien die erste römische Provinz.

Als Ersatz für die verlorenen Gebiete erweiterten die Karthager ihren Machtbereich in Südspanien, das sie bis zum Fluss Ebro unterwarfen. Als der junge Feldherr Hannibal im Jahr 219 v. Chr. die Stadt Sagunt, die mit den Römern verbündet war, eroberte, wurde dies zum Auslöser für den 2. Punischen Krieg (218–201 v. Chr.).

Als die Römer noch mit Kriegsvorbereitungen beschäftigt waren, zog Hannibal ihnen schon mit einem Heer, in dem sich auch etwa 40 Kriegselefanten befanden, über die Pyrenäen und die Alpen entgegen und erreichte zur Überraschung der Römer Ende 218 v. Chr. Oberitalien. Die römischen Heere, die die Karthager aufhalten sollten, wurden mehrfach besiegt. Am 2. August 216 v. Chr. erlitten die Römer bei Cannae sogar die schwerste Niederlage ihrer Geschichte; mehr als 50 000 römische Soldaten fanden dabei den Tod. Diese Niederlage wurde später als schwarzer Tag (diēs āter) der römischen Geschichte bezeichnet.

Die Stadt Rom war jetzt in höchster Gefahr: Der Schreckensruf „Hannibal ad portās!" brachte zum Ausdruck, wie sehr die Römer damals fürchteten, dass Hannibal ihre Stadt erobern werde. Doch dazu kam es nicht. Hannibal beschränkte sich auf die Besetzung Süd- und Mittelitaliens bis zur Stadt Capua.

Die Wende im 2. Punischen Krieg trat ein, als im Jahr 204 v. Chr. der Konsul P. Cornelius Scipio mit einem römischen Heer nach Nordafrika übersetzte und Karthago bedrohte. Dies hatte die Rückberufung Hannibals aus Italien zur Folge. In der entscheidenden Schlacht bei Zama (202 v. Chr.) wurden die Punier besiegt und mussten alle ihre Gebiete den Römern überlassen. Mit diesem Sieg sicherten sich die Römer die Vorherrschaft im westlichen Mittelmeerraum. Das Mittelmeer nannten sie von da an mare nostrum („unser Meer").

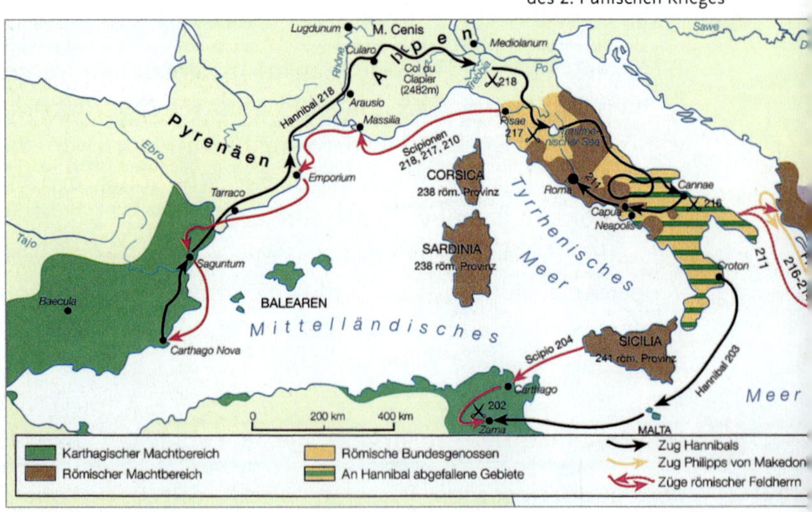

Rom und Karthago zur Zeit des 2. Punischen Krieges

Das Relativpronomen

1. a) Pyrrhus rēx Ēpīrī erat. Pyrrhus potestātem Rōmānōrum nōn timuit.
   b) Pyrrhus, quī rēx Ēpīrī erat, potestātem Rōmānōrum nōn timuit.

2. a) Tarentīnī ā Pyrrhō rēge auxilium petīvērunt. Pyrrhum Rōmānī timēbant.
   b) Tarentīnī a Pyrrho rēge, quem Rōmānī timēbant, auxilium petīvērunt.

3. Pyrrhus rēx auxilium, quod Tarentīnī petīverant, nōn recūsāvit.
4. Post complūrēs clādēs cōpiārum suārum Rōmānī C. Fabricium, quī cōnsul erat, ad Pyrrhum mīsērunt.
5. Dōna, quae Pyrrhus lēgātīs Rōmānīs dare vōluit, Fabricius nōn accēpit.
6. Fabricius cum captīvīs, quōs Pyrrhus dīmīserat, Rōmam rediit.

Erste Übungen

1 Bilde jeweils zum Demonstrativpronomen die entsprechende Form des Relativpronomens:

a) is: ?   c) eī: ?   e) eae: ?
b) eius: ?   d) id: ?   f) eōs: ?

2 Ergänze das fehlende Relativpronomen im richtigen Kasus, Numerus und Genus und übersetze dann:

a) Cīvitātēs Māgnae Graeciae, ? Rōmanīs pārēre nōlūerunt, auxilium ā Pyrrhō rēge petīvērunt. b) Pyrrhus multīs cum mīlitibus, ? sēcum habēbat, in Italiam vēnit. c) Ibi cum cōpiīs Rōmānōrum, ? eum arcēbant, pūgnāvit. d) Senātōrēs, postquam dē clāde, ? cōpiae Rōmānae accēperant, audīvērunt, C. Fabricium, ? tum cōnsul erat, ad Pyrrhum misērunt.

Hannibal *dūx* Poenōrum erat. Multīs cum mīlitibus iter per Alpēs fēcit. Iter per Alpēs *asperum* erat: *Nōnnūllī* mīlitēs Poenōrum labōrēs itineris *sustinēre* nōn poterant.
In Italiā Hannibal complūribus proeliīs Rōmānōs superāvit. Mox *tōtam* Italiam terrēbat.
Post *nōnnūllōs* annōs P. Cornēlius Scīpio imperātor in Āfricam *trānsiit*. Ita Scīpio Hannibalem *coēgit* patriam suam dēfendere.

L Hannibal ad portas!

Quintus kommt aus der Schule nach Hause und unterhält sich mit seiner Schwester Nonia und seinem Großvater über den 2. Punischen Krieg.

Quīntus: Hodiē cum magistrō dē eō bellō disputāvimus[1], quod Hannibal cum Rōmānīs in Italiā gessit.

Nōnia: Quōmodo Hannibal in Italiam pervēnerat?

Avus: Dūx Poenōrum cum cōpiīs suīs, inter quās etiam elephantī[2] erant, iter per Hispaniam et Galliam fēcerat. Hannibal prīmus imperātor fuit, quī Alpēs cum cōpiīs superāvit.

Quīntus: Iter, quod per Alpēs fēcit, asperum fuit; nam multī mīlitēs, quī labōrēs sustinēre nōn poterant, periērunt.

Avus: Hannibal, cuius cōpiae Rōmānōs complūribus proeliīs vīcerant, cīvēs tōtīus Italiae terrēbat. Dēnique cōnsulēs cōpiās novās cōnscrīpsērunt, quibus Hannibalem ad Cannās vincere volēbant. Sed Hannibalis ingeniō Poenī vīcērunt: Cōnsulēs et plūrimī mīlitēs Rōmānōrum periērunt.

Quīntus: Post eam clādem gravem Rōmānī in urbe Rōmā clāmābant: „Hannibal ad portās!“ Multī cīvēs, quī dē salūte dēspērābant, putābant mortem sibī īnstāre.

Avus: Nōnnūllī Rōmānī etiam negāvērunt deōs esse, ā quibus semper auxilium petēbant. Cōnstat autem Hannibalem Rōmānōs nōn dēvīcisse[3].

Nōnia: Quis fīnem eius bellī fēcit?

Quīntus: P. Cornēlius Scīpiō imperātor, quī cum mīlitibus in Āfricam trānsiit, Carthāginem oppūgnavit.

Avus: Ita Scīpiō Hannibalem, cuius virtūtem et ingenium omnēs Rōmānī timēbant, coēgit Italiam relinquere et patriam suam dēfendere. Dēnique Scīpiō eō proeliō, quod ad Zamam fēcit, Hannibalem vīcit.

[1] **disputāre (dē mit Abl.)** (über etwas) diskutieren

[2] **elephantus, ī m.** der Elephant

[3] **dēvincere, dēvincō, dēvīcī** völlig besiegen

Karthagische Elefanten im Angriff auf römische Legionen

Übungen

1 Schreibe aus dem lateinischen Text alle Relativpronomina mit ihrem jeweiligen Bezugswort heraus. Stelle fest, worin jeweils die grammatische Übereinstimmung mit dem Beziehungswort besteht.

2 Schreibe aus dem Lesestück die Wörter heraus, die zum Sachfeld „Krieg“ gehören, und ordne sie nach Wortarten.

3 Aus zwei mach eins! Verbinde die beiden Aussagen zu einem Satz und ersetze dabei das Demonstrativpronomen durch das passende Relativpronomen. Übersetze dann:

a) **Hannibal** Alpēs superāvit. **Eī** ingenium māgnum erat.
b) In **eō itinere** multī mīlitēs periērunt. **Id** asperum fuit.
c) **Cōpiae** Hannibalis cīvēs tōtīus Italiae terruērunt. **Eae** mīlitēs Rōmānōs vīcerant.
d) **Multī cīvēs** dē salūte dēsperāvērunt. **Iī** dē clāde gravī ad Cannās audīverant.
e) Dēnique **P. Cornēlius Scīpio** Hannibalem vīcit. **Eius** virtūs clāra erat.

4 Füge in die folgenden Sätze das jeweils passende Relativpronomen ein und übersetze:

a) Tarentīnī ā Pyrrhō, ? rēx Ēpīrī erat, auxilium petīvērunt.
b) Pyrrhus, ? audācia māgna erat, in Italiam vēnit.
c) Complūribus pūgnīs, ? ibi pūgnāverat, cōpīas Rōmānōrum vīcit.
d) Senātōrēs, postquam dē clāde Rōmānōrum audīvērunt, C. Fabricium cōnsulem, ? virtūs omnibus nōta erat, ad Pyrrhum mīsērunt.
e) Omnia dōna, ? Pyrrhus cōnsulem Rōmānōrum corrumpere voluit, Fabricius recūsāvit.
f) Captīvī Rōmānī, ? Pyrrhus dīmīserat, Rōmam rediērunt.

5 Beschreibe anhand der Landkarte (S. 128) die Wege der Heere Hannibals und der römischen Feldherrn. Erläutere, wie der 2. Punische Krieg verlaufen ist.

Lektion 24

Römische Strenge in krisenhafter Zeit: Catō Cēnsōrius

Nach den Siegen über die Karthager im Westen und im Osten über Antiochos, den Herrscher des Seleukidenreiches, erhielten die Römer zu Beginn des zweiten Jahrhunderts v. Chr. riesige Summen Silber als Kriegsentschädigung für ihren Staatsschatz. Mit der Kriegsbeute kam auch ein bisher unvorstellbarer Reichtum und Luxus aus Kleinasien nach Rom, der aber nach Ansicht mancher Senatoren die römischen Sitten sehr veränderte. Sie beklagten auch einen Anstieg der Kriminalität.

In dieser Situation wurde der 50-jährige Senator M. Porcius Cato im Jahre 184 zum Zensor gewählt. Als erfahrener Politiker, der alle höheren Ämter, auch das Konsulat (195 v. Chr.) bekleidet hatte, machte er es sich zur Aufgabe, „die alten Sitten wiederherzustellen". Dabei schreckte er nicht davor zurück, Senatoren, die gegen die Verhaltensvorschriften verstießen, aus dem Senat auszuschließen. Das Amt des Zensors übte Cato mit so großer Strenge aus – sieben Senatoren mussten tatsächlich ihren Sitz im Senat aufgeben –, dass er von den Römern den Beinamen Cēnsōrius erhielt. Das Volk ehrte ihn mit einer Statue im Tempel der Salus auf dem Quirinal und der Inschrift, er habe den schwankenden Staat wieder aufgerichtet.

Gegen Ende seines Lebens setzte sich Cato vehement für den dritten Krieg gegen Karthago ein. Denn trotz der sehr harten Bedingungen im Friedensvertrag von 201 v. Chr. hatte sich Karthago schon bald wirtschaftlich wieder gut erholt, was Cato mit großer Sorge betrachtete. Immer wieder warnte er die Senatoren vor Karthagos zunehmender Macht und forderte unermüdlich, dass diese Stadt endgültig vernichtet werden sollte. In dem Friedensvertrag hatte Karthago unter anderem zugestehen müssen, in Afrika nur noch mit Zustimmung Roms einen Krieg zu führen. Als der Numiderkönig Masinissa aber im Jahr 150 v. Chr. Karthagos Gebiet überfiel und sich die Stadt ohne Erlaubnis der Römer zur Wehr setzte, sah Cato die Gelegenheit gekommen: Es gelang ihm, die Römer zum dritten Punischen Krieg (149–146 v. Chr.) zu überreden. Kurz nach dem Beginn dieses Krieges ist Cato selbst im Alter von 85 Jahren gestorben.

M. Porcius Cato, Römische Marmorbüste, um 80 v. Chr., Palazzo Torlonia, Rom

Futur I/Relativer Satzanschluss

G

Unmittelbar vor der Schlacht bei Zama ermuntert Hannibal seine Soldaten und blickt dabei in die Zukunft:

„Pūgna, ut scītis, aspera erit. Sed nōs cōpiās Rōmānās iterum terrēbimus. Quibus mox mors īnstābit. Nam Scīpiōnem et cōpiās Rōmānas vincēmus. Quās iam ad Cannās vīcimus et iterum ad Zamam vincēmus. Dēfendētis urbem nostram. Quam Rōmānī nōn occupābunt. Virtūte et ingeniō meō vōs adiuvābo et in proelium dūcam."

Erste Übungen

1 Schreibe die Formen in dein Heft, bestimme sie nach Person, Numerus, Modus und Tempus und markiere mit verschiedenen Farben ihre Bestandteile:

a) superābit	c) crēscent	e) perveniēmus	g) trānsībunt
b) terrēbō	d) cōgam	f) capiēs	h) erit

2 Übersetze folgende Formen und gib an, um welche Konjugationsklasse es sich handelt:

a) negābunt	c) audiēs	e) faciam	g) volet
b) tendet	d) iubēbō	f) tenēbimus	h) erunt

3 Fülle die Lücken, sodass eine korrekte Form des Futur I entsteht:

recūsā?tis – adī?o – perd?t – adhibē?nt – reperī?mus – parē?s – dēfend?m – occurr?nt – servā?tis – ag?mus – placē?t – pet?tis

W

Aliquandō Poenī cum Masinissā, rēge Numidiae, bellum gerēbant. Masinissa autem *socius* et amīcus populī Rōmānī erat. Itaque M. Porcius Catō senātōrēs monuit: „Poenī *foedus neglēxērunt, contrā foedus* ēgērunt. Nōs Masinissam adiuvāre dēbēmus. Nam etiam *sociī* Rōmānōrum ā Poenīs *tūtī* nōn sunt. *Numquam* Poenī *odium* in hostēs *omittunt*."

Glasanhänger in Maskenform, 4./3. Jh. v. Chr., Karthago (Musée National de Carthago)

L Feindschaft ohne Versöhnung?

„Cēterum cēnseō Carthāginem esse dēlendam – Im Übrigen bin ich der Ansicht, dass Karthago zerstört werden muss!“ Mit diesen Worten soll Cato im Senat immer wieder seine Reden beendet haben. Er wollte dadurch die römischen Senatoren überzeugen, die Stadt Karthago endgültig zu vernichten. Quintus, der sich über diese feindselige Haltung wundert, unterhält sich darüber mit seinem Großvater:

Quīntus: Audīvī M. Porcium Catōnem Rōmānōs iterum atque iterum monuisse: „Dēlēte Carthāginem, urbem Poenōrum! Quī semper hostēs Rōmānōrum erunt!“ Nārrā mihi, ave: Cūr Catō tantō odiō in Poenōs ārserat?

Avus: Aliquandō Poenī bellum cum Masinissā, rēge Numidiae gesserant. Quī erat socius et amīcus populī Rōmānī. Itaque senātōrēs lēgātōs ad Poenōs mīserant, qui dīxērunt eōs contrā foedus[1] ēgisse. Inter quōs etiam M. Porcius Catō erat.
Quī, postquam vīdit Poenīs nōn sōlum māgnās dīvitiās, sed etiam multa arma et multōs mīlitēs esse, statim Rōmam rediit et senātōrēs ita monuit: „Scītis Poenōs foedus[1] neglēxisse et nunc bellum cum sociō nostrō gerere. Quid post id bellum parābunt? Vīdī dīvitiās eōrum, vīdī arma et mīlitēs. Numquam, mihi crēditē, hostēs odium et inimīcitiās omittent. Numquam nōs ā Poenīs tūtī erimus! Cīvitās nostra summō in perīculō erit: Prīmum hostēs Masinissam vincent, deinde cum aliīs gentibus Italiae bellum gerent. Tandem etiam urbem nostram expūgnābunt, uxōrēs et līberōs in servitūtem abdūcent. Itaque nunc cōnsilium capere dēbēmus: Aut nōs urbem hostium dēlēbimus aut hostēs urbem nostram dēlēbunt.“

[1] **foedus** gemeint ist der Friedensvertrag, den die Karthager 201 v. Chr. mit den Römern schließen mussten und der es ihnen verbot, ohne Zustimmung der Römer Krieg zu führen

Das antike Karthago: Ruinen punischer Häuser auf dem Byrsa-Hügel

Übungen

1 a) Lies dir das Lesestück sorgfältig durch. Nenne die Argumente, die Cato für die Zerstörung Karthagos anführt.
b) Stellt euch vor, du und deine Mitschüler wären römische Senatoren. Wie würdet ihr auf Catos Forderung reagieren? Begründet eure Entscheidung.

2 Lege in deinem Heft eine Tabelle an, die alle Zeiten des Präsensstammes enthält. Schreibe dann alle lateinischen Verbformen im Futur aus dem Lesestück heraus und ergänze die jeweils fehlenden Tempora:

Imperfekt	Präsens	Futur
erant	sunt	erunt

3 Vertausche den Numerus und übersetze:

a) expugnābō c) veniēs e) redībimus g) omittet
b) neglegētis d) erō f) capient h) tacēbis

4 Formenstaffel. Bilde die angegebenen Formen:

a) dīxit → Futur → Plural → Präsens → 2. Person → Imperfekt → Singular → Perfekt → 3. Person
b) veniēbātis → Singular → Plusquamperfekt → 3. Person → Futur → 2. Person → Plural → Imperfekt
c) adsum → Perfekt → Plural → Imperfekt → 3. Person → Futur → Singular → 1. Person → Präsens

5 Übersetze den folgenden Text. Wer oder was ist mit den hervorgehobenen Satzgliedern jeweils gemeint? Ersetze diese durch die entsprechenden Formen von is, ea, id.

Mārcus Porcius Catō vir summā virtūte erat. **Quī** imprīmīs virtūtēs Rōmānōrum colebat. **Quās** nōnnūllī senātōrēs neglēxērunt. **Quōs** autem Catō accūsāvit. Itaque Rōmānī eum „Cēnsōrium" vocāvērunt. **Cui** populus Rōmānus māgnam grātiam ēgit.

6 Memory mit Zukunft!
Schreibe auf eine Karte eine lateinische Verbform im Futur. Dein Nachbar notiert auf einer anderen Karte die entsprechende deutsche Bedeutung. Erstellt etwa zehn derartige Kartenpaare, mischt die Karten und legt sie verdeckt auf den Tisch. Wer die meisten Kombinationen richtig aufgedeckt hat, ist der Sieger.

7 M. Porcius Catō hießen zwei berühmte Römer mit verschiedenen Beinamen. Informiere dich mithilfe eines Lexikons oder des Internets über diese beiden.

Lektion 25

Misstrauen gegenüber einer anderen Kultur

In Zuge der Erweiterung ihres Reiches kamen die Römer auch in Kontakt mit der griechischen Welt und ihren kulturellen Leistungen in der Literatur, in der Philosophie, in den Naturwissenschaften und in der Baukunst. In diesen Bereichen hatten die Griechen seit dem 5. Jahrhundert v. Chr. viel Neues geschaffen und waren den Römern weit überlegen.

Die Römer lernten erst allmählich die großen Leistungen der Griechen kennen. Als im Jahr 155 eine Philosophengesandtschaft aus Griechenland in Rom eintraf, wurde einer größeren Öffentlichkeit erstmals bewusst, was Redekunst (ēloquentia) und Philosophie (philosophia) leisten konnten. Viele Römer interessierten sich für diese bisher unbekannten Errungenschaften und wollten sie kennenlernen. In den folgenden Jahrzehnten erlernten daher immer mehr römische Jugendliche die griechische Sprache und gingen sogar zu einem Studienaufenthalt nach Griechenland.

Doch gab es auch Römer, die den Griechen skeptisch gegenüberstanden. Marcus Porcius Cato, der ehemalige Konsul und Zensor, lehnte zum Beispiel diese griechischen Einflüsse vehement ab. Obwohl er selbst die griechische Literatur gut kannte, war seine Abneigung gegen die Griechen sehr groß und gipfelte gelegentlich in feindlichen Äußerungen. Cato fürchtete wohl, dass die römischen Jugendlichen durch die Beschäftigung mit der griechischen Literatur und Wissenschaft die eigenen römischen Traditionen und Werte (mōres māiōrum) nicht mehr schätzen würden.

So warnte Cato seinen eigenen Sohn Marcus eindringlich vor allzu intensiver Lektüre griechischer Schriftsteller und vor den griechischen Ärzten, deren Heilkunst in der gesamten antiken Welt berühmt war: „Es ist gut, die Schriften der Griechen anzusehen, sie aber nicht auswendig zu lernen. Wenn dieses Volk uns einmal seine Schriften gibt, wird es alles verderben. Noch schlimmer aber wird es werden, wenn dieses Volk uns seine Ärzte schickt. Diese haben sich nämlich untereinander verschworen, alle Nichtgriechen durch ihre Medizin zu vernichten.“ (zitiert bei Plinius dem Älteren, Naturalis historia 29,5)

Karneades, römische Kopie einer Statue von der Agora in Athen, 150 v. Chr. (München, Glyptothek)

G

Die Formen des Futur II/Konditionalsätze

Mārcus Porcius Catō senātōrēs Rōmānōs monuit: „Sī verbīs meīs nōn pārēbitis, urbs Rōma māgnō in perīculō erit. Sī enim Poenī Masinissam rēgem vīcerint, cum gentibus Italiae bellum gerent. Sī Poenī cum gentibus Italiae bellum gesserint, Rōmam expūgnābunt. Sī Rōmam expūgnāverint, cīvēs Rōmānōs in servitūtem abdūcent. Sī urbem hostium dēleverimus, urbem nostram servābimus.“

Erste Übungen

1 Vom Präsens in den Perfektstamm. Übersetze die Formen und verwandle sie dann zunächst in den Indikativ Perfekt und dann in das Futur II:

expūgnant – sustinēmus – omittimus – neglegis – trānseō – volunt – audit – cōnscrībitis

2 Bist du perfekt im Perfektstamm? Ordne die folgenden Formen nach Perfekt Plusquamperfekt und Futur II:

laudāveris – laudāverās – laudāvistī – crēdiderāmus – crēdidimus – crēdiderimus – fuērunt – fuerint – fuerant – potuī – potueram – potuerō – monuistis – monuerātis – monueritis – abdūxerit – abdūxerat – abdūxit

3 Formenstaffel. Bilde die jeweils angegebene Form:

volō → 3. Person Singular → Perfekt → 2. Person → Plusquamperfekt → Plural → Futur II → 1. Person → 3. Person → Perfekt → Plusquamperfekt → 1. Person → Singular → Perfekt

W

Ōrātiōnēs Mārcī Catōnis clārae erant. Saepe cīvēs Rōmānōs *ōrātiōnibus* monuit: „*Māiōrēs* nostrī urbem Rōmam condidērunt. *Iūstitiā*, virtūte, *mōribus māiōrum* imperium Rōmānum crēvit. *Glōria māiōrum* nostrōrum māgna est. Itaque etiam vōs *studēte mōribus māiōrum*! *Sī sententiīs philosophōrum* Graecōrum *studēbitis*, imperium nostrum perdētis.“

L Gefährdet griechische Philosophie das imperium Rōmānum?

Im Jahr 155 v. Chr. kommt eine Gesandtschaft griechischer Philosophen nach Rom. Der berühmteste unter ihnen, der Athener Karneades, führt dabei in zwei beeindruckenden Reden vor, dass man über dieselbe Frage zwei einander völlig entgegengesetzte Auffassungen vertreten kann. Während die jungen Römer begeistert sind und sich für die griechische Philosophie interessieren, glaubt der alte Cato, dies sei der Anfang vom Ende der römischen Herrschaft.

Cōnstat aliquandō nōnnūllōs philosophōs Graecōrum Rōmam vēnisse ibique in forō ōrātiōnēs habuisse. Quās multī adulēscentēs Rōmānōrum audīvērunt. Imprīmīs ōrātiōnēs variae Carneadis philosophī animōs adulēscentium valdē excitāvērunt. Quī prīmā ōrātiōne iūstitiam laudāverat, deinde autem secundā ōrātiōne explicāverat iūstitiam in cīvitātibus nōn esse.

Plūrimī adulēscentēs Rōmānī, postquam ea verba audīvērunt, philosophiae et ēloquentiae Graecōrum studēre māluērunt quam mōribus antīquīs Rōmānōrum. Catō Cēnsōrius autem, quī philosophiam et ēloquentiam Graecōrum dēspiciebat[1], senātōrēs iīs verbīs monuit:

„Mihi nōn placet fīliōs vestrōs sententiās Graecōrum cōgnōscere. Nam sī fīliī vestrī sententiās eōrum audīverint, philosophiam adamābunt[2]. Sī philosophiam adamāverint[2], litterās Graecōrum cōgnōscent. Sī litterās Graecōrum cōgnōverint, glōriae ēloquentiae studēbunt. Sī glōriae ēloquentiae studuerint, glōriam bellī et mōrēs māiōrum nostrōrum dēspicient[1].“

Tum Catō etiam adulēscentēs monuit: „Sī glōriam bellī et mōrēs Rōmānōs dēspēxeritis[1], nōn iam parāti eritis patriam nostram in perīculīs dēfendere. Nisī verbīs meīs pārueritis neque philosophōs dīmīseritis, vōs urbem nostram et imperium nostrum brevī tempore perdētis! Sī vōs autem mōribus māiōrum studueritis, imperium nostrum numquam perībit.“

[1] **dēspicere, dēspiciō, dēspēxī** verachten, gering schätzen
[2] **adamāre** lieb gewinnen

Bronzestatue des Redners Aulus Metellus, der sog. Arringatore, Anfang des 1. Jh. v. Chr. (Florenz Archäologisches Nationalmuseum)

Übungen

1 Lies das Lesestück noch einmal durch und nenne die Nachteile, die Cato durch die Beschäftigung mit der griechischen Philosophie befürchtet.

2 Überlege, warum die griechische Philosophie bei den Jugendlichen Roms so großes Interesse fand.

3 Perfekt – Plusquamperfekt – Futur II? Bilde von den Verben esse, studēre und dūcere die folgende Formenkette:

1. Person Singular Perfekt → Plusquamperfekt → Plural → Futur II → 3. Person → Singular → 2. Person → Plusquamperfekt → Plural → 3. Person → Perfekt → 2. Person → Singular → 1. Person

4 Zeitenreise. Setze die Verben in alle dir bekannten Zeiten!

a) omittit b) petimus c) neglegitis d) accipiō e) student

5 Wie viele lateinische Verben kannst du aus den einzelnen Bestandteilen zusammensetzen?

ded
amāv
dīx
monu

eri
era

m t
o istī
ērunt s
nt mus

6 Futur I oder Futur II? Bilde die jeweils erforderlichen Verbformen im richtigen Tempus und übersetze dann:

Hannibal sprach auf dem Zug durch Gallien vor der Überquerung der Alpen zu seinen Soldaten:

1. „Sī Alpēs ??? (superāre), campōs Italiae ??? (vidēre) et mox Rōmam ??? (pervenīre).
2. Nisī vōs ōtiō ??? (dare), copiās Rōmānās ??? (vincere).
3. Milites Romani, si elephantos nostros ??? (videre), nōs ??? (timēre).
4. Sī cōpiās Rōmānās proeliō ??? (vincere), cīvēs tōtīus Italiae ??? (terrēre).“

7 Beschreibe die Kleidung und die Körperhaltung der Bronzestatue auf S. 138: In welcher Situation ist der Redner wohl dargestellt?

Grammatik und Vokabeln

Die Lernvokabeln in AGITE

In den folgenden Lektionen sind die Vokabeln aufgelistet, die du im Verlauf dieses Schuljahres lernen musst.
Die Wörter, die mit einem Sternchen (*) gekennzeichnet sind, kommen innerhalb der Lektion schon im Wortschatzteil (W) vor und werden dort in kleinen Sätzen und Texteinheiten ohne neue Grammatik präsentiert.
Alle Vokabeln sind in der Reihenfolge ihres Vorkommens im Lesestück aufgelistet. Ab Lektion 6 werden zu Beginn einige Vokabeln aus vorangegangenen Lektionen aufgelistet, die du für die Lektüre des Lesestücks wiederholen solltest. Ab Lektion 13 werden bei den Verben zusätzlich die Stammformen aufgeführt. Diejenigen Verben, die schon früher vorgekommen sind, in der betreffenden Lektion aber mit ihrer Stammformenreihe wiederholt werden, sind zur besseren Übersicht mit einem Punkt (•) gekennzeichnet. Eine Zusammenfassung der bisher gelernten Verben mit ihren Stammformen findet sich in den Plateaulektionen 15 und 20.
Die dritte Spalte im Lernvokabular enthält bekannte Wörter derselben lateinischen Wortfamilie, deutsche Fremdwörter oder Wörter moderner europäischer Fremdsprachen, in denen dieses lateinische Wort weiterlebt (E. Englisch, F. Französisch, I. Italienisch, S. Spanisch). Selbst wenn du nur eine dieser Sprachen lernst oder nicht alle der aufgelisteten Wörter kennst, können diese Hinweise dennoch eine Hilfe bieten für das Einprägen und Lernen der Vokabeln.
Am Ende des jeweiligen Lernvokabulars findest du einige Wortverbindungen (J: Junkturen). Hier sind wichtige lateinische Wendungen zusammengefasst, deren Kenntnis die Übersetzung erleichtert.

Tipps zum Vokabellernen

1. Den besten Erfolg beim Lernen erzielt man, wenn man mit möglichst vielen Sinnen gleichzeitig lernt (durch Lesen, durch Sprechen und Hören, durch Schreiben). Stelle fest, zu welchen dieser Lerntypen du gehörst, und beachte die verschiedenen Angebote zum Behalten der Vokabeln.
2. Schreibe deine Vokabeln zum Lernen auf, am besten auf Karteikarten.
3. Sprich die Vokabeln, die du neu lernst, immer laut, wenn du sie liest. Am besten ist dabei die Reihenfolge: Latein – Deutsch – Latein. Zum Beispiel: „iam – schon, bereits – iam“.

4. Beim Lernen gilt der Grundsatz: „Mäßig, aber regelmäßig!" Lerne nicht alle Wörter einer Lektion auf einmal, sondern teile sie in Portionen von etwa acht neuen Vokabeln pro Tag auf.

5. Erledige nach dem Vokabellernen andere Hausaufgaben (z. B. Mathematik, Geografie, Biologie oder Geschichte) und wiederhole dann noch einmal deine Wörter. Am besten lässt du dich dabei von Eltern oder Geschwistern abfragen. Dies sollte ruhig „durcheinander" geschehen und nicht in der Reihenfolge, wie die Vokabeln im Buch stehen.

6. Nutze alle Möglichkeiten, die Vokabeln sicher im Gedächtnis zu verankern, z. B.:
   - ➢ Schreibe die lateinischen Wortfamilien und die deutschen Fremdwörter, die in der dritten Spalte genannt sind, mit auf die jeweilige Karteikarte.
   - ➢ Schreibe zu der neuen Vokabel auch deren gegenteilige Bedeutung (wenn du sie schon kennst) auf die Karteikarte.
   - ➢ In der dritten Spalte sind ebenfalls Wörter aus dem Englischen, dem Französischen, dem Italienischen oder dem Spanischen aufgelistet, die sich aus der entsprechenden lateinischen Vokabel ableiten. Auch wenn du noch nicht alle Wörter kennst, können Sie dir in manchen Fällen helfen, dir die lateinische Vokabel besser zu merken. Umgekehrt kannst du nach einiger Zeit manche Wörter der modernen Fremdsprache aus dem Lateinischen ableiten.
   - ➢ Wenn die dritte Spalte dir nicht weiterhilft, überlege dir bei Wörtern, die sich schwer einprägen lassen, eine eigene „Eselsbrücke"; sie kann durchaus auch lustig sein. Hauptsache, sie hilft dir, dir das Wort zu merken.
   - ➢ Stell dir eine Person, ein Tier oder eine Situation vor, die dir zu dem lateinischen Wort einfällt.
   - ➢ Zeichne das Wort oder die Situation, die du dir dazu vorstellst, auf die Karteikarte, du musst dafür kein Künstler sein.
   - ➢ Verbinde das Lernen – gerade von lateinischen Verben – mit einer entsprechenden Handbewegung oder einer kleinen Pantomime.

7. Wiederhole deine Vokabeln regelmäßig mithilfe einer Vokabelkartei, die du in fünf Fächer eingeteilt hast. Es hat sich als sinnvoll erwiesen, dass man Vokabeln innerhalb eines überschaubaren Zeitraumes etwa fünf Mal wiederholt. Die Wörter, die man dann sicher beherrscht, behält man über lange Zeit.

Lektion 1

Grammatik

F

1. Die Konjugation des Verbs

1.1 Die Tätigkeitswörter werden in der lateinischen Grammatik als **Verben** bezeichnet. Die Beugung der Verben heißt **Konjugation**.

1.2 Man kann ein Verbum im Lateinischen – genau so wie im Deutschen – entsprechend den verschiedenen Personen in sechs verschiedene Formen **konjugieren**. Man unterscheidet dabei den **Singular** (die Einzahl) und den **Plural** (die Mehrzahl):

die 1. Person Singular: ich grüße	die 1. Person Plural: wir grüßen
die 2. Person Singular: du grüßt	die 2. Person Plural: ihr grüßt
die 3. Person Singular: er, sie, es grüßt	die 3. Person Plural: sie grüßen

1.3 Im Lateinischen wird ein Verbum dadurch konjugiert, dass an den **Verbstamm** eine **Endung** gefügt wird. Diese Endung ist unveränderlich und gibt dir immer die sichere Auskunft, welche Person vorliegt und ob es sich dabei um Singular oder Plural handelt.
Die Endung für die 3. Person Singular lautet im Lateinischen: **-t**.
Ein eigenes Personalpronomen, das die Person benennt, entfällt im Lateinischen in der Regel:
salūtat: **er, sie, es** grüßt – gaudet: **er, sie, es** freut sich –
venit: **er, sie, es** kommt.

1.4 Den **Verbstamm** der Verben in dieser Lektion (und in den nächsten Lektionen) erkennt man, wenn man von der 3. Person Singular die Endung abtrennt: salūta-t, gaude-t, veni-t.
Da der Verbstamm der Verben, die du in dieser Lektion (und in den nächsten Lektionen) lernst, immer auf einen Vokal endet, teilt man die lateinischen Verben in verschiedene Gruppen ein. Es gibt die **a-Konjugation**, die **e-Konjugation** und die **i-Konjugation**.
Merke dir daher bei jedem neuen Verbum, das du lernst, zu welcher Konjugation es gehört.

1.5 Die Grundform eines Verbums heißt **Infinitiv** (unbestimmte Form).
Die Endung für den Infinitiv, die an den Verbstamm angefügt wird, lautet im Lateinischen: **-re**, also: salūtā-re, gaudē-re, venī-re.

1.6 Die Übersicht

Konjugation	Verbstamm	3. Person Singular		Infinitiv	
a-Konjugation	salūtā-	salūtat	er, sie, es grüßt	salūtāre	grüßen
e-Konjugation	gaudē-	gaudet	er, sie, es freut sich	gaudēre	sich freuen
i-Konjugation	venī-	venit	er, sie, es kommt	venīre	kommen

2. Die Deklination des Substantivs

2.1 Die Hauptwörter werden in der lateinischen Grammatik als **Substantive** bezeichnet. Die Beugung der Substantive heißt **Deklination**.

2.2 Man kann ein Substantiv im Lateinischen in sechs verschiedene Fälle **deklinieren**. Der Fall wird in der lateinischen Grammatik als **Kasus** bezeichnet. Diese sechs Kasus kommen ebenfalls im **Singular** (Einzahl) und im **Plural** (Mehrzahl) vor.

2.3 Im Lateinischen wird ein Substantiv dadurch dekliniert, dass an den **Wortstock** ein **Ausgang** gefügt wird. Dieser Ausgang ist unveränderlich und gibt dir einen deutlichen Hinweis, welcher Kasus vorliegt und ob es sich dabei um Singular oder Plural handelt.
Einen eigenen Artikel, der den jeweiligen Kasus bezeichnet, gibt es im Lateinischen nicht. So kann man übersetzen:
dominus: **der** Herr oder: **ein** Herr – domina: **die** Herrin oder: **eine** Herrin.

2.4 Man unterscheidet bei den Substantiven, die du in dieser Lektion (und in den nächsten Lektionen) lernst, zwei Klassen von Deklinationen. Merke dir für diese Substantive zunächst:
Substantive, die im Nominativ Singular auf **-a** enden, gehören zur **a-Deklination**, Substantive, die im Nominativ Singular auf **-us** enden, gehören zur **o-Deklination**.

2.5 Die Übersicht

	a-Deklination		o-Deklination	
Nominativ Singular	domina	die (eine) Herrin	dominus	der (ein) Herr

3. Adverbien

3.1 Im Gegensatz zu den Verben und Substantiven wird ein **Adverb** nicht gebeugt, sondern bleibt **als Form unveränderlich**. Das Adverb charakterisiert die durch das Verb ausgedrückte Handlung, indem es die näheren Umstände angibt.

3.2 In dieser Lektion kommen **Adverbien der Zeit** vor, z. B.: iam – schon, bereits; diū – lange Zeit; tandem – endlich, schließlich

S

4. Subjekt und Prädikat (Kongruenz I)

Dominus ⟷ salūtat — Subjekt ⟷ Prädikat

salūtat — Prädikat ⟷ Subjekt

4.1 Das **Prädikat** (die Satzaussage) ist das wichtigste Satzglied, da von ihm der weitere Verlauf eines Satzes abhängt. Nach dem Prädikat fragt man: **Was wird ausgesagt?**

4.2 Das **Subjekt** (der Satzgegenstand) eines Satzes steht im **Nominativ**. Nach dem Subjekt fragt man: **Wer oder Was?**

4.3 Das Subjekt stimmt im **Numerus** (in der Zahl, d. h.: Singular oder Plural) mit dem Prädikat überein (Numerus-Kongruenz). Da beim lateinischen Verb die handelnde Person in der Endung enthalten ist, kann ein Satz gelegentlich nur aus dem Prädikat bestehen.

5. Wortstellung

Lateinische Eigennamen werden meist der Berufs- oder der Standesbezeichnung der Person vorangestellt:
Cynthia serva: die Sklavin Cynthia – Eutychus servus: der Sklave Eutychus.

6. Unterscheide:

Wortarten	**Satzglieder**
Verbum (Tätigkeitswort)	Prädikat (Satzaussage)
Substantiv (Hauptwort)	Subjekt (Satzgegenstand)
Adverb (Umstandsangabe)	

Vokabeln

iam (Adv.)	schon, bereits	
diū (Adv.)	lange, lange Zeit	
exspectāre	warten, (jemanden oder etwas) erwarten	E. to expect
ubi?	wo?	
est	er, sie, es ist	
*servus	der Diener, der Sklave	
cūr?	warum?	
cessāre	zögern, sich nicht beeilen	
nōn	nicht	
venīre	kommen	F. venir; I. venire
tandem (Adv.)	endlich, schließlich	
appropinquāre	sich nähern, herankommen	E. to approach
et	und	
intrāre	eintreten, betreten	E. to enter; F. entrer; I. entrare
*dominus	der Herr, der Hausherr	
*domina	die Herrin, die Ehefrau	F. la dame; I. la donna
salūtāre	grüßen, begrüßen	salutieren; E. to salute
gaudēre	sich freuen	
etiam	auch, sogar	
*serva	die Dienerin, die Sklavin	
salvē!	Sei gegrüßt! (Guten Tag! Hallo!)	
familia	die Familie; die Hausgemeinschaft	E. family; F. la famille; I. la famiglia
*fīlia	die Tochter	Filiale; F. la fille; I. la figlia
*fīlius	der Sohn	F. le fils; I. il figlio

Lektion 2

Grammatik

1. Die Verben der a-, e- und i-Konjugation: 3. Person Plural

1.1 Die Endung für die 3. Person Plural lautet im Lateinischen: **-nt**.
salūta-**nt**: **sie** grüßen – gaude-**nt**: **sie** freuen sich – veni-u-**nt**: **sie** kommen

Bei den Verben der a- und e-Konjugation wird die Personalendung unmittelbar an den Verbstamm gesetzt. **Bei den Verben der i-Konjugation** tritt zwischen den Verbstamm und die Personenendung der 3. Person Plural noch der **Bindevokal -u-**, der die Aussprache erleichtert.

1.2 Die Übersicht

Konjugation	Verbstamm	3. Person Singular		3. Person Plural	
a-Konjugation	salūtā-	salūta**t**	er, sie, es grüßt	salūta**nt**	sie grüßen
e-Konjugation	gaudē-	gaude**t**	er, sie, es freut sich	gaude**nt**	sie freuen sich
i-Konjugation	venī-	veni**t**	er, sie, es kommt	veni**unt**	sie kommen

2. Die Substantive der a- und o-Deklination: Nominativ Plural

2.1 Der Ausgang für den Nominativ Plural lautet in der a-Deklination: **-ae**,
in der o-Deklination: **-ī**

2.2 Die Übersicht

a-Deklination

	Singular		Plural	
Nominativ	domin**a**	die (eine) Herrin	domin**ae**	die Herrinnen, Herrinnen

o-Deklination

	Singular		Plural	
Nominativ	domin**us**	der (ein) Herr	domin**ī**	die Herren, Herren

Die lateinischen Substantive können mit dem **bestimmten Artikel** (der, die, das) oder mit dem **unbestimmten Artikel** (ein, eine, ein) übersetzt werden. Will man im Deutschen eine unbestimmte Pluralform ausdrücken, entfällt der Artikel.

3. Subjekt und Prädikat (Kongruenz II)

S

3.1 Auch im Plural herrscht zwischen Subjekt und Prädikat Numerus-Kongruenz (vgl. Lektion 1, S 4.3): serv**us** exspecta**t** – serv**ī** exspecta**nt**.

3.2 Wenn zwei oder mehr Personen in einem Satz Subjekte im Singular sind, steht das Prädikat im Plural: domin**us** et domin**a** gaude**nt**.

Vokabeln

nam (Adv.)	denn, nämlich	
hodiē (Adv.)	heute	
sunt	sie sind	
amīcus	der Freund	F. l'ami
*vocāre	rufen, nennen	Vokal, E. voice
explicāre	erklären, darlegen	
hīc (Adv.)	hier	
*labōrāre	arbeiten, sich anstrengen	Labor
semper	immer	I. sempre
cenāre	speisen, essen	
ibi (Adv.)	dort	
hortus	der Garten	
ambulāre	gehen, spazierengehen	Ambulanz
*dormīre	schlafen	F. dormir
subitō (Adv.)	plötzlich	I. subito
porta	das Tor, die Tür	Pforte; F. la porte
stupēre	verblüfft sein, staunen	
quid?	was?	
tacēre	schweigen, still sein	
*rīdēre	lachen; über etw. lachen	F. rire
tum (Adv.)	da, dann, damals	

Lektion 3

Grammatik

F

1. Substantive: Das Neutrum der o-Deklination

1.1 Wie im Deutschen gibt es auch im Lateinischen drei verschiedene grammatische Geschlechter (Genera).
Substantive auf **-a** sind weiblich (genus **femininum**): fīlia
Substantive auf **-us** sind männlich (genus **masculinum**): fīlius
Substantive auf **-um** sind sächlich (genus **neutrum**): templum

1.2 Die Substantive dieser und der folgenden Lektionen werden in verschiedene Deklinationsklassen eingeteilt (vgl. Lektion 1, F 2.4):
Die Substantive, die im Nominativ Singular auf **-a** (domina) enden, gehören zur **a-Deklination**.
Die Substantive, die im Nominativ Singular auf **-us** (dominus) oder **-um** (templum) enden, gehören zur **o-Deklination**.

2. Der Akkusativ der a- und o-Deklination

2.1 Die Ausgänge für den Akkusativ lauten:
in der a-Deklination: **-am** (Singular) und **-ās** (Plural)
in der o-Deklination masculinum: **-um** (Singular) und **-ōs** (Plural)
in der o-Deklination neutrum: **-um** (Singular) und **-a** (Plural)

2.2 Im Neutrum sind jeweils im Singular und im Plural die Ausgänge für den Nominativ und den Akkusativ gleich.

2.3 Die Übersicht

a-Deklination

	Singular		**Plural**	
Nominativ	domina	die (eine) Herrin	dominae	die Herrinnen, Herrinnen
Akkusativ	dominam	die (eine) Herrin	dominās	die Herrinnen, Herrinnen

o-Deklination (masculinum)

	Singular		Plural	
Nominativ	domin**us**	der (ein) Herr	domin**ī**	die Herren, Herren
Akkusativ	domin**um**	den (einen) Herrn	domin**ōs**	die Herren, Herren

o-Deklination (neutrum)

	Singular		Plural	
Nominativ	templ**um**	der (ein) Tempel	templ**a**	die Tempel
Akkusativ	templ**um**	den (einen) Tempel	templ**a**	die Tempel, Tempel

3. Der Akkusativ als Objekt

S

3.1 Der Akkusativ gibt ein **Objekt** des Satzes an, also das, worauf sich die Handlung des Prädikats richtet.

3.2 Nach dem **Akkusativ** als Objekt fragt man: **Wen oder Was?**
Domina **servōs** exspectat. Frage: **Wen** erwartet die Herrin? – **Die Sklaven**.
Servī **forum** vident. Frage: **Was sehen die Sklaven?** – **Den Marktplatz**.

Domina ⟷ exspectat → servōs

Subjekt ⟷ Prädikat → Akkusativ-Objekt

Vokabeln

apportāre	herbeitragen, herbeischaffen	apportieren
dēbēre	müssen; verdanken	F. devoir
statim (Adv.)	auf der Stelle, sofort	
pārēre	gehorchen	parieren
properāre	eilen, sich beeilen	
theātrum	das Theater	theatralisch
*templum	der Tempel	
*statua	das Standbild, die Statue	statisch
vidēre	sehen	Video; Vision

monumentum	das Denkmal	monumental
spectāre	anschauen, betrachten	spektakulär
rogāre	fragen, bitten	
autem (Adv.; nachgestellt)	aber	
monēre	ermahnen, erinnern	
enim (Adv.)	denn, nämlich	
forum	der Marktplatz, (das Forum)	Gesprächsforum
taberna	der Laden, das Wirtshaus	Taverne
audīre	hören	Audiokassette; Auditorium
*frūmentum	das Getreide	
*vīnum	der Wein	E. wine; F. le vin

Lektion 4

Grammatik

F

1. Die Verben der a-, e- und i-Konjugation: Die Konjugation im Präsens

1.1 Die Personalendungen lauten:

-ō	ich
-s	du
-t	er, sie, es
-mus	wir
-tis	ihr
-nt	sie

1.2 Die Übersicht

		a-Konjugation		e-Konjugation		i-Konjugation	
Singular	**1. Person**	laudō	ich lobe	videō	ich sehe	audiō	ich höre
	2. Person	laudās	du lobst	vidēs		audīs	
	3. Person	laudat	er, sie, es lobt	videt		audit	

		a-Konjugation		e-Konjugation	i-Konjugation
Plural	**1. Person**	laudā**mus**	wir loben	vidē**mus**	audī**mus**
	2. Person	laudā**tis**	ihr lobt	vidē**tis**	audī**tis**
	3. Person	lauda**nt**	sie loben	vide**nt**	audiu**nt**

Zum **Bindevokal -u-** in der 3. Person Plural bei den Verben der i-Konjugation vgl. Lektion 2, F 1.1

2. Der Dativ der a- und o-Deklination

2.1 Die Ausgänge für den Dativ lauten:
in der a-Deklination: **-ae** (Singular) und **-īs** (Plural)
in der o-Deklination masculinum und neutrum: **-ō** (Singular) und **-īs** (Plural)

2.2 Die Übersicht

a-Deklination

	Singular		Plural	
Nominativ	domina	die Herrin	dominae	die Herrinnen
Dativ	domin**ae**	der Herrin	domin**īs**	den Herrinnen
Akkusativ	dominam	die Herrin	dominās	die Herrinnen

o-Deklination masculinum

	Singular		Plural	
Nominativ	dominus	der Herr	dominī	die Herren
Dativ	domin**ō**	dem Herrn	domin**īs**	den Herren
Akkusativ	dominum	den Herrn	dominōs	die Herren

o-Deklination neutrum

	Singular		Plural	
Nominativ	templum	der Tempel	templa	die Tempel
Dativ	templ**ō**	dem Tempel	templ**īs**	den Tempeln
Akkusativ	templum	den Tempel	templa	die Tempel

3. Der Dativ als Objekt

3.1 Der Dativ kann wie der Akkusativ im Satz die Funktion eines Objekts einnehmen. Das Dativ-Objekt bezeichnet als Satzglied meistens Personen.
Nach dem Dativ als Objekt fragt man: **Wem?**
Servus **dominō** pāret. – **Wem** gehorcht der Sklave? – **Dem Herrn.**

servus ⟷ pāret → dominō

Subjekt ⟷ Prädikat → Dativ-Objekt

3.2 In einem Satz kann es gleichzeitig ein Dativ- und ein Akkusativ-Objekt geben. Das Dativ-Objekt tritt dann als weiteres Satzglied neben das Akkusativ-Objekt. Beide Objekte hängen vom Prädikat ab:
Serva dominae aquam apportat. Die Sklavin bringt der Herrin das Wasser.

serva ⟷ apportat → dominae, aquam

Subjekt ⟷ Prädikat → Dativ-Objekt, Akkusativ-Objekt

4. Das natürliche Geschlecht

Bei einigen Wörtern der a-Deklination, wie convīva: der Gast, ist das grammatische Geschlecht (Genus) nicht femininum (vgl. Lektion 3, F 1.1), sondern masculinum. Hier hat sich das natürliche Geschlecht der Wortbedeutung (vgl. im Deutschen: *der* Gast) durchgesetzt.

Vokabeln

imperāre	einen Befehl erteilen, befehlen, (be)herrschen	Imperativ; I. imperare; S. imperar
*lectus	die Liege, das Bett, das Speisesofa	F. le lit; I. il letto
parāre	vorbereiten, bereiten	parat, reparieren; E. to prepare
laudāre	loben	Laudatio; E. to laud; F. louer
*cibus	die Speise, die Nahrung	
*aqua	das Wasser	Aquarium; F. l'eau; I. l'acqua
*cēna	das Essen, die Mahlzeit	I. la cena; S. la cena
*-que (angehängt)	und	

* convīva **m.**	der Gast	F. le convive
* respondēre	antworten, erwidern	Korrespondenz; E. to respond; F. répondre; I. rispondere
* ātrium	die Eingangshalle, (das Atrium)	
* salvēte!	Seid gegrüßt! (Guten Tag!)	salve; F. salut!
* valdē (Adv.)	sehr	
* libenter (Adv.)	gern	
mox (Adv.)	bald	
convīvium	das Gastmahl, das Festessen	F. convier; I. il convito
amāre	lieben, gern haben	Amateur; F. aimer; I. amare
fābula	die Geschichte, die Erzählung, das Theaterstück	Fabel; E. fable; F. la fable; I. la favola
recitāre	vorlesen, vortragen	(re)zitieren; E. to recite; F. réciter
nōn sōlum	nicht nur	
placēre	(jemandem) gefallen	E. to please; I. piacere; S. placer

Lektion 5

Grammatik

1. Die Verben der a-, e- und i-Konjugation: Der Imperativ

F

	a-Konjugation		e-Konjugation		i-Konjugation	
Singular	laudā!	lobe!	vidē!	sieh!	audī!	höre!
Plural	laudāte!	lobt!	vidēte!	seht!	audīte!	hört!

2. Der Vokativ der a-Deklination

	Singular		Plural	
Nominativ	domina	die Herrin	dominae	die Herrinnen
Dativ	dominae	der Herrin	dominīs	den Herrinnen
Akkusativ	dominam	die Herrin	dominās	die Herrinnen
Vokativ	domina!	Herrin!	dominae!	Herrinnen!

Bei allen Substantiven der a-Deklination lautet der Ausgang des Vokativs wie der des Nominativs.

3. Der Vokativ der o-Deklination (masculinum)

	Singular		Plural	
Nominativ	dominus	der Herr	dominī	die Herren
Dativ	dominō	dem Herrn	dominīs	den Herren
Akkusativ	dominum	den Herrn	dominōs	die Herren
Vokativ	domine!	Herr!	dominī!	Herren!

3.1 Die Substantive der o-Deklination (masculinum) auf -us haben im Vokativ Singular den Ausgang -e, im Vokativ Plural den Ausgang -ī.

3.2 Die Substantive der o-Deklination (masculinum) auf -ius und Eigennamen auf -ius haben im Vokativ Singular den Ausgang -ī:
fīlius – fīlī, Lūcius – Lūcī, Cornēlius – Cornēlī.

3.3 Die Substantive der o-Deklination (neutrum) bilden den Vokativ Singular und Plural genau so wie den Nominativ Singular und Plural.

S

4. Der Modus

Es gibt im Lateinischen (wie im Deutschen) verschiedene Möglichkeiten, eine Aussage zu treffen. So kann man einen Satz zum Beispiel als Tatsache formulieren, aber auch als Wunsch, als Vermutung oder als Befehl. Diese jeweils unterschiedliche Aussageform nennt man **Modus** (= die Aussageweise). In den bisherigen Lektionen hast du schon zwei Modi kennengelernt: den Indikativ und den Imperativ.

4.1 Der **Indikativ** ist der Modus der Tatsachenfeststellung, die **Wirklichkeitsform**: Dāvus nōn tacet. Dāvus epistulam recitat. – Davus schweigt nicht. Davus liest einen Brief vor.

4.2. Der **Imperativ** ist der Modus des Befehls, die **Befehlsform**. Mit dem Imperativ richtet man sich in der Regel an die 2. Person Singular oder Plural:
Tacē, Dāve! – Schweig, Davus! Tacēte, servī! – Schweigt, Sklaven!

4.3 Der **Imperativ** steht in der Regel am Satzanfang.

5. Der Vokativ

Der Vokativ ist der Kasus der **Anrede**.

6. Satzarten

6.1 Im Lateinischen gibt es wie im Deutschen unterschiedliche **Satzarten**. Man unterscheidet folgende Arten von **Hauptsätzen**:

Der **Aussagesatz**:	Nōnia tacet. – Nonia schweigt.
Der **Aufforderungssatz**:	Tacē, Nōnia! – Schweig, Nonia!
Der **Fragesatz**:	Cūr tacēs, Nōnia? – Warum schweigst du, Nonia?

6.2 Man kann die unterschiedlichen Satzarten auch an den unterschiedlichen **Satzzeichen** erkennen.

Vokabeln

māne (Adv.)	in der Frühe, morgens	
appārēre	erscheinen, auftauchen, sich zeigen	E. to appear; F. apparaître; I. apparire
tam (Adv.)	so	
*nārrāre	erzählen	narrativ; E. to narrate; F. narrer
littera	der Buchstabe	Literatur; E. letter; F. la lettre
litterae (Plur.)	das Schriftstück; derBrief	F. la littérature; I. la lettera
reperīre	finden, entdecken	
*iterum atque iterum (Adv.)	immer wieder	
clāmāre	laut rufen, schreien	Reklame; E. to claim
*epistula	der Brief	Epistel
adiuvāre (m. Akk.)	jmd. unterstützen, jmd. helfen	E. to aid; F. aider; I. aiutare
ecce!	siehe da!	
*cūra	die Sorge, die Fürsorge, die Sorgfalt	Kur; E. cure; F. la cure

*mē	mich (Akkusativ Singular)	
*sollicitāre	beunruhigen, aufwiegeln	E. to solicit; F. solliciter
*vexāre	quälen, heimsuchen	E. to vex; F. vexer; I. vessare
*sed	aber; sondern	
saepe (Adv.)	oft	
libellus	das Schriftstück, das Heft, das kleine Buch	
vel	oder	
tabula	die Tafel, die Schreibtafel; das Gemälde	Tafel, Tabelle; E. table; F. la table; I. la tavola; S. la tabla

Lektion 6

Grammatik

F

1. Der Genitiv der a- und o-Deklination

1.1 Die Ausgänge für den Genitiv lauten:
in der a-Deklination: **-ae** (Singular) und **-ārum** (Plural)
in der o-Deklination masculinum und neutrum: **-ī** (Singular) und **-ōrum** (Plural)

1.2 Die Übersicht

a-Deklination

	Singular		Plural	
Nominativ	domina	die Herrin	dominae	die Herrinnen
Genitiv	domin**ae**	der Herrin	domin**ārum**	der Herrinnen
Dativ	dominae	der Herrin	dominīs	den Herrinnen
Akkusativ	dominam	die Herrin	dominās	die Herrinnen
Vokativ	domina!	Herrin!	dominae!	Herrinnen!

o-Deklination masculinum

	Singular		Plural	
Nominativ	dominus	der Herr	dominī	die Herren
Genitiv	dominī	des Herrn	domin**ōrum**	der Herren
Dativ	dominō	dem Herrn	dominīs	den Herren
Akkusativ	dominum	den Herrn	dominōs	die Herren
Vokativ	domine!	Herr!	dominī!	Herren!

o-Deklination neutrum

	Singular		Plural	
Nominativ	templum	der Tempel	templa	die Tempel
Genitiv	templī	des Tempels	templ**ōrum**	der Tempel
Dativ	templō	dem Tempel	templīs	den Tempeln
Akkusativ	templum	den Tempel	templa	die Tempel

2. Der Genitiv als Attribut

2.1 Der Genitiv kann im Satz die Funktion eines **Attributs** einnehmen. Er gibt an, dass eine Person oder eine Sache zu jemandem oder zu etwas gehört. Damit bestimmt der Genitiv als Attribut das Wort näher, zu dem es gehört (das Bezugswort). Nach dem Genitiv-Attribut fragt man: **Wessen?**

Servī simulacra **deōrum et deārum** apportant. — **Wessen** Bilder tragen die Sklaven herein? – Die Bilder **der Götter und Göttinnen**.

2.2 Attribute sind **keine eigenständigen Satzglieder**, sondern gehören zu dem Satzglied, das sie näher bestimmen. Daher werden Attribute im Satzmodell mit einer gepunkteten Linie gekennzeichnet.

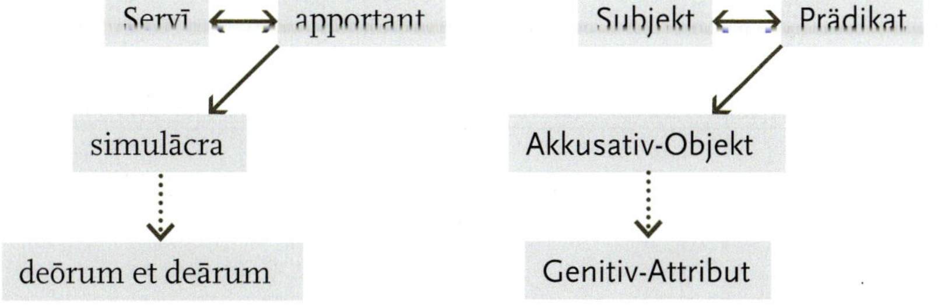

3. Das Substantiv als Prädikatsnomen

3.1 Das Prädikat eines Satzes kann nicht nur aus einem Vollverbum bestehen (Dāvus gaudet – Davus freut sich; vgl. Lektion 1, S 4). Es kann auch aus einer Form des Hilfsverbums esse und einem Substantiv im Nominativ gebildet werden: Dāvus servus est – Davus ist ein Sklave. Dieses Substantiv als Teil des Prädikats wird als **Prädikatsnomen** bezeichnet.

3.2 Das Substantiv als Prädikatsnomen steht in Kasus- und Numerus-Kongruenz mit dem Subjekt (vgl. Lektion 1, S 4 und Lektion 2, S 3).

Dāvus ⟷ servus est

Dāvus et Eutychus ⟷ servī sunt

Subjekt ⟷ Prädikatsnomen + Formen von esse = Prädikat

Vokabeln

amāre, apportāre, appārēre, respondēre, intrāre, subitō, statim

*vīsitāre	besuchen	Visite, E. to visit, F. visiter
circus, ī m.	der Zirkus, die Rennbahn	Zirkus; E. circus
*Rōmānī, ōrum m.	die Römer	
*lūdus, ī m.	das Spiel, die Schule	
celebrāre	feiern, besuchen	zelebrieren; E. to celebrate
cōpia, ae f.	die Menge (im Plural: Truppen)	Kopie
*equus, ī m.	das Pferd	
paulō post (Adv.)	etwas später, bald darauf	
*turba, ae f.	die Menge, die Verwirrung	turbulent; I. la turba
nunc (Adv.)	jetzt	
*spectāculum, ī n.	das Schauspiel	spektakulär
*simulācrum, ī n.	das Götterbild	
*deus, ī m.	der Gott	F. Dieu; I. Dio; S. Dios
dea, ae f.	die Göttin	
ut	wie	
scīre	etwas wissen, jemanden kennen	
sapientia, ae f.	die Weisheit	I. la sapienza
quoque (nachgestellt)	auch	
īgnōrāre	nicht kennen	Ignorant; E. to ignore

nōn īgnōrāre	gut kennen; genau wissen
nūntius, ī m.	der Bote, die Nachricht
*servāre	schützen, retten, bewahren

J

cōpia equōrum — eine Menge Pferde
nūntius deōrum — der Götterbote

Lektion 7

Grammatik

1. esse: Die Konjugation im Indikativ Präsens

F

	Singular		Plural	
1. Person	sum	ich bin	sumus	wir sind
2. Person	es	du bist	estis	ihr seid
3. Person	est	er, sie, es ist	sunt	sie sind

Die Formen des Präsens haben die „Wurzeln" „es-" und „s-".

2. Die Adjektive der a- und o-Deklination

	Singular			Plural		
	m.	**f.**	**n.**	**m.**	**f.**	**n.**
Nominativ	bonus	bona	bonum	bonī	bonae	bona
Genitiv	bonī	bonae	bonī	bonōrum	bonārum	bonōrum
Dativ	bonō	bonae	bonō	bonīs	bonīs	bonīs
Akkusativ	bonum	bonam	bonum	bonōs	bonās	bona

Die Adjektive auf -us, -a, -um werden wie die Substantive der a- und o-Deklination dekliniert.

S

3. Das Adjektiv: KNG-Kongruenz

Dominus serv**um** fīd**um** vocat.	Der Herr ruft den treuen Sklaven.
Fīli**ae** bon**ae** labōrant.	Die tüchtigen Töchter arbeiten.
Dāvus māgn**īs** therm**īs** appropinquat.	Davus nähert sich den großen Thermen.

Das Adjektiv richtet sich in **K**asus, **N**umerus und **G**enus nach dem Nomen (Bezugswort), zu dem es gehört (**KNG-Kongruenz**).
Das Adjektiv steht meist hinter dem Bezugswort. Wenn es eine Menge, ein Maß oder eine Zahl bezeichnet (z. B. māgnus: groß, multī: viele), steht es häufig davor.

4. Das Adjektiv als Attribut

Das Adjektiv kann verwendet werden als **Attribut** (Adjektiv-Attribut; vgl. Lektion 6, S 2) und dann bei einem Subjekt, einem Objekt oder einem Adverbiale stehen.
Nach dem Adjektiv-Attribut fragt man: **Was für ein? Welcher?**

Dominus servum **fīdum** vocat.	**Welchen (Was für einen)** Sklaven ruft der Herr? Der Herr ruft den **treuen** Sklaven.
Fīliae **bonae** labōrant.	**Welche (was für)** Töchter arbeiten? Die **tüchtigen** Töchter arbeiten.

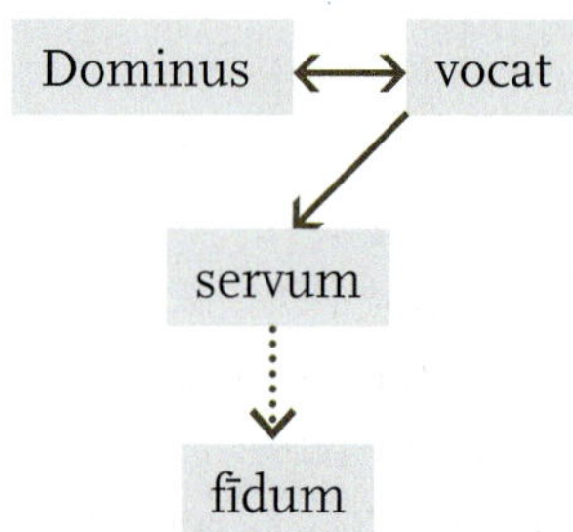

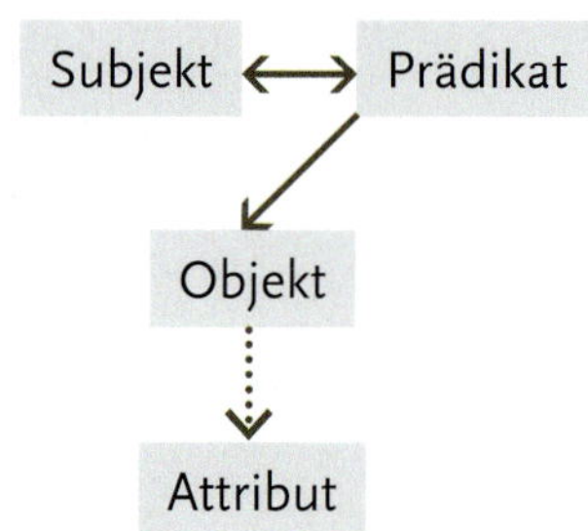

5. Das Adjektiv als Prädikatsnomen

Das Adjektiv kann (wie das Substantiv; vgl. Lektion 6, S 3) als **Prädikatsnomen** zusammen mit einer Form des Hilfsverbs esse das Prädikat bilden. Das Adjektiv steht dabei in KNG-Kongruenz zum Subjekt.

Amīc**us** bon**us** est.	Der Freund ist tüchtig.
Serv**ae** fīd**ae** sunt.	Die Sklavinnen sind treu.
Templ**um** māgn**um** est.	Der Tempel ist groß.

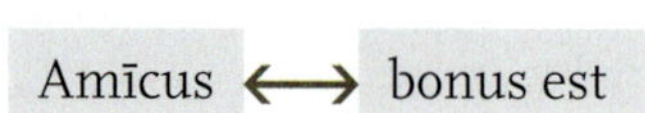

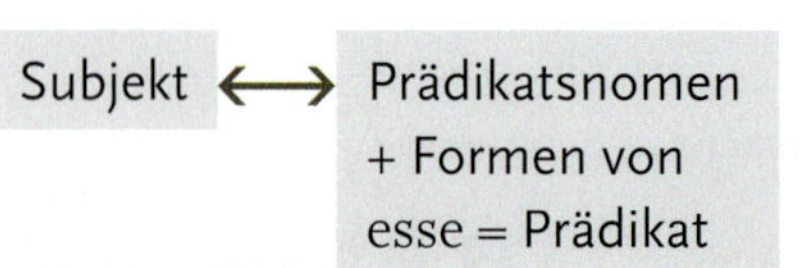

6. Das substantivierte Adjektiv

Adjektive können auch wie ein Substantiv verwendet werden; sie stehen dann ohne Bezugswort (substantiviertes Adjektiv). Merke:

bonī, ōrum/bonae, ārum	die Guten, die Tüchtigen
bonum, ī n.	das Gute
bona, ōrum n.	die Güter, das Hab und Gut
necessāria, ōrum n.	die notwendigen Dinge, das Notwendige
multa, ōrum n.	viele Dinge, Vieles

Für die Übersetzung des substantivierten Adjektivs, das im Neutrum Plural steht, verwenden wir im Deutschen in der Regel den Singular.

7. Der Infinitiv als Subjekt

Der Infinitiv hat bei unpersönlichen Ausdrücken die Satzgliedfunktion des Subjekts; sein Genus ist neutrum.

Iūcund**um** est.	**Es** ist angenehm.
	Frage: Was ist angenehm?
Ambulāre iūcundum est.	Spazieren zu gehen ist angenehm.

Ambulāre ⟷ iūcundum est   Subjekt ⟷ Prädikat

Vokabeln

amīcus – libenter – vīsitāre – properāre – vidēre

fessus, a, um	erschöpft, müde	
*itaque	daher, deshalb	
*thermae, ārum f.	die Badeanlage (die Thermen)	
*ōtium, ī n.	die freie Zeit, die Muße, die Ruhe	I. l'ozio; S. el ocio
iūcundus, a, um	erfreulich, angenehm	
*dare	geben	das Datum; I. dare
*ōtiō mē dō	ich gebe mich der Ruhe hin, ich genieße die freie Zeit	
praeclārus, a, um	glänzend, herrlich	
*convenīre	zusammenkommen; mit Akk.: jemanden treffen	venīre; der Konvent
māgnus, a, um	groß	

*toga, ae f.	das Obergewand (die Toga)	
*tunica, ae f.	das Untergewand (die Tunika)	
*fīdus, a, um	treu, zuverlässig	
*mandāre	übergeben, anvertrauen	dare; das Mandat
*observāre	beobachten; auf etwas aufpassen	servāre; observieren
necessārius, a, um	notwendig	F. nécessaire
multī, ae, a	viele, zahlreiche	multiplizieren
Rōmānus, a, um	römisch	
adesse	da sein; mit Dativ: jemandem helfen	esse
*bonus, a, um	gut, tüchtig	F. bon; I. buono
cēterī, ae, a	die übrigen	etc. (= et cētera)
tē (Akk.)	dich	
*varius, a, um	bunt; verschieden; vielfältig	variieren

J

amīcōs convenīre	die Freunde treffen, mit den Freunden zusammenkommen
amīcīs adesse	den Freunden helfen

Lektion 8

Grammatik

F

1. Der Ablativ der a- und o-Deklination

1.1 Die Ausgänge für den Ablativ lauten:
in der a-Deklination: -ā (Singular) und -īs (Plural)
in der o-Deklination masculinum und neutrum: -ō (Singular) und -īs (Plural)

1.2 Die Übersicht

a-Deklination

	Singular		Plural	
Nominativ	domina	die Herrin	dominae	die Herrinnen
Genitiv	dominae	der Herrin	dominārum	der Herrinnen
Dativ	dominae	der Herrin	dominīs	den Herrinnen
Akkusativ	dominam	die Herrin	dominās	die Herrinnen
Ablativ	dominā		dominīs	
Vokativ	domina!	Herrin!	dominae!	Herrinnen!

Der Ablativ ist eigentlich der 6. Fall. Da der 5. Fall, der Vokativ, bei späteren Deklinationen jedoch fast immer identisch mit dem Nominativ ist und daher nicht mehr eigens aufgeführt wird, wird der Ablativ in unserem Schema an 5. Stelle aufgeführt.

Die Übersetzung des Ablativs richtet sich jeweils nach seiner Funktion im Satz (s. u. Nr. 2).

o-Deklination masculinum

	Singular		Plural	
Nominativ	dominus	der Herr	dominī	die Herren
Genitiv	dominī	des Herrn	dominōrum	der Herren
Dativ	dominō	dem Herrn	dominīs	den Herren
Akkusativ	dominum	den Herrn	dominōs	die Herren
Ablativ	dominō		dominīs	
Vokativ	domine!	Herr!	dominī!	Herren!

o-Deklination neutrum

	Singular		Plural	
Nominativ	templum	der Tempel	templa	die Tempel
Genitiv	templī	des Tempels	templōrum	der Tempel
Dativ	templō	dem Tempel	templīs	den Tempeln
Akkusativ	templum	den Tempel	templa	die Tempel
Ablativ	templō		templīs	

2. Der Ablativ als Adverbiale

Der lateinische Ablativ ist ein Mischkasus, der verschiedene Funktionen hat. Im Deutschen gibt es keinen Ablativ. Daher muss der lateinische Ablativ je nach seiner Verwendungsweise ins Deutsche übersetzt werden. Es gibt folgende Möglichkeiten:

2.1 Ablativ des Mittels (ablātīvus īnstrūmentālis)

Der ablātīvus īnstrūmentālis nennt das Mittel oder Werkzeug, mit dem etwas getan wird. Man übersetzt den Ablativ des Mittels häufig mit **„mit“** oder **„durch“**. Nach dem ablātīvus īnstrūmentālis fragt man: **Womit? Wodurch?**

Rōmānī forum **multīs aedificiīs** ōrnant.	Die Römer schmücken das Forum **mit vielen Bauwerken**.

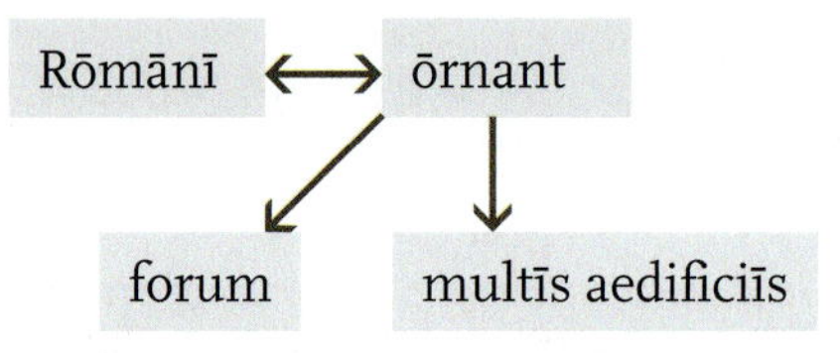

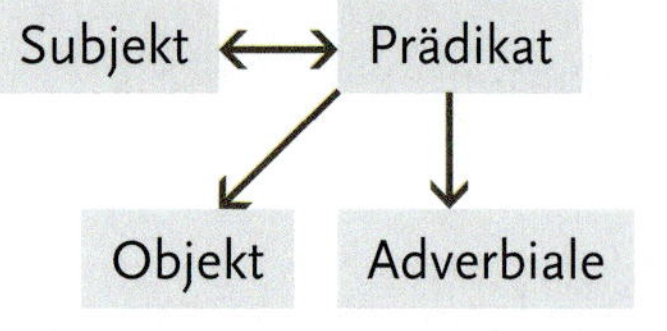

2.2 Ablativ des Grundes (ablātīvus causae)

Der ablātīvus causae gibt eine Begründung an. Man übersetzt den Ablativ des Grundes häufig mit **„wegen“** oder **„über“**. Nach dem ablātīvus causae fragt man: **Weswegen? Worüber?**

Dominus **nūntiō** gaudet.	Der Herr freut sich **über die Nachricht** (wegen der Nachricht).
Dominus **vīnō** fessus est.	Der Herr ist **vom Wein** (wegen des Weines) müde.

2.3 Ablativ der Art und Weise (ablātīvus modī)

Der ablātīvus modī bestimmt die Art und Weise einer Handlung näher. Man übersetzt den Ablativ der Art und Weise häufig mit **„mit“**. Nach dem ablātīvus modī fragt man: **Wie? Auf welche Weise?**

Dominus nūntium **māgnā cūrā** audit.	Der Herr hört die Nachricht **mit großer Sorge**. *(Beachte den Unterschied zum Ablativ des Mittels: Die Sorge ist sicher* ***nicht*** *das Mittel zum Hören.)*

2.4 Der Ablativ hat in allen drei genannten Verwendungsweisen die Funktion eines **Adverbiales**. Bei einem **Adverbiale** handelt es sich um ein Satzglied, das die **Umstände** einer Handlung, die durch das Prädikat ausgedrückt wird, näher beschreibt. Dies sind z. B. **das Mittel**, mit dem etwas vollbracht wird (2.1), der **Grund** dafür, dass man etwas tut (2.2), und **die Art und Weise**, auf die etwas getan wird (2.3).

2.5 Der Ablativ der Trennung (ablātīvus sēparātīvus)

Der ablātīvus sēparātīvus steht bei Begriffen, die eine Trennung ausdrücken, wie zum Beispiel līberāre (**von** etwas befreien) oder carēre (**von** etwas frei sein, etwas nicht haben). Man übersetzt den Ablativ der Trennung häufig mit **„von“**. Nach dem ablātīvus sēparātīvus fragt man: **Wovon?**

Servus dominum **cūrīs** līberat.	Der Sklave befreit den Herrn **von den Sorgen**.

Auch der ablātīvus sēparātīvus hat fast immer die Funktion eines Adverbiales (vgl. 2.4) und bezeichnet die **Trennung**, die durch eine Handlung vollzogen wird:

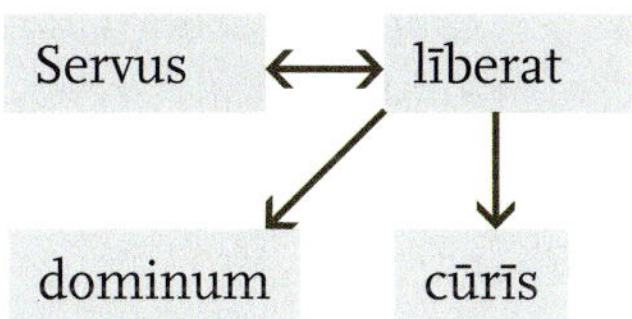

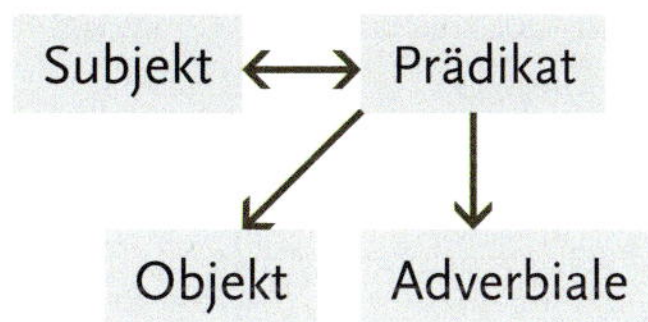

Eine Ausnahme bildet z. B. das Verbum carēre: „frei von etwas sein, etwas nicht haben“. Hier ist der Ablativ eine notwendige Ergänzung des Prädikats, weil er die Sache angibt, die jemandem fehlt. Der Ablativ bei carēre hat daher die Funktion eines **Objekts**:

Dominus **cūrīs** caret.	Der Herr ist frei **von** Sorgen. Der Herr **hat keine Sorgen**.

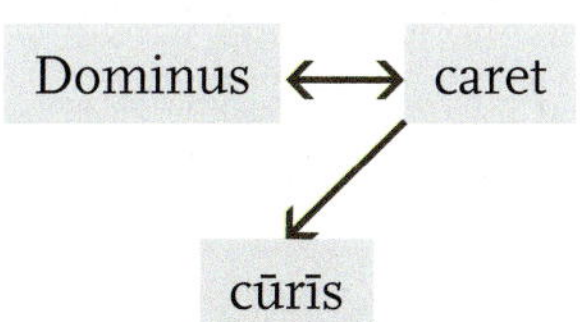

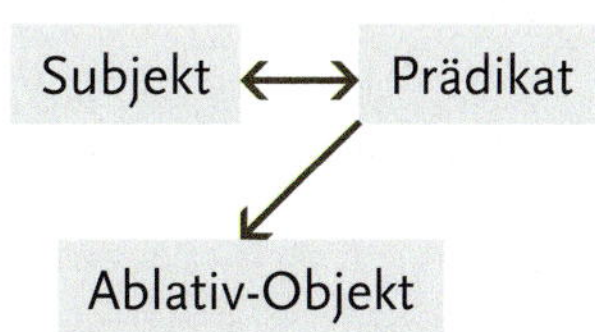

Vokabeln

cibus – convīva – convīvium – cūra – fessus – praeclārus – explicāre – intrāre – placēre – sollicitāre

via, ae f.	der Weg, die Straße	Viadukt; I. la via
*Rōma, ae f.	Rom	
*quō?	wohin?	
adhūc (Adv.)	bisher, bis jetzt	
*aedificium, ī n.	das Gebäude	I. l’edificio; F. l’edifice
*māgnus, a, um	groß	
*antīquus, a, um	alt	Antiquität; Antike

*altus, a, um	hoch, tief	I./S. alto
*medium, ī n.	die Mitte, der Mittelpunkt	Medium; I./S. medio
*imperium, ī n.	die Herrschaft, das Herrschaftsgebiet, das Reich	Imperialismus; E. empire; F. l'empire
ōrnāre	schmücken	Ornament; I. ornare
*aedificāre	bauen, erbauen	I. edificare; F. édifier
līberāre	(von etwas) befreien	liberal; I. liberare
patrōnus, ī m.	der Anwalt	Patron; F. le patron
verbum, ī n.	das Wort	Verb, verbal; E. verb
accūsāre	anklagen	Akkusativ; E. to accuse; F. accuser
ēloquentia, ae f.	die Redekunst; die Beredsamkeit	Eloquenz, eloquent
iniūria, ae f.	das Unrecht; die Ungerechtigkeit	E. injury; F. l'injure
dēmōnstrāre	(auf)zeigen, darlegen	demonstrieren; E. to demonstrate
gaudium, ī n.	die Freude	Gaudi; E. joy; F. la joie
pecūnia, ae f.	das Geld, das Vermögen	pekuniär
carēre (mit Ablativ)	(von etwas) frei sein, (etwas) entbehren, (etwas) nicht haben	

Lektion 9

Grammatik

F

1. Die Deklination der Substantive auf -(e)r

1.1 Die Substantive auf **-(e)r** gehören zur **ō-Deklination** und werden – abgesehen vom Nominativ – wie die bekannten Beispiele auf -us dekliniert.
Die Substantive auf **-(e)r** gibt es in zwei Gruppen: Entweder haben sie das **-e-** nur im Nominativ (Bsp.: ager, der Acker: Nom. ager, Gen. agrī, Dat. agrō...) oder es ist in allen Kasūs vorhanden (Nom. puer, Gen. puerī, Dat. puerō ...).
Dem grammatischen Geschlecht nach sind die Substantive auf **-(e)r** Masculina.

1.2 Die Übersicht

	Singular		Plural	
Nominativ	puer	der Junge	puerī	die Jungen
Genitiv	puerī	des Jungen	puer**ōrum**	der Jungen
Dativ	puerō	dem Jungen	puerīs	den Jungen
Akkusativ	puer**um**	den Jungen	puerōs	die Jungen
Ablativ	puerō		puerīs	
Vokativ	puer	Junge!	puerī	Jungen!

2. Die Deklination der Adjektive auf -(e)r

2.1 Auch bei den Adjektiven der ō-/ā-Deklination gib es solche, die den Wortausgang **-us** verloren haben, mit und ohne **-e-** im Stamm. Das Adjektiv dexter kann auf beide Arten dekliniert werden:

2.2 Die Übersicht

	masculinum	femininum	neutrum
Nominativ Singular	dexter	dext(e)ra	dext(e)**rum**
Genitiv	dext(e)rī	dext(e)**rae**	dext(e)rī
Dativ	dext(e)rō	dext(e)**rae**	dext(e)rō
Akkusativ	dext(e)**rum**	dext(e)**ram**	dext(e)**rum**
Ablativ	dext(e)rō	dext(e)rā	dext(e)rō
Nominativ Plural	dext(e)rī	dext(e)**rae**	dext(e)ra
Genitiv	dext(e)**rōrum**	dext(e)**rārum**	dext(e)**rōrum**
Dativ	dext(e)rīs	dext(e)rīs	dext(e)rīs
Akkusativ	dext(e)rōs	dext(e)rās	dext(e)ra
Ablativ	dext(e)rīs	dext(e)rīs	dext(e)rīs

S

3. Präpositionen

3.1 Präpositionen sind **Verhältniswörter**, deren Aufgabe im Satz darin besteht, Wörter zueinander in Beziehung zu setzen. Die Präpositionen bilden eine eigene Wortart.

3.2 Jeder lateinischen Präposition muss ein Nomen in einem bestimmten Kasus folgen. So hat z. B. die Präposition ad den Akkusativ nach sich, die Präposition dē den Ablativ nach sich.
Welcher Kasus nach der jeweiligen Präposition folgt, musst du gut lernen. Ein Abfragen ist hier nicht möglich.

3.3 **Präpositionalausdrücke** (z. B.: in forō: auf dem Marktplatz) können entweder als **Adverbiale** (vgl. Lektion 8, S 2.4) die Aussage des Prädikats näher bestimmen oder auch die Funktion eines **Objekts** übernehmen:

Rōmānī **in Capitōliō** deīs sacrificant. — Die Römer opfern auf dem Kapitol den Göttern.

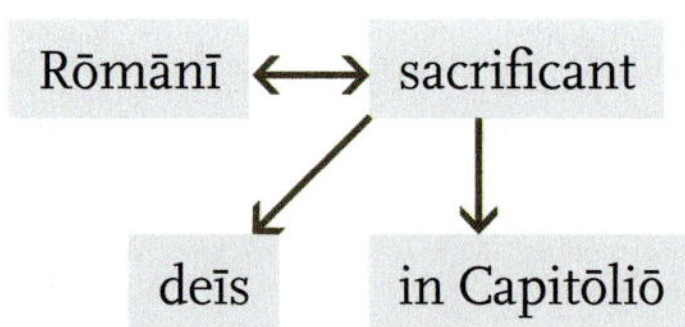

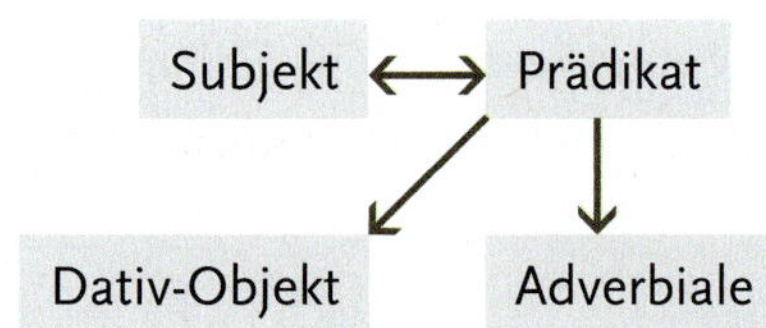

Dāvus Eutychō **dē deīs Rōmānīs** nārrat. — Davus erzählt Eutychus von den römischen Göttern.

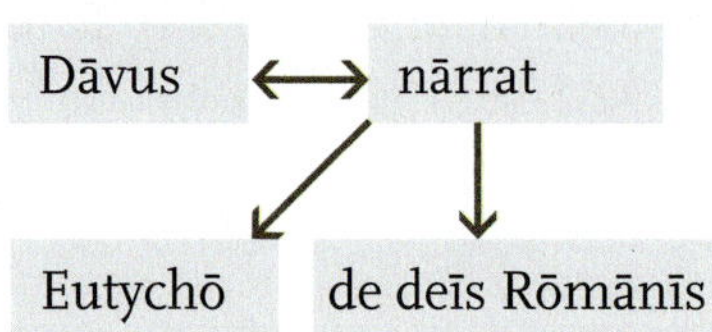

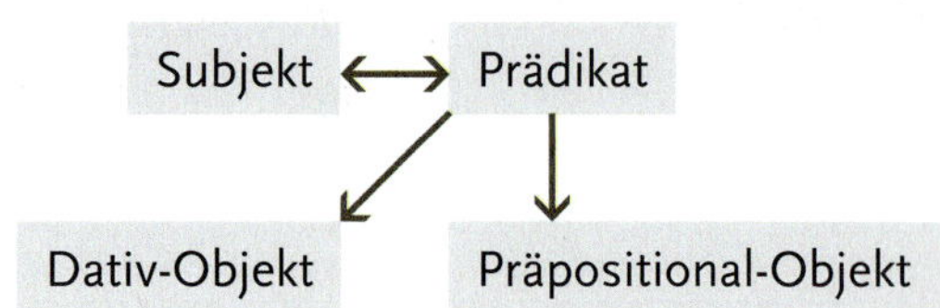

Vokabeln

mägnus – vidēre – stupēre – respondēre – aedificāre – dare – līberāre

in (Präp. mit Abl.)	in, an, auf (Frage: Wo?)	
*vir, virī m.	der Mann	
*fēmina, ae f.	die Frau	E. female; F. femme
*puer, puerī m.	der Junge, das Kind	E. puerile
puella, ae f.	das Mädchen	puer
*per (Präp. mit Akk.)	durch (... hindurch)	F. par
*sacer, sacra, sacrum	heilig	E. sacred; F. sacre

*ad (Präp. mit Akk.)	zu, bis zu, bei	E. at; F. à
*Capitōlium, ī n.	das Kapitol (einer der sieben Hügel Roms)	
clārus, a, um	hell, klar, berühmt	E. clear; F. clair
*pulcher, pulchra, pulchrum	schön	
*post (Präp. mit Akk.)	hinter, nach	
*ante (Präp. mit Akk.)	vorher; vor	F. avant
*āra, ae f.	der Altar	
*summus, a, um	der höchste, der oberste	
sacrificāre	opfern, ein Opfer bringen	sacer; E. to sacrifice
mihi (Dativ Singular)	mir	
*dē (Präp. mit Abl.)	von; von ... herab, von ... weg; über	
nōn sōlum ... sed etiam	nicht nur ... sondern auch	
sinister, sinistra, sinistrum	links, ungünstig, unheilvoll	E. sinister; F. sinistre
dexter, dext(e)ra, dext(e)rum	rechts; günstig	I. destro
dōnum, ī n.	das Geschenk	F. le don; I. il dono
perīculum, ī n.	die Gefahr	
*ā, ab (Präp. mit Abl.)	von, von ... her, von ... an	
prohibēre	(etwas von jemandem) abhalten, (jemanden an etwas) hindern	E. to prohibit; F. prohiber

Lektion 10

Grammatik

F 1. Der Indikativ Imperfekt der a-, e-, i-Konjugation und von esse

	a-Konjugation		e-Konjugation		i-Konjugation	
Sg. 1. P.	laudābam	ich lobte	vidēbam	ich sah	audiēbam	ich hörte
2. P.	laudābās	du lobtest	vidēbās		audiēbās	
3. P.	laudābat	er, sie, es lobte	vidēbat		audiēbat	
Pl. 1. P.	laudābāmus	wir lobten	vidēbāmus		audiēbāmus	
2. P.	laudābātis	ihr lobtet	vidēbātis		audiēbātis	
3. P.	laudābant	sie lobten	vidēbant		audiēbant	

Das **Tempuszeichen** für den Indikativ Imperfekt lautet: -ba.
In der i-Konjugation tritt vor das Tempuszeichen der Bindevokal -e-.

Die **Personalendungen** sind dieselben wie im Präsens, nur die 1. Person Singular endet auf -m.

	Singular		Plural	
1. Person	eram	ich war	erāmus	wir waren
2. Person	erās	du warst	erātis	ihr wart
3. Person	erat	er, sie, es war	erant	sie waren

2. Der Imperativ von esse (vgl. Lektion 5, F 1; S 4.2; S 4.3)

Singular	es!	sei!
Plural	este!	seid!

S 3. Die Verwendung des Imperfekts

a) Rōmānī lūdōs circēnsēs amābant. — Die Römer liebten die Zirkusspiele.

b) Rōmānī deīs sacrificābant et dōna dābant. — Die Römer opferten (immer wieder) den Göttern und gaben ihnen Geschenke.

c) Gallī mūrōs Capitōliī superābant. Rōmānī autem Gallōs arcēbant. — Die Gallier versuchten, die Mauern des Kapitols zu überwinden. Die Römer aber wehrten die Gallier immer wieder ab.

Das **Imperfekt** bezeichnet
a) Bräuche und Gewohnheiten sowie Vorgänge in der Vergangenheit, die noch nicht abgeschlossen sind (duratives Imperfekt),
b) Handlungen in der Vergangenheit, die sich oft wiederholen (iteratives Imperfekt),
c) Handlungen in der Vergangenheit, die sich oft wiederholen können, aber dennoch nur ein Versuch bleiben (imperfectum dē cōnātū).

4. Der Ablativ der Begleitung (ablātīvus sociātīvus)

Der ablātīvus sociātīvus gibt die Begleitung (meist einer Person) an. In der Regel steht beim ablātīvus sociātīvus die Präposition cum. Nach dem ablātīvus sociātīvus fragt man: **Mit wem?**
Quīntus **cum amīcīs** lūdūm intrat. Quintus betritt **mit seinen Freunden** die Schule.

Vokabeln

lūdus – intrāre – monēre – nārrāre – mihi – fēmina – summus – parāre

*cum (Präp. mit Abl.)	mit, zusammen mit	
magister, magistrī m.	der Lehrer	Meister; E. master
līberī, ōrum m.	die Kinder	
discipulus, ī m.	der Schüler	
poēta, ae **m.**	der Dichter	Poet
velut	wie, wie zum Beispiel, gleichwie	
saeculum, ī n.	das Zeitalter, das Jahrhundert	F. le siècle; I. il secolo
pervenīre (in)	kommen, gelangen (nach)	venire
*superāre	übertreffen, überwinden	
*occupāre	besetzen, in Besitz nehmen	okkupieren; E. to occupy
*dēlēre	vernichten, zerstören	E. to delete
*audācia, ae f.	die Kühnheit, der Wagemut	E. audacity; S. la audacia
*arcēre	fernhalten, abwehren	
parātus, a, um	bereit, vorbereitet, kampfbereit	parare; parat
*mūrus, ī m.	die Mauer	F. la mur
excitāre	aufwecken, antreiben	E. to excite
*pūgnāre	kämpfen, streiten	
*adversārius, ī m.	der Gegner, der Feind	
*fugāre	in die Flucht schlagen, vertreiben	

in Italiam pervenīre nach Italien kommen, gelangen

J

Lektion 11

Grammatik

F

1. Die Verben der konsonantischen Konjugation: Die Konjugation im Indikativ Präsens

1.1 Neben der a-, e- und i-Konjugation gibt es noch eine weitere Gruppe von Verben. Ihr Verbstamm endet nicht auf einen Vokal, sondern auf einen **Konsonanten**: regere, re**g**-ō; condere, con**d**-ō; petere, pe**t**-ō.
Daher bezeichnet man diese Konjugation als **konsonantische Konjugation**.

1.2 Zu der konsonantischen Konjugation werden auch die Verben gezählt, deren Stamm **mit einem kurzen -ĭ- erweitert** ist: capere, cap**i**-ō, cupere, cup**i**-ō. Um diese beiden Gruppen auseinanderzuhalten, ist es sehr wichtig, immer den Infinitiv gemeinsam mit der 1. Person Singular zu lernen und aufzusagen.

1.3 Die Bildung der Verbformen der konsonantischen Konjugation erfolgt wie bei den bekannten Konjugationen durch die Kombination von Verbstamm und Endung. Die Gruppe der Verben, deren Stamm auf einen Konsonanten endet, hat zusätzlich den **Bindevokal -i-** bzw. **-u-** (3. Plural). Die Gruppe der Verben, bei denen das -ĭ- zum Stamm gehört, hat den Bindevokal nur in der 3. Plural.

1.4 Die Übersicht

		konsonantische Konjugation	konsonantische Konjugation auf -io
Singular	**1. Person**	reg-**ō**	capi-**ō**
	2. Person	reg-i-**s**	capi-**s**
	3. Person	reg-i-**t**	capi-**t**
Plural	**1. Person**	reg-i-**mus**	capi-**mus**
	2. Person	reg-i-**tis**	capi-**tis**
	3. Person	reg-u-**nt**	capi-u-**nt**

1.5 Beim **Infinitiv Präsens** wird zwischen Verbstamm und Endung der Bindevokal -e- eingeschoben.

	konsonantische Konjugation	konsonantische Konjugation auf -io
Infinitiv Präsens Aktiv	rege**re**	cape**re**

2. Die Verben der konsonantischen Konjugation: Die Konjugation im Indikativ Imperfekt

Bei den Verben der konsonantischen Konjugation lautet das Tempuszeichen im Indikativ Imperfekt -ēba-:

		konsonantische Konjugation	konsonantische Konjugation auf -io
Singular	**1. Person**	regēbam	capiēbam
	2. Person	regēbās	capiēbās
	3. Person	regēbat	capiēbat
Plural	**1. Person**	regēbāmus	capiēbāmus
	2. Person	regēbātis	capiēbātis
	3. Person	regēbant	capiēbant

3. Das historische Präsens

S

Ereignisse in der Vergangenheit werden bei lebhafter Schilderung wie im Deutschen gelegentlich im Präsens berichtet. Dadurch lässt der Sprecher/Erzähler seine Hörer/Leser die geschilderte Situation unmittelbar miterleben (**praesens historicum**).
Die Wiedergabe des lateinischen praesens historicum kann im Deutschen durch das Präsens oder das Präteritum erfolgen, muss aber einheitlich sein.

Vokabeln

magister – discipulus – mūrus – adversārius – arcēre – occupāre – līberī

oppidum, ī n.	Stadt, befestigte Landstadt	
novus, a, um	neu	Novum
condere, condō	gründen, bergen	
*cupere, cupiō	begehren, wünschen	
rēgnum, ī n.	Herrschaft, Königreich	Regiment; E. reign
*contendere, contendō	sich anstrengen, streiten, kämpfen	E. to contend
dēnique	schließlich, endlich	

cōnsilium, ī n.	Rat, Plan, Beschluss	E. counsel; I. il consiglio
*capere, capiō	fassen, ergreifen, erobern	kapieren; I. capire
*auxilium, ī n.	Hilfe	E. auxiliary; F. auxiliaire
*petere, petō	erstreben, erbitten, eilen, angreifen	Petition; E. petition
agere, agō	handeln, verhandeln, betreiben	agieren, Aktion, aktiv
caelum, ī n.	Himmel, Wetter, Klima	F. le ciel; I. il cielo
sīgnum, ī n.	Zeichen	Signal; E. to sign; F. le signe
ego	ich	Egoist
regere, regō	lenken, leiten	regnum; regieren
locus, ī m.	Ort, Platz, Stelle	lokal; E. local; F. local
licet	es ist erlaubt	Lizenz
parvus, a, um	klein, gering	
circumdare	umgeben, herumlegen	dare
īnfēstus, a, um	feindlich, feindselig	
lacessere, lacessō	reizen	
praesidium, ī n.	Schutz, Schutztruppe	
īrātus, a, um	zornig, erzürnt	
arma, ōrum n.	Waffen	Armee; E. army; F. l'armee
*occīdere, occīdō	niederhauen, töten	

J

oppidum condere	eine Stadt gründen
dē regnō contendere	um die Herrschaft kämpfen
cōnsilium capere	einen Plan fassen
arma capere	die Waffen ergreifen, zu den Waffen greifen
Italiam petere	nach Italien eilen
auxilium ā deīs petere	die Götter um Hilfe bitten

Grammatik

1. Die dritte Deklination (Konsonantenstämme)

F

1.1 Unter der Bezeichnung „dritte Deklination“ fasst man verschiedene Stämme zusammen. Zu den **Konsonantenstämmen** gehören Substantive, deren Stamm mit einem Konsonanten endet. Diesen erkennt man erst, wenn man den Ausgang des Genitiv Singular weglässt, z. B.:
pater, patr-is m. → Stamm patr-; rēx, rēg-is m. → Stamm reg-.
Daher ist es notwendig, dass man bei allen Substantiven der dritten Deklination immer auch den Genitiv mitlernt. Präge dir außerdem immer das Genus ein, das bei den Substantiven der dritten Deklination masculinum, femininum oder neutrum sein kann.

1.2 Die Formen

	Singular		Plural		Singular		Plural	
Nominativ	rēx	der König	rēgēs	die Könige	māter	die Mutter	mātrēs	die Mütter
Genitiv	rēg**is**	des Königs	rēg**um**	der Könige	mātr**is**	der Mutter	mātr**um**	der Mütter
Dativ	rēgī	dem König	rēg**ibus**	den Königen	mātrī	der Mutter	mātr**ibus**	den Müttern
Akkusativ	rēg**em**	den König	rēgēs	die Könige	mātr**em**	die Mutter	mātrēs	die Mütter
Ablativ	cum rēg**e**	mit dem König	cum rēg**ibus**	mit den Königen	cum mātr**e**	mit der Mutter	cum mātr**ibus**	mit den Müttern
Vokativ	rēx!	König!	rēgēs!	Könige!	māter!	Mutter!	mātrēs!	Mütter!

2. Der Dativ des Besitzers (dativus possessōris)

S

Der **Dativ** in Verbindung mit einer Form des Verbums **esse** gibt die Person an, der etwas gehört. Der Dativ des Besitzers hat die Satzgliedfunktion eines **Prädikatsnomens** und bildet gemeinsam mit der Form des Hilfsverbs esse das Prädikat (vgl. Lektion 6, S 3 und Lektion 7, S 5).
Der lateinische Dativ wird bei der deutschen Übersetzung in der Regel mit dem Nominativ und einer Form des Verbums „haben“ wiedergegeben:

Rēgī uxor nōn **erat**.

Der König hatte keine Ehefrau.

uxor ⟷ rēgī nōn erat

Subjekt ⟷ Prädikatsnomen + Form von esse = Prädikat

3. Der Akkusativ der zeitlichen Ausdehnung

Der Akkusativ kann in einem Satz nicht nur das Satzglied des Objekts bilden (vgl. Lektion 3, S 3), sondern bei Zeitangaben auch die Satzgliedfunktion eines **Adverbiale** übernehmen.
Nach dem Akkusativ der zeitlichen Ausdehnung fragt man: **Wie lange?**

Rōmulus **multōs annōs** oppidum regēbat.

Romulus regierte die Stadt **viele Jahre lang.**

Rōmulus ⟷ regēbat
↙ oppidum ↓ multōs annōs

Subjekt ⟷ Prädikat
↙ Akkusativ-Objekt ↓ Adverbiale

Vokabeln

nūntius – lūdus – petere – spectāculum – respondēre – oppidum – regere – clāmāre

annus, ī m.	das Jahr	Annalen; F. l'an
vīvere, vīvō	leben	F. vivre; I. vivere
nūllus, a, um	kein, keiner	Null
mulier, mulieris f.	die Frau	S. la mujer
*rēx, rēgis m.	der König	regnum, regere
fīnitimus, a, um	benachbart; Substantiv: der Nachbar	
mittere, mittō	schicken	F. mettre
noster, nostra, nostrum	unser	I. nostro, nostra
dolus, ī m.	die List	
adhibēre, adhibeō	anwenden, hinzuziehen	
invītāre	einladen	E. to invite

*pater, patris m.	der Vater	Patrizier; I. il padre
*māter, mātris f.	die Mutter	I./S. la madre
hōra, ae f.	die Stunde	E. hour
*parentēs, parentum m.	die Eltern	E. parents
clāmor, clāmōris m.	das Geschrei	clāmāre
raptāre	rauben, wegnehmen	
timor, timōris m.	die Angst, Furcht	
ēripere, ēripiō	entreißen	rapere
tantus, a, um	so groß	
dolor, dolōris m.	der Schmerz	I. il dolore
*uxor, uxōris f.	die Ehefrau	
vester, vestra, vestrum	euer	

dolum adhibēre — eine List anwenden

J

Lektion 13

Grammatik

1. Die Konjugation des Verbs im Indikativ Perfekt

F

1.1 Die Personalendungen im Perfekt lauten:

-ī	ich	**-imus**	wir
-istī	du	**-istis**	ihr
-it	er, sie, es	**-ērunt**	sie

1.2 Die Übersicht

		a-Konjugation	e-Konjugation	i-Konjugation	esse
Singular	**1. Person**	laudāvī ich habe gelobt	păruī ich habe gehorcht	audīvī ich habe gerufen	fuī ich bin gewesen
	2. Person	laudāv**istī** du hast gelobt	păru**istī**	audīv**istī**	fu**istī** du bist gewesen
	3. Person	laudāv**it** er, sie, es hat gelobt	păru**it**	audīv**it**	fu**it** er, sie, es ist gewesen
Plural	**1. Person**	laudāv**imus** wir haben gelobt	păru**imus**	audīv**imus**	fu**imus** wir sind gewesen
	2. Person	laudāv**istis** ihr habt gelobt	păru**istis**	audīv**istis**	fu**istis** ihr seid gewesen
	3. Person	laudāv**ērunt** sie haben gelobt	păru**ērunt**	audīv**ērunt**	fu**ērunt** sie sind gewesen
	Infinitiv	laudāvisse gelobt (zu) haben	păruisse	audīvisse	fuisse gewesen (zu) sein

1.3 Die **Perfektformen** werden in allen Konjugationen gebildet aus dem **Perfektstamm** und besonderen Personalendungen.
Lerne bei den Verben in Zukunft immer auch die 1. Person Singular Indikativ Perfekt. Den Perfektstamm erhältst du, indem du von dieser Form die Personalendung **-ī** streichst.

1.4 Der **Perfektstamm** ist gegenüber dem Präsensstamm durch Anfügungen (Suffixe) oder lautliche Umbildungen verändert. Es gibt im Lateinischen verschiedene Arten der Perfektbildung:
a) bei den Verben der **a- und i-Konjugation** in der Regel durch das Kennzeichen **-v-** (v-Perfekt): laudāre – laudāvī; audīre – audīvī
b) bei den Verben der **e-Konjugation** in der Regel durch das Kennzeichen **-u-** (u-Perfekt): pārēre – pāruī

S

2. Die Verwendung des Perfekts und seine Übersetzung

a)	Aliquandō nūntius rēgī appropinquāvit et nuntiāvit:	Einst näherte sich ein Bote dem König und meldete:
b)	„Māgnus anguis in templō apparuit et sacerdōtēs fugāvit!“	„Eine große Schlange ist im Tempel erschienen und hat die Priester in die Flucht geschlagen.“
c)	Tarquinius in summō timōre erat. Tandem filiōs vocāvit.	Tarquinius war in höchster Furcht. Schließlich rief er seine Söhne herbei.

a) Das Perfekt ist im Lateinischen das Tempus der Erzählung und bezeichnet eine einmalige abgeschlossene Handlung in der Vergangenheit (historisches Perfekt). Im Deutschen wird das Präteritum verwendet.
b) Es bezeichnet eine abgeschlossene Handlung, die festgestellt und/oder beurteilt wird. Im Deutschen wird ebenfalls das Perfekt verwendet.
c) Es bezeichnet im Gegensatz zum Imperfekt, das die Hintergrundhandlung beschreibt, die Haupthandlung in der Vergangenheit.

3. Gliedsätze als Adverbiale

Tarquinius, postquam verba nūntiī audīvit, in summō timōre fuit.	Nachdem Tarquinius die Worte des Boten gehört hatte, war er in höchster Furcht.

3.1 Die Satzgliedfunktion eines Adverbiales kann nicht nur durch eine adverbiale Bestimmung (z. B. des Ortes) oder durch ein Substantiv (z. B. im Ablativ), sondern auch durch einen untergeordneten Satz gefüllt werden. Diesen nennen wir **Gliedsatz**.
Gliedsätze kann man auf dieselbe Weise abfragen wie andere adverbiale Bestimmungen, z. B.: **Wann** war Tarquinius in höchster Furcht?

3.2 Merke: **postquam** mit Indikativ Perfekt bezeichnet immer eine Handlung, die im Verhältnis zur übergeordneten Handlung abgeschlossen ist. Steht daher der übergeordnete Satz im Präsens, muss das lateinische Perfekt auch im Deutschen mit Perfekt übersetzt werden. Steht dagegen der übergeordnete Satz in der Vergangenheit, muss das lateinische Perfekt im Deutschen mit Plusquamperfekt wiedergegeben werden.

4. Gliedsätze: Sinnrichtungen der Adverbialsätze

Die Gliedsätze, die durch ein unterordnendes Bindewort (**Subjunktion**) eingeleitet werden, drücken ein logisches Sinnverhältnis zum übergeordneten Satz aus. Wir unterscheiden:

4.1 **Temporalsätze:** Gliedsätze, die eine zeitliche Sinnrichtung haben (Subjunktion: postquam).

4.2 **Kausalsätze:** Gliedsätze, die einen Grund angeben (Subjunktion: quia).

5. Satzgefüge – Satzreihe – Konnektoren

5.1 Ein durch eine Subjunktion eingeleiteter Satz ist dem Hauptsatz untergeordnet. Eine Verbindung aus einem Hauptsatz und einem Gliedsatz nennen wir **Satzgefüge**.

5.2 Wenn man mehrere Hauptsätze in einem Satz aneinanderreiht, so entsteht eine Satzreihe. Die inhaltliche Gliederung der Satzreihe kann durch ein beiordnendes Bindewort (**Konjunktion**) ausgedrückt werden. Man unterscheidet z. B. Konjunktionen, die
- gleichartige Aussagen verbinden, z. B.: et; et ... et; nōn sōlum ... sed etiam
- Aussagen zeitlich gliedern, z. B.: tum, tandem
- Aussagen begründen, z. B.: itaque, nam.

5.3 Alle Wörter, die dazu dienen, Teile eines Satzes zu einem größeren Satzganzen zusammenzufügen, werden auch als **Konnektoren** (Satzverknüpfungen) bezeichnet.

Vokabeln

nūntius – sacrificāre – sacer – stāre – cōnsilium – rēx – regere – māter

*ultimus, a, um	der, die, das letzte	Ultimatum; E. ultimate
*superbia, ae f.	der Hochmut, der Stolz	
*cīvitās, cīvitātis f.	die Bürgerschaft, der Staat	E. city; F. la cité
*aliquandō (Adv.)	irgendwann, einst	
nūntiāre	melden, benachrichtigen	nuntius
• appārēre, appāreō, appāruī	erscheinen, auftauchen, sich zeigen	
sacerdōs, sacerdōtis m./f.	der Priester, die Priesterin	sacer, sacrificare
calamitās, calamitātis f.	das Unglück, die Niederlage	E. calamity
*malus, a, um	böse, schlimm	I. malo
īnstāre	bevorstehen, drohen	stāre
postquam (mit Perf.)	nachdem	
• audīre, audīo, audīvī	hören	
*in (Präp. mit Akk.)	nach (Frage: Wohin?)	
*cōnsulere, cōnsulō (m. Akk.)	jemanden um Rat fragen	konsultieren
anteā (Adv.)	früher, vorher	ante
• pārēre, pāreō, pāruī	gehorchen	
mīrus, a, um	seltsam, sonderbar	Mirakel; E. miracle
• stupēre, stupeō, stupuī	verblüfft sein, staunen	
quia	weil	
callidus, a, um	schlau, gewitzt	

• esse, sum, fuī	sein	
cōgitāre	denken, überlegen	
terra, ae f.	die Erde, das Land	Territorium; I. la terra
homō, hominis m.	der Mensch	F. l'homme; I. l'uomo
• placēre, placeō, placuī	(jemandem) gefallen	
clam (Adv.)	heimlich	

J

Brūtō placet — es gefällt Brutus; Brutus beschließt

Lektion 14

Grammatik

1. Substantive der 3. Deklination: Einsilbige Substantive

F

1.1 Bislang kennst du den Genitiv Plural der 3. Deklination mit dem Ausgang **-um**, z. B.: rēx, Genitiv Plural: rēg**um**.
Bei einigen Substantiven endet der Genitiv Plural der 3. Deklination jedoch auf **-ium**. Dies ist zum Beispiel bei folgenden Wörtern der Fall, die du in diesem Kapitel kennenlernst:
urbs, urbis f. (Stadt) → Gen. Pl.: urb**ium**
gēns, gentis f. (Volksstamm) → Gen. Pl.: gent**ium**
mōns, montis m. (Berg) → Gen. Pl.: mont**ium.**
Dabei handelt es sich um Wörter, die im Nominativ Singular einsilbig sind (urbs, gēns, mōns) und deren Wortstamm auf zwei oder mehr Konsonanten endet: urbs, ur**b**-is, gēns, ge**nt**-is, mōns, mo**nt**-is.

1.2 Die Formen

	Singular		Plural	
Nominativ	urbs	die Stadt	urbēs	die Städte
Genitiv	urbis	der Stadt	urb**ium**	der Städte
Dativ	urbī	der Stadt	urbibus	den Städten
Akkusativ	urbem	die Stadt	urbēs	die Städte
Ablativ	in urbe	in der Stadt	in urbibus	in den Städten

2. Neutra der 3. Deklination

2.1 Bislang kennst du allein Substantive der 3. Deklination, deren Genus masculinum oder femininum ist. In diesem Kapitel lernst du folgende Neutra der 3. Deklination kennen:
tempus, temporis n. (Zeit), corpus, corporis n. (Körper), iūs, iūris n. (Recht), aes, aeris n. (Geld).

Wie in der o-Deklination sind auch bei den Neutra der 3. Deklination Nominativ und Akkusativ gleich. Auch hier lautet im Plural der Ausgang **-a**, zum Beispiel:
iūra – die Rechte; corpora – die Körper

2.2 Die Formen

	Singular		Plural	
Nominativ	tempus	die Zeit	tempora	die Zeiten
Genitiv	temporis	der Zeit	temporum	der Zeiten
Dativ	temporī	der Zeit	temporibus	den Zeiten
Akkusativ	tempus	die Zeit	tempora	die Zeiten
Ablativ	tempore	zu der Zeit	temporibus	zu den Zeiten

S

3. Temporale Gliedsätze mit dum

3.1 Die lateinische Konjunktion dum („während") leitet einen temporalen (zeitlichen) Gliedsatz ein. Wenn das Prädikat des dum-Satzes im **Indikativ Präsens** steht, wird ausgedrückt, dass sich die Handlungen, die im dum-Satz und im übergeordneten Satz geschildert werden, **gleichzeitig** abspielen (Frage: Wann?).

Dum plēbēiī ab urbe **absunt**, patriciī in māgnō timōre **sunt**.
Während die Plebejer von der Stadt entfernt **sind**, befinden sich die Patrizier in großer Angst.

3.2 Das Präsens steht auch dann im dum-Satz, wenn im übergeordneten Satz ein Tempus der Vergangenheit steht. Das Prädikat des dum-Satzes wird in solchen Sätzen aber **nicht** mit dem deutschen Präsens übersetzt, sondern passt sich im Tempus dem Prädikat des lateinischen übergeordneten Satzes an, weil auch hier die **Gleichzeitigkeit** ausgedrückt wird.

Dum plēbēiī ab urbe **absunt**, cōpiae adversāriōrum urbī Rōmae appropinquāvērunt.
Während die Plebejer von der Stadt entfernt **waren**, näherten sich die Truppen der Feinde der Stadt Rom.

3.3 Wenn die Konjunktion dum mit dem **Indikativ Imperfekt** verbunden wird, hat dum die Bedeutung „solange" (Frage: „Wie lange?").

Dum plēbēiī ab urbe **aberant**, patriciī in māgnō timōre **erant**.
Solange die Plebejer von der Stadt entfernt waren, befanden sich die Patrizier in großer Angst.

Vokabeln

explicāre – postquam – saepe – fīnitimus – cibus – vexāre – cōpiae – parātus – īnfēstus – adiuvāre

plēbēius, ī m.	der Plebejer	Plebejer
dum	solange; mit Indikativ Präsens: während	
*frāter, frātris m.	der Bruder	I. il fratello; F. le frère
*tempus, temporis n.	die Zeit	Tempo; E. tense; I. il tempo
miser, misera, miserum	elend, unglücklich	I./S. misero
*gēns, gentis f. (Gen. Pl.: gentium)	das Geschlecht, der (Volks)Stamm	I./S. la gente; F. les gens
bellum, ī n.	der Krieg, der Kampf	Rebellion; E. rebellion
gerere, gerō	tragen, ausführen	
ager, agrī m.	der Acker, das Feld	Agrar-
colere, colō	bebauen, pflegen, verehren	Kultur
plēbs, plēbis f.	(einfaches) Volk	plēbēius; I./S. la plebe
egēre, egeō, eguī (m. Abl.)	Mangel (an etwas) haben, (etwas) entbehren	
aes, aeris n.	das Geld, das Erz	
aes aliēnum	die Schulden	
*urbs, urbis f. (Gen. Pl.: urbium)	die Stadt	urban; E. urban; I./S. urbano
nōn iam (Adv.)	nicht mehr	
prō (m. Abl.)	für, vor, an Stelle von	F. pour; S. por
*patria, ae f.	die Vaterstadt, das Vaterland die Heimat	pater; Patriot
relinquere, relinquō	verlassen, zurücklassen	Relikt
mōns, montis m. (Gen. Pl.: montium)	der Berg	E. mountain; I. il monte; F. le mont
•arcēre, arceō, arcuī	fernhalten, abwehren	
virtūs, virtūtis f.	Tüchtigkeit, Tapferkeit, Tugend	vir; E. virtue; I. virtù

iūs, iūris n.	das Recht	Jura, Justiz; E. justice
habēre, habeō, habuī	haben, halten, halten für	F. avoir; I. avere
abesse, absum, āfuī	abwesend sein, entfernt sein, fehlen	esse
corpus, corporis n.	Körper	Korpus; F. le corps; I. il corpo

J

bellum gerere	Krieg führen
agrōs colere	die Äcker bebauen
deōs colere	die Götter verehren
cibō egēre	keine Nahrung haben

Lektion 15

Grammatik

F

1. Die Verben der e-, i- und konsonantischen Konjugation: s-Perfekt und Dehnungsperfekt

1.1 s-Perfekt

Infinitiv Präsens	Präsensstamm	Perfektstamm	1. Pers. Sg. Perf.
mittere	mitt-	mīs-	mīsī
dīcere	dīc-	dīx- (aus dīc-s-)	dīxī

1.2 Dehnungsperfekt

Infinitiv Präsens	Präsensstamm	Perfektstamm	1. Pers. Sg. Perf.
fugere	fug-	fūg-	fūgī
movēre	move-	mōv-	mōvī

Beim Dehnungsperfekt wird der Stammvokal gedehnt.
Die Perfektformen der Verben der konsonantischen Konjugation werden wie bei den vokalischen Konjugationen gebildet aus dem Perfektstamm und den Personalendungen des Perfekts: dīx-ī, dīx-istī, dīx-it ... (vgl. Lektion 13, F 1).

2. Die Verben der konsonantischen Konjugation: Der Imperativ (vgl. Lektion 5, F 1; S 4.2; S 4.3)

Singular	rege! lenke!
Plural	regite! lenkt!

Das -e im Imperativ Singular (rege) ist ein Aussprechvokal. Im Imperativ Plural (regite) wird der bekannte Bindevokal -i- eingefügt.

Ohne Aussprechvokal bilden den Imperativ Singular:

dīcere:	dīc! sprich!
(ab)dūcere:	(ab)dūc! führe (weg)!

Vokabeln

plēbēius – bellum – gerere – plēbs – egēre – aes – urbs – relinquere

vendere, vendō	verkaufen	F. vendre; I. vendere; S. vender
*īra, ae f.	der Zorn, die Wut	I. l'ira; S. la ira
*movēre, moveō, mōvī	bewegen, veranlassen	Motiv, Motor; E. motor
fugere, fugiō, fūgī	fliehen	I. fuggire
• capere, capiō, cēpī	fassen, ergreifen, erobern	kapieren; I. capire
• gerere, gerō, gessī	ausführen, führen, tragen	Geste; I. gerire
lēgātus, ī m.	der Gesandte	E. legate; F. le légat; I. il legato
nē ... quidem	nicht einmal	
animus, ī m.	das Herz, der Sinn, Mut, Geist	animieren; I. l'animo
flectere, flectō, flexī	biegen, beugen, umstimmen	
castra, ōrum n.	das Lager	
*dīcere, dīcō, dīxī	sagen, sprechen	Diktion
an	oder (in der Frage)	
aut ... aut	entweder ... oder	
mors, mortis f.	der Tod	F. la mort; I. la morte
servitūs, ūtis f.	die Knechtschaft, Sklaverei	servus; E. servitude; F. la servitude; I. la servitù

*dēpōnere, dēpōnō, dēposuī	niederlegen, aufgeben	Depot, deponieren; E. to depose; F. déposer
dūcere, dūcō, dūxī	führen, ziehen; (mit doppeltem Akk.) halten für	
abdūcere, abdūcō, abdūxī	wegführen, abbringen	
lacrima, ae f.	die Träne	F. la larme; I. la lacrima
tenēre, teneō, tenuī	halten, festhalten	F. tenir; I. tenere; S. tener
dīmittere, dīmittō, dīmīsī	entsenden, entlassen, aufgeben	E. to dismiss; I. dimettere; S. dimitir
• mittere, mittō, mīsī	schicken	F. mettre
ita (Adv.)	so	
precēs, um f. (Pluralwort)	die Bitten, das Gebet	E. prayer; F. la prière

J

īram plēbī movēre	beim Volk Zorn erregen
animum Coriolānī flectere	Coriolan umstimmen

Plateaulektion 11–15

Vokabeln

Die folgenden Verben hast du im Präsensstamm schon gelernt. Sie werden hier noch einmal mit ihrem Perfektstamm zusammengestellt:

a-Konjugation

v-Perfekt

adiūvāre, adiūvō, adiūvī (m. Akk.)	jemanden unterstützen, jemandem helfen

e-Konjugation

delēre, deleō, delēvī	zerstören	v-Perfekt
adhibēre, adhibeō, adhibuī	anwenden, hinzuziehen	u-Perfekt
appārēre, appāreō, appāruī	erscheinen, auftauchen, sich zeigen	
arcēre, arceō, arcuī	fernhalten; abwehren	
carēre, careō, caruī (m. Abl.)	etwas entbehren, etwas nicht haben	
dēbēre, dēbeō, dēbuī	müssen	
licet, licuit	es ist erlaubt	
monēre, moneō, monuī	ermahnen, erinnern	
pārēre, pāreō, pāruī	gehorchen	
placēre, placeō, placuī	jemandem gefallen	
prohibēre, prohibeō, prohibuī	abhalten, hindern	
stupēre, stupeō, stupuī	verblüfft sein, staunen	
tacēre, taceō, tacuī	schweigen	
vidēre, videō, vīdī	sehen	Dehnungsperfekt
rīdēre, rīdeō, rīsī	lachen	s-Perfekt

i-Konjugation

audīre, audiō, audīvī	hören	v-Perfekt
dormīre, dormiō, dormīvī	schlafen	
scīre, sciō, scīvī (sciī)	etwas wissen, jemanden kennen	
venīre, veniō, vēnī	kommen	Dehnungsperfekt
convenīre, conveniō, convēnī	zusammenkommen, jemanden treffen	
pervenīre, perveniō, pervēnī	ankommen, wohin gelangen	

konsonantische Konjugation

lacessere, lacessō, lacessīvī	reizen, herausfordern	v-Perfekt
petere, petō, petīvī	erstreben, erbitten, aufsuchen	
cupere, cupiō, cupīvī	wünschen, begehren	
colere, colō, coluī	bebauen, pflegen, verehren	u-Perfekt
cōnsulere, cōnsulō, cōnsuluī	jemanden um Rat fragen	
ēripere, ēripiō, ēripuī	entreißen	

P 11 – 15

Dehnungsperfekt	agere, agō, ēgī	handeln, verhandeln; betreiben
	capere, capiō, cēpī	fassen, ergreifen, erobern
	relinquere, relinquō, relīquī	verlassen, zurücklassen
s-Perfekt	gerere, gerō, gessī	tragen, ausführen
	mittere, mittō, mīsī	schicken
	regere, regō, rēxī	lenken, leiten
	vīvere, vīvō, vīxī	leben

Lektion 16

Grammatik

F

1. posse: Die Konjugation im Indikativ Präsens, Imperfekt, Perfekt

Präsens		Imperfekt		Perfekt	
pos-sum	ich kann	pot-eram	ich konnte	potu-ī	ich habe gekonnt, ich konnte
pot-es		pot-erās		potu-istī	
pot-est		pot-erat		potu-it	
pos-sumus		pot-erāmus		potu-imus	
pot-estis		pot-erātis		potu-istis	
pos-sunt		pot-erant		potu-ērunt	

posse ist entstanden aus der Verbindung der Wurzel *pot- („mächtig, fähig") mit dem Verbum esse. Vor Vokalen zeigt sich die alte Wurzel pot- (pot-es). Beginnt die Form von esse mit s-, verändert sich die Wurzel zu pos- (pos-sum).

2. esse: Die Komposita

2.1 Manche Verben sind nicht nur einfache Verbformen (verbum simplex, z. B.: dūcere), sondern sind auch zusammengesetzt aus einer Vorsilbe und dem verbum simplex (Kompositum, z. B.: ab-dūcere). Diese Vorsilbe wird als Präfix bezeichnet und ist oft eine Präposition. Manchmal passen sich das Präfix und das verbum simplex lautlich aneinander an, z. B.: ad-fuī → affuī.

2.2 Die Komposita von esse

abesse	absum	āfuī	–	abwesend sein, fehlen
adesse	adsum	affuī	–	anwesend sein, beistehen
dēesse	dēsum	dēfuī	–	fehlen
interesse	intersum	interfuī	–	dazwischen sein, teilnehmen
praeesse	praesum	praefuī	–	vorstehen, leiten
superesse	supersum	superfuī	–	übrig sein

3. Das Personalpronomen der 1. und 2. Person

		1. Person		2. Person	
Singular	**Nominativ**	ego	ich	tū	du
	Genitiv	meī	meiner	tuī	deiner
	Dativ	mihi	mir	tibi	dir
	Akkusativ	mē	mich	tē	dich
	Ablativ	ā mē	von mir	ā tē	von dir
		mēcum	mit mir	tēcum	mit dir
Plural	**Nominativ**	nōs	wir	vōs	ihr
	Genitiv	nostrī/ nostrum	unser	vestrī/ vestrum	euer
	Dativ	nōbīs	uns	vōbīs	euch
	Akkusativ	nōs	uns	vōs	euch
	Ablativ	ā nōbīs	von uns	ā vōbīs	von euch
		nōbīscum	mit uns	vōbīscum	mit euch

Merke: Die Nominativformen **ego, tū, nōs, vōs** werden nur verwendet, um eine Betonung auszudrücken.

4. Richtungsangaben

4.1 Die Richtung, in die sich jemand bewegt, wird im Lateinischen mit der **Präposition in mit dem Akkusativ** ausgedrückt:
in Graeciam venīre – nach Griechenland kommen;
in forum properāre – auf den Marktplatz eilen.

4.2 Bei Städten und kleinen Inseln steht der bloße **Akkusativ der Richtung ohne Präposition**: Rōmam venīre – nach Rom kommen;
Dēlum nāvigāre – nach Delos segeln.

4.3 Der Akkusativ der Richtung steht wie die übrigen Richtungsangaben auf die Frage: „**Wohin?**“. Alle Richtungsgaben übernehmen im Satz die Funktion eines **Adverbiales**:
Pīrātae Eutychum **Rōmam** abdūxērunt. Die Piraten entführten Eutychus **nach Rom**.

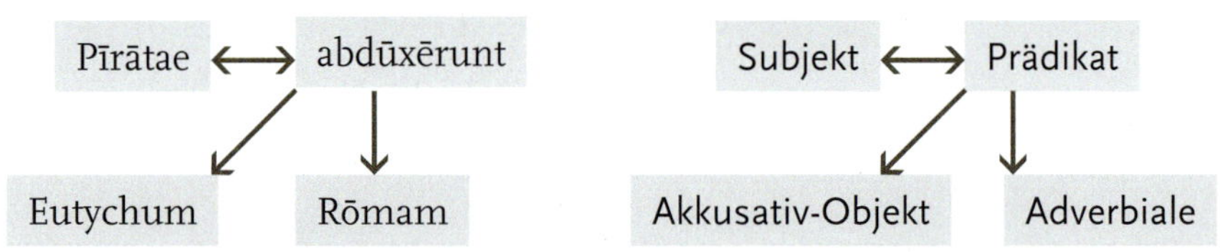

Vokabeln

nārrāre – abdūcere – miser – līberī – uxor – labōrāre – mihi licet – iūcundus

vīta, ae f.	das Leben	vīvere; F. la vie; I. la vita
tuus, a, um	dein	
praeesse, praesum, praefuī (m. Dat.)	(einer Sache) vorstehen, (etwas) leiten	esse
meus, a, um	mein	
interesse, intersum, interfuī (m. Dat.)	(an etwas) teilnehmen	Interesse; E. to be interested
quōmodo?	wie? auf welche Weise?	
nāvigāre	mit dem Schiff fahren, segeln	nauta
pīrāta, ae **m.**	der Seeräuber, der Pirat	
īnsidiae, ārum f.	der Hinterhalt	
emere, emō, ēmī	kaufen	
fortūna, ae f.	das Schicksal, das Glück	E. fortune; I. la fortuna
dēesse, dēsum dēfuī	fehlen, nicht vorhanden sein	esse
quidem (Adv.)	gewiss, sicherlich	
plūrimī, ae, a	die meisten, sehr viele	

arēna, ae f.	der Sand, die Arena, der Kampfplatz	
pūgna, ae f.	der Kampf	pugnare
paucī, ae, a	wenige	
superesse, supersum, superfuī	übrig sein, überleben	esse
posse, possum, potuī	können, imstande sein	F. pouvoir; I. potere
putāre	meinen, glauben	
cōgnōscere, cōgnōscō, cōgnōvī	kennenlernen, erkennen	
• abesse, absum, āfuī	abwesend sein, fehlen	esse
• adesse, adsum, affuī	anwesend sein, beistehen	esse

J

lūdō praeesse	eine Schule leiten
īnsidiās parāre	einen Hinterhalt legen, eine Falle stellen
vītam agere	das Leben verbringen, das Leben führen
quidem ..., sed	zwar ..., aber
pūgnīs interesse	an Kämpfen teilnehmen

Lektion 17

Grammatik

1. Die Konjugation des Verbs im Indikativ Plusquamperfekt

F

1.1 Die Formen

		a-Konjugation	e-Konjugation	i-Konjugation	kons. Konjugation	esse
Sg.	**1. Pers.**	laudāveram ich hatte gelobt	pārueram ich hatte gehorcht	audīveram ich hatte gehört	crēdideram ich hatte geglaubt	fueram ich war gewesen
	2. Pers.	laudāverās du hattest gelobt	pāruerās	audīverās	crēdiderās	fuerās du warst gewesen
	3. Pers.	laudāverat er, sie, es hatte gelobt	pāruerat	audīverat	crēdiderat	fuerat er, sie, es war gewesen

		a-Konjugation	e-Konjugation	i-Konjugation	kons. Konjugation	esse
Pl.	1. Pers.	laudāverāmus wir hatten gelobt	pāruerāmus	audīverāmus	crēdiderāmus	fuerāmus wir waren gewesen
	2. Pers.	laudāverātis ihr hattet gelobt	pāruerātis	audīverātis	crēdiderātis	fuerātis ihr wart gewesen
	3. Pers.	laudāverant sie hatten gelobt	pāruerant	audīverant	crēdiderant	fuerant sie waren gewesen

1.2 Die **Formen des Plusquamperfekts** werden bei den Verben aller Konjugationen gebildet aus dem **Perfektstamm**, einem Tempuszeichen und den Personalendungen, die auch im Präsens und Imperfekt verwendet werden.
Das **Tempuszeichen** für das Plusquamperfekt lautet: **-era-**

2. Die Konjugation des Verbs im Perfekt: Reduplikationsperfekt

2.1 Die **Perfektformen** der meisten Verben werden durch Anfügungen (z. B.: v-Perfekt, u-Perfekt, s-Perfekt) oder lautliche Veränderungen (z. B. Dehnungsperfekt) gebildet.

2.2 Bei einer bestimmten Gruppe von Verben erfolgt die lautliche Umbildung durch die Verdoppelung einer Silbe des Präsensstammes im **Perfektstamm**. Man bezeichnet dieses so gebildete Perfekt als **Reduplikationsperfekt**:

dare, dō (Präsensstamm: da-) → dedī (Perfektstamm: ded-);
crēdere, crēdō (Präsensstamm: crēd-) → crēdidī (Perfektstamm: crēdid-).

Bei den **Komposita** kann man fast nie erkennen, dass bei ihnen im Perfektstamm ein Reduplikationsperfekt vorliegt, da hier die Reduplikation meist fehlt, z. B.:

currere, currō, cucurrī, aber: occurrere, occurrō, occurrī, (spondēre, spondeō, spopondī), aber: respondēre, respondeō, respondī.

Daher ist es bei allen Verben sehr wichtig, immer gründlich die Stammformen zu lernen.

3. Das Possessivpronomen

	1. Person	2. Person	3. Person
Singular	meus, a, um – mein	tuus, a, um – dein	suus, a, um – sein, ihr, sein
Plural	noster, nostra, nostrum – unser	vester, vestra, vestrum – euer	suus, a, um – sein, ihr, sein

Die Deklination der Possessivpronomina entspricht der Deklination der Adjektive der a- und o-Deklination (vgl. Lektion 7, F 2 und Lektion 9, F 2).

4. Die Verwendung des Plusquamperfekts

S

Das Plusquamperfekt bezeichnet eine Handlung oder ein Geschehen, das vor dem Beginn einer anderen Handlung oder vor einem anderen Geschehen in der Vergangenheit abgeschlossen wurde. Das heißt: Das Plusquamperfekt ist vorzeitig zu einem der anderen Vergangenheitstempora (Imperfekt oder Perfekt):

Dominus servum vocāverat. — Der Herr hatte den Sklaven gerufen.
Itaque Dāvus ātrium intrāvit. — Daher betrat Davus die Eingangshalle.

5. Die Verwendung des Possessivpronomens suus

5.1 Das Possessivpronomen suus, sua, suum richtet sich – ebenso wie die übrigen Possessivpronomina (meus, tuus, noster, vester) – wie ein Adjektiv in **K**asus, **N**umerus und **G**enus nach dem Bezugswort, zu dem es gehört (KNG-Kongruenz; vgl. Lektion 7, S 3). Diese Pronomina werden vor allem dann verwendet, wenn das zugehörige Besitzverhältnis besonders betont werden soll.
Syrus pecuni**am** su**am** perdit. — Syrus verspielt sein eigenes Geld.

5.2 suus, sua, suum sind die reflexiven Formen des Possessivpronomens der 3. Person Singular und Plural. Diese Formen werden verwendet, wenn sich das Possessivpronomen inhaltlich auf das übergeordnete Subjekt des Satzes bezieht (**Reflexivität**):

[Syrus] pecūniam [suam] perdit. — [Syrus] verspielt [sein eigenes] Geld.

5.3 Die Übersetzung des Possessivpronomens suus, sua, suum richtet sich stets nach dem Subjekt des Satzes, auf das es sich inhaltlich bezieht.
Servī pecūniam **suam** perdunt. — Die Sklaven verspielen **ihr** Geld.
Eutychus amīcīs **suīs** occurrit. — Eutychus begegnet **seinen** Freunden.

Vokabeln

post – relinquere – dum – iterum atque iterum – rīdēre – explicāre – fessus, a, um

suus, a, um	sein, ihr	F. son, sa; I. suo, sua
currere, currō, cucurrī	eilen, laufen, rennen	Kurier; E. current; F. courir
occurrere, occurrō, occurrī	entgegeneilen, begegnen	currere; E. to occur; F. l'occurence; I. occorrere
sērō (Adv.)	spät	
• respondēre, respondeō, respondī	antworten, erwidern	Korrespondenz; E. to respond; F. répondre
laetus, a, um	froh, freudig, fröhlich; beglückend	
bibere, bibō, bibī	trinken	F. boire; I. bere; S. beber
multum (Adv.)	sehr, viel	multī; Multiplikation; I. molto
herī (Adv.)	gestern	F. hier; I. ieri
plūs (Adv.)	mehr	F. plus; I. più
lūdere, lūdō, lūsī	spielen	lūdus; Präludium
causa, ae f.	die Angelegenheit, der Sachverhalt; der Grund, die Ursache; der Prozess	kausal; F. la chose, la cause; I. la cosa, la causa
centum (indekl.)	hundert	Zentimeter, Prozent; F. cent; I. cento; S. ciento
• dare, dō, dedī	geben	Datum; I. dare
perdere, perdō, perdidī	verderben, zugrunde richten; verlieren	E. perdition; F. perdre; I. perdere
prīmum (Adv.)	zuerst; erstens; zum ersten Mal	
deinde (Adv.)	dann, danach, darauf; ferner	
crēdere, crēdō, crēdidī	glauben; (an)vertrauen	Credo; Kredit; E. credit
lībertās, ātis f.	die Freiheit	liberāre; liberal; E. liberty; F. la liberté; I. la libertà
licentia, ae f.	die Zügellosigkeit, die Ausgelassenheit; die Willkür	Lizenz; E. license; F. la license; I. la licensa
vērus, a, um	richtig, wahr; wahrhaftig	F. vrai; I. vero
bene (Adv.)	gut	bonus; F. bien; I. bene;
atque, ac	und (dazu); und auch	
labor, ōris m.	Arbeit, Anstrengung, Mühe	laborāre; E. labour

plūs vīnī	mehr Wein
sē lūdō dare	sich dem Spiel hingeben
Sāturnālia agere	die Saturnalien feiern

Lektion 18

Grammatik

1. Das Perfekt ohne Stammveränderung

1.1 Die **Perfektformen** der meisten Verben werden durch Anfügungen (z. B.: v-Perfekt, u-Perfekt, s-Perfekt, Reduplikationsperfekt) oder lautliche Veränderungen (z. B. Dehnungsperfekt) gebildet.

1.2 Bei einigen Verben bleibt jedoch der **Perfektstamm** gegenüber dem Präsensstamm unverändert. Man spricht dann vom **Perfekt ohne Stammveränderung**, z. B.: dēfendere: dēfend-ō, dēfend-ī; ascendere: ascend-ō, ascend-ī

1.3 Auch bei diesen Verben muss wie bei allen anderen unregelmäßigen Verben die 1. Person Singular Perfekt als Teil der Stammformen gelernt werden.
Beachte: Die 3. Pers. Sg. und die 1. Pers. Pl. des Indikativ Präsens und des Indikativ Perfekt sehen gleich aus, z. B. ascendit, ascendimus. Um daher das jeweils richtige Tempus zu bestimmen, orientiere dich an den Tempora der Prädikate in den Sätzen des Kontextes.

2. Substantive der 3. Deklination: Gleichsilbige Substantive

2.1 Bei bestimmten Substantiven der 3. Deklination endet der **Genitiv Plural** nicht auf **-um**, sondern auf **-ium**. Zu ihnen zählen nicht nur einsilbige Substantive wie urbs, gēns oder mōns, die du schon kennst (vgl. Lektion 14, F 1), sondern auch Substantive wie cīvis, fīnis oder hostis.
Bei dieser zweiten Gruppe handelt es sich um Substantive, die im Nominativ Singular zweisilbig sind, auf **-is** oder **-ēs** enden und im Genitiv Singular dieselbe Anzahl von Silben haben wie im Nominativ Singular (**gleichsilbige Substantive**).

2.2 Die Formen

	Singular		Plural	
Nominativ	cīvis	der Bürger	cīvēs	die Bürger
Genitiv	cīvis	des Bürgers	cīv**ium**	der Bürger
Dativ	cīvī	dem Bürger	cīvibus	den Bürgern
Akkusativ	cīvem	den Bürger	cīvēs	die Bürger
Ablativ	cum cīve	mit dem Bürger	cum cīvibus	mit den Bürgern
Vokativ	cīvis!	Bürger!	cīvēs!	Bürger!

3. Das Pronomen is, ea, id

	Singular			Plural		
	m.	**f.**	**n.**	**m.**	**f.**	**n.**
Nominativ	is er, dieser	ea sie, diese	id es, dieses	iī (eī) sie, diese	eae sie, diese	ea sie, diese
Genitiv	eius	eius	eius	eōrum	eārum	eōrum
Dativ	eī	eī	eī	iīs (eīs)	iīs (eīs)	iīs (eīs)
Akkusativ	eum	eam	id	eōs	eās	ea
Ablativ	eō	eā	eō	iīs (eīs)	iīs (eīs)	iīs (eīs)

S

4. Die Verwendung des Pronomens is, ea, id

4.1 Das Pronomen is, ea, id kann als Attribut zu einem Substantiv hinzutreten. Auf dieses weist es mit Nachdruck hin. is, ea, id hat dann die Funktion eines **Demonstrativpronomens**.

Dominus **eum** servum vocat. Der Herr ruft **diesen** Sklaven.

Als Attribut richtet sich das Demonstrativpronomen is, ea, id in **K**asus, **N**umerus und **G**enus nach dem Bezugswort, zu dem es gehört (KNG-Kongruenz).

4.2 Ohne Verbindung mit einem Substantiv übernimmt das Pronomen in abgeschwächter Betonung die Funktion des **Personalpronomens** der 3. Person Singular und Plural. Dabei bezeichnet das Pronomen immer eine Person oder Sache, die vorher bereits erwähnt wurde:

Servus nōn venit. Dominus **eum** vocat.	Der Sklave kommt nicht. Der Herr ruft **ihn**.
Servī nōn veniunt. Dominus **eōs** vocat.	Die Sklaven kommen nicht. Der Herr ruft **sie**.

4.3 Die Genitivformen dieses Pronomens können auch als Attribut verwendet werden und stehen dann auf die Frage: **Wessen?** In dieser Funktion entsprechen sie den **Possessivpronomina** der 3. Person Singular und Plural. Sie werden gebraucht, wenn sich das Pronomen inhaltlich nicht auf das Subjekt desselben Satzes bezieht (**Nicht-Reflexivität**).

Dominus amīcum invītāvit.	Der Herr hat einen Freund eingeladen.
Amīcus servum **eius** laudat.	Der Freund lobt **dessen/seinen** Sklaven (= den Sklaven des Herrn): nicht reflexiv.

Vergleiche:

Dominus servum **suum** laudat.	Der Herr lobt **seinen (eigenen)** Sklaven: reflexiv (vgl. Lektion 17, S 5.2).

Vokabeln

petere – celebrāre – annus – māne – convenīre – plūrimī – cupere – rogāre – diū – praeclārus

imperātor, imperātōris m.	der Oberbefehlshaber, der Feldherr; der Kaiser, der Herrscher	imperium; E. emperor; F. empereur
triumphus, ī m.	der Triumph(zug)	triumphieren; F. le triomphe; I. il trionfo
is, ea, id	dieser, diese, dieses; er, sie, es	
hostis, hostis m.	der Feind; der Landesfeind	E. hostile
vincere, vincō, vīcī	siegen; besiegen	victōria; I. vincere; S. vencer
fīnis, fīnis m.	das Ziel; das Ende; die Grenze, Pl.: das Gebiet	Finale; F. la fin; I. la fine; S. el fin
dēfendere, dēfendō, dēfendī	verteidigen	defensiv; E. to defend; F. défendre
cīvis, cīvis m.	der Bürger	cīvitās; zivil; E citizen
surgere, surgō, surrēxī	sich erheben, aufstehen	E. to surge; F. surgir; I. sorgere

āgmen, āgminis n.	der Heereszug; die Schar	agere
praeda, ae f.	die Beute	I. la preda
captīvus, ī m.	der (Kriegs)gefangene	capere; E. captive; F. captif
mīles, mīlitis m.	der Soldat	Militär; I. il militare; S. el militar
multitūdō, multitūdinis f.	die Menge	multī; E. multitude; F. la multitude
amplus, a, um	weit, bedeutend, prächtig	
avē!	sei gegrüßt! lebe wohl!	
quandō?	wann?	F. quand; I. quando
pāx, pācis f.	der Frieden	E. peace; F. la paix; I. la pace
prōvincia, ae f.	die Provinz	provinziell; E. province; F. la Provence
victōria, ae f.	der Sieg	vincere; E. victory; I. la vittoria
populus, ī m.	das Volk	populär; E. people; F. le peuple
dēsīderāre	wünschen, verlangen; vermissen	E. to desire; F. désirer; I. desiderare
grātia, ae f.	die Anmut; das Ansehen; das Wohlwollen; der Dank	graziös; E. grace; F. la grace; I. la grazia
legiō, legiōnis f.	die Legion	Legionär; E. legion; F. la legion
ascendere, ascendō, ascendī	besteigen; hinaufsteigen, emporsteigen	E. to ascend; I. ascendere; S. ascender
taurus, ī m.	der Stier	Torero; F. le taureaux; I. il tòro

J

in forum convenīre	auf dem Forum zusammenkommen
deīs grātiās agere	den Göttern Dank sagen, danken

Grammatik

1. Die Substantive der 3. Deklination: i-Stämme (neutrum)

F

1.1 Die Formen

	Singular	Plural
Nominativ	mare	mar**ia**
Genitiv	maris	mar**ium**
Dativ	marī	maribus
Akkusativ	mare	mar**ia**
Ablativ	marī	maribus

1.2 Bei den Substantiven, die zu den i-Stämmen gehören und neutrum sind, endet der **Ablativ Singular** auf **-ī**, der **Genitiv Plural** auf **-ium** und der **Nominativ und Akkusativ Plural** auf **-ia**.

2. Der Akkusativ mit Infinitiv (AcI)

S

2.1 Der AcI ist eine typische lateinische Konstruktion. Im Deutschen wird er oft mit einem abhängigen Aussagesatz (Gliedsatz) übersetzt. Der AcI ist daher satzwertig, d.h.: seine Konstruktion entspricht im Deutschen einem Gliedsatz. Bei der Übersetzung durch einen dass-Satz wird aus dem lateinischen Akkusativ das Subjekt und aus dem lateinischen Infinitiv das Prädikat:

	Akkusativ		**Infinitiv**
Līberī vident	**multōs hominēs**	ad forum	**currere.**
Die Kinder sehen, dass	**viele Leute**	zum Marktplatz	**eilen.**
	Subjekt		**Prädikat**

2.2 Der AcI steht

a) nach den Verben des **Sprechens**, z. B.:

dīcere: sagen
nārrāre: erzählen

Pater nārrat pīrātās nāvem Silānī in marī cēpisse.	Der Vater erzählt, dass Piraten das Schiff des Silanus auf dem Meer gekapert haben.

b) nach den Verben der **Wahrnehmung**, z. B.:

audīre: hören comperīre: erfahren vidēre: sehen

Quīntus videt multās nāvēs in Ōstiam pervēnisse.	Quintus sieht, dass viele Schiffe nach Ostia gekommen sind.

c) nach den Verben des **Wissens**, z. B.:

scīre: wissen nōn īgnōrāre: genau wissen putāre, crēdere: meinen, glauben

Nōnia scit perīcula maris māgna esse.	Nonia weiß, dass die Gefahren des Meeres groß sind.

d) nach **unpersönlichen Ausdrücken**, z. B.:

cōnstat: es ist bekannt appāret: es zeigt sich

Cōnstat vitam nautārum plēnam perīculōrum esse.	Es ist bekannt, dass das Leben der Seeleute voller Gefahren ist.

2.3 Der AcI hat die syntaktische Funktion

a) eines **Objekts** nach den Verben des Sprechens, der Wahrnehmung und des Wissens:

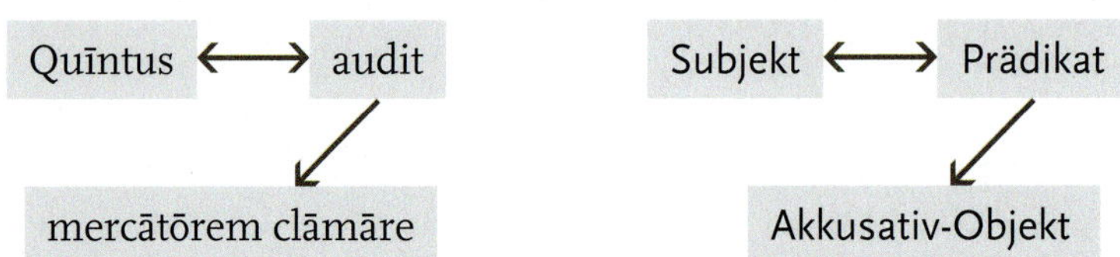

b) eines **Subjekts** nach unpersönlichen Ausdrücken:

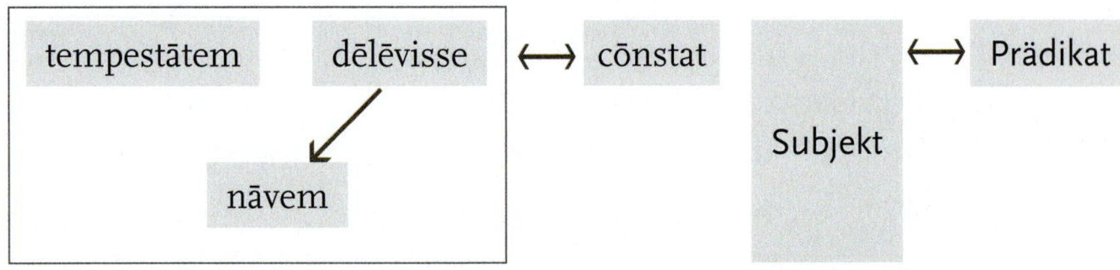

2.4 Der Infinitiv im AcI bezeichnet stets ein **Zeitverhältnis**:

a) Der **Infinitiv Präsens** bezeichnet die mit der übergeordneten Handlung gleichzeitig verlaufende Handlung (**Infinitiv der Gleichzeitigkeit**):

Līberī vident multōs hominēs ad forum **currere**.	Die Kinder sehen, dass viele Leute zum Marktplatz **eilen**.

Līberī vīdērunt multōs hominēs ad forum **currere**.	Die Kinder sahen, dass viele Leute zum Marktplatz **eilten**.

Das deutsche Tempus, mit dem der Infinitiv der Gleichzeitigkeit wiedergegeben wird, richtet sich nach dem Tempus, das das Prädikat der übergeordneten Handlung hat.

b) Der **Infinitiv Perfekt** bezeichnet die im Verhältnis zur übergeordneten Handlung bereits abgeschlossene Handlung (**Infinitiv der Vorzeitigkeit**):

Pater nārrat multās nāvēs in Ōstiam **pervēnisse**.	Der Vater erzählt, dass viele Schiffe nach Ostia **gekommen sind**.
Pater nārravit multās nāvēs in Ōstiam **pervēnisse**.	Der Vater hat erzählt, dass viele Schiffe nach Ostia **gekommen waren**.

Da die Handlung des Infinitivs pervēnisse zeitlich vor der des übergeordneten Prädikats nārrat (3. Pers. Sg. Indikativ Präsens) bzw. nārrāvit (3. Pers. Sg. Indikativ Perfekt) erfolgt, muss pervēnisse in der Übersetzung mit dem Perfekt (oder dem Präteritum) bzw. dem Plusquamperfekt wiedergegeben werden.

2.5 Die Wiedergabe des AcI im Deutschen
Der AcI wird im Deutschen in der Regel durch einen Gliedsatz wiedergegeben, der mit „dass" eingeleitet wird:

Scīmus tempestātem nāvēs mercātōris dēlēvisse.	Wir wissen, **dass** ein Unwetter die Schiffe des Kaufmanns zerstörte.

Neben dem Gliedsatz mit „dass" gibt es noch andere Möglichkeiten der Wiedergabe:

a) Ein Unwetter zerstörte, **wie wir wissen**, die Schiffe des Kaufmanns. (Einschub: *Parenthese*)
b) **Nach unserem Wissen** zerstörte ein Unwetter die Schiffe des Kaufmanns. (*Präpositionalausdruck*)
c) Ein Unwetter zerstörte **bekanntlich** die Schiffe des Kaufmanns. (*Adverb*)

Vokabeln

aedificium – multī, ae, a – currere – clāmāre – herī – frūmentum – cupere – ultimus, a, um

mercātor, mercātōris m.	der Kaufmann, der Händler	merx
quot?	wie viele?	
nāvis, nāvis f. (Gen. Pl.: nāvium)	das Schiff	nauta, navigare; navigieren
merx, mercis f. (Gen. Pl.: mercium)	die Ware	mercātor; merkantil

oleum, ī n.	das (Oliven)Öl	E. oil
ē, ex (Präp. mit Ablativ)	aus, aus ... heraus	
mare, maris n.	das Meer	Marine; F. la mer; I. il mare
īgnōtus, a, um	unbekannt	īgnorāre, nōtus
cōnstat	es steht fest, es ist bekannt	
fortasse (Adv.)	vielleicht	
nōtus, a, um	bekannt	īgnōtus; I. noto
nūper (Adv.)	vor kurzem, neulich	
comperīre, comperiō, comperī	erfahren	
nauta, ae **m.**	der Seemann, der Matrose	navis; Nautik
addere, addō, addidī	hinzufügen, ergänzen	dare; Addition
• īnstāre, īnstō, īnstitī	bevorstehen, drohen	
tempestās, tempestātis f.	das Wetter; das Unwetter, der Sturm	
ergō (Adv.)	folglich, also	
intellegere, intellegō, intellēxī	erkennen, begreifen	Intellekt
plēnus, a, um (m. Genitiv)	voll (von etwas)	F. plein
timēre, timeō, timuī	sich fürchten	timor ; I. temere

J

plēnus perīculōrum — voll von Gefahren, voller Gefahren

Lektion 20

Grammatik

F

1. Das Verbum īre

Das Verbum īre gehört keiner der bisher gelernten Konjugationsklassen an. Die Stammformen lauten: īre, eō, iī

1.1 Der **Präsensstamm** von īre besteht allein aus dem Vokal **ī-**. Vor den dunklen Vokalen **-ō** und **-u-** wird der Stamm jedoch zu **e-**.

	Der Indikativ Präsens			
	Singular		Plural	
1. Person	eō	ich gehe	īmus	wir gehen
2. Person	īs	du gehst	ītis	ihr geht
3. Person	it	er, sie geht	eunt	sie gehen

Das **Imperfekt** wird wie in der ā- und der ē-Konjugation mit dem Tempuszeichen **-ba-** gebildet.

	Der Indikativ Imperfekt			
	Singular		Plural	
1. Person	ībam	ich ging	ībāmus	wir gingen
2. Person	ībās	du gingst	ībātis	ihr gingt
3. Person	ībat	er, sie ging	ībant	sie gingen

Der **Imperativ**:

Singular		Plural	
ī!	geh!	īte!	geht!

1.2 Der **Perfektstamm** von īre besteht wie der Präsensstamm allein aus dem Vokal **i-**, an den die von den übrigen Verben bekannten Endungen angehängt werden. Beginnt die Endung jedoch mit **-is-**, dann verschmilzt das **i-** des Stamms mit dem darauffolgenden **-i-** zu einem langen **-ī-**.

	Der Indikativ Perfekt			
	Singular		Plural	
1. Person	iī	ich bin gegangen/ ich ging	iimus	wir sind gegangen/ wir gingen
2. Person	īstī	du bist gegangen/ du gingst	īstis	ihr seid gegangen/ ihr gingt
3. Person	iit	er, sie ist gegangen/ er, sie ging	iērunt	sie sind gegangen/ sie gingen
Infinitiv Perfekt	īsse	gegangen (zu) sein		

Auch das **Plusquamperfekt** wird mit den von den übrigen Verben bekannten Endungen gebildet.

	Der Indikativ Plusquamperfekt			
	Singular		Plural	
1. Person	ieram	ich war gegangen	ierāmus	wir waren gegangen
2. Person	ierās	du warst gegangen	ierātis	ihr wart gegangen
3. Person	ierat	er, sie war gegangen	ierant	sie waren gegangen

2. Dreiendige Adjektive der 3. Deklination

2.1 Du kennst bereits die Adjektive der a- und o-Deklination (z. B. māgnus, māgna, māgnum oder pulcher, pulchra, pulchrum; vgl. Lektion 7, F 2 und Lektion 9, F 2). Nun lernst du auch Adjektive der Adjektive der 3. Deklination kennen. Die Beispiele für die Adjektive der 3. Deklination in dieser Lektion haben drei Endungen, z. B. ācer (m.), ācris (f.), ācre (n.): heftig. Daher heißen sie **dreiendige** Adjektive.

Ebenso wie die Adjektive der a- und o-Deklination stimmen sie in **K**asus, **N**umerus und **G**enus mit ihrem Bezugswort überein (KNG-Kongurenz, vgl. Lektion 7, S 3).

Die dreiendigen Adjektive der 3. Deklination werden in den meisten Formen wie die Substantive der 3. Deklination (z. B. rēx oder tempus) dekliniert. Auf folgende Formen musst du jedoch besonders achten:

Wie bei den Substantiven mit i-Stamm (vgl. Lektion 19, F 1: mare) endet der **Ablativ Singular** der Adjektive in allen drei Genera auf **-ī**, z. B. ācr**ī**.

Wie bei einigen Substantiven (vgl. Lektion 14, F 1 und 18, F 2: z. B. urbs, cīvis) endet der **Genitiv Plural** der Adjektive in allen drei Genera auf **-ium**, z. B. ācr**ium**.

Wie die Substantive mit i-Stamm, die neutrum sind (vgl. Lektion 19, F 1: mare), enden die Adjektive im **Nominativ und Akkusativ Plural des Neutrums** auf **-ia**, z. B. ācr**ia**.

Merke daher bei den Adjektiven der 3. Deklination als Ausgänge: **-ī, -ia, -ium**.

2.2 Die Übersicht

	Singular		
	masculinum	**femininum**	**neutrum**
Nominativ	ācer	ācris	ācre
Genitiv	ācris	ācris	ācris
Dativ	ācrī	ācrī	ācrī
Akkusativ	ācrem	ācrem	ācre
Ablativ	**ācrī**	**ācrī**	**ācrī**

	Plural		
	masculinum	**femininum**	**neutrum**
Nominativ	ācrēs	ācrēs	**ācria**
Genitiv	**ācrium**	**ācrium**	**ācrium**
Dativ	ācribus	ācribus	ācribus
Akkusativ	ācrēs	ācrēs	**ācria**
Ablativ	ācribus	ācribus	ācribus

Vokabeln

ascendere – caelum – pervenīre – līberī – statim – praeclārus – hortus – iūcundus – hodiē – cōnsilium

*avus, ī m.	der Großvater	I. l'avo
rūs, rūris n.	das Land, das Landgut	F. rural
īre, eō, iī	gehen	iter
amoenus, a, um	schön, lieblich, hübsch	
inīre, ineō, iniī	hineingehen, beginnen	
*iter, itineris n.	die Reise, der Weg, der Marsch	īre
*facere, faciō, fēcī	machen, tun	F. faire; I. fare
vīlla, ae f.	das Landhaus, die Villa	Villa
rūsticus, a, um	ländlich, bäuerlich; Subst.: der Bauer	rus; rustikal; F. rustique

ācer, ācris, ācre	scharf, heftig, eifrig	
exīre, exeō, exiī	herausgehen	
sōl, sōlis m.	die Sonne	F. le soleil; I. il sole
ardēre, ardeō, arsī	brennen, entbrannt sein	I. ardere
neque; nec	und nicht, auch nicht, aber nicht	
*celer, celeris, celere	schnell	I. celere; S. célere
subīre, subeō, subiī	herangehen, auf sich nehmen	F. subir
perīre, pereō, periī	zugrunde gehen, umkommen	F. perir
*redīre, redeō, rediī	zurückgehen, zurückkehren	
*longus, a, um	lang, ausgedehnt, weit	E. long; F. long
*avia, ae f.	die Großmutter	avus
*adīre, adeō, adiī	herangehen, aufsuchen, angreifen	I. adire
ūnus, a, um	einer	Unikat; E. one; F. un
aeger, aegra, aegrum	krank, erschöpft	

J

cōnsilium inīre	einen Entschluss fassen
vīlla rūstica	das Landgut
ācrī animō	mit Begeisterung
labōrēs subīre	Arbeiten, Strapazen auf sich nehmen

Plateaulektion 16 – 20

Vokabeln

Hier werden noch einmal die Vokabeln aufgeführt, die ein Reduplikationsperfekt oder ein Perfekt ohne Stammveränderung bilden:

a-Konjugation

dare, dō, dedī	geben	Reduplikationsperfekt
circumdare, circumdō, circumdedī	umgeben, herumlegen	
īnstāre, īnstō, īnstitī	bevorstehen, drohen	

e-Konjugation

respondēre, respondeō, respondī	antworten, erwidern	Reduplikationsperfekt

i-Konjugation

reperīre, reperiō, repperī	finden	Reduplikationsperfekt
comperīre, comperiō, comperī	erfahren	

konsonantische Konjugation

addere, addō, addidī	hinzufügen, ergänzen	Reduplikationsperfekt
bibere, bibō, bibī	trinken	
condere, condō, condidī	gründen, erbauen, verbergen	
contendere, contendō, contendī	sich anstrengen, kämpfen, streiten	
crēdere, crēdo, crēdidī	glauben, (an)vertrauen	
currere, currō, cucurrī	laufen	
occīdere, occīdō, occīdī	niederhauen, töten	
occurere, occurro, occurrī	entgegeneilen, begegnen	
perdere, perdō, perdidī	verderben, zugrunde richten	
vendere, vendō, vendidī	verkaufen	
ascendere, ascendō, ascendī	besteigen, hinaufsteigen	Perfekt ohne Stammveränderung
dēfendere, dēfendō, dēfendī	verteidigen	

Lektion 21

Grammatik

F

1. Das reflexive Personalpronomen

	Singular		Plural	
Gen.	suī	seiner, ihrer	suī	ihrer
Dat.	sibi	sich	sibi	sich
Akk.	sē	sich	sē	sich
Abl.	ā sē; sēcum	von sich; mit sich	ā sē; sēcum	von sich; mit sich

Die lateinischen Formen von Singular und Plural sind identisch.

S

2. Die Verwendung der Pronomina im AcI

2.1 Man verwendet die **Personalpronomina der 1. und 2. Person** im Nominativ nur dann, wenn man das Subjekt besonders betonen möchte (vgl. Lektion 16, F 3):

Mūcius dīcit: „**Ego** in animō habeō castra hostium inīre."	Mucius sagt: „**Ich** habe (im Gegensatz zu euch) vor, das Lager der Feinde zu betreten."

2.2 Wenn dagegen der **Handlungsträger im AcI** durch ein Personalpronomen der 1. oder 2. Person ausgedrückt werden soll, **müssen** diese Personalpronomina auf jeden Fall verwendet werden, und zwar im Akkusativ:

Mūcius senātōrēs rogat: „Sinite **mē** clam castra Etruscōrum inīre!"	Mucius bittet die Senatoren: „Lasst zu, dass **ich** heimlich in das Lager der Etrusker gehe!"
Senātōrēs respondent: „Vidēs **nōs** dē salūte dēspērāre. Scīmus **tē** mīlitem bonum esse."	Die Senatoren antworten: „Du siehst, dass **wir** an der Rettung verzweifeln. Wir wissen, dass **du** ein tüchtiger Soldat bist."
Mūcius dīcit: „Putō **vōs** precēs meās nōn negāre."	Mucius sagt: „Ich glaube, dass **ihr** meine Bitten nicht ablehnt."

2.3 Welches Pronomen im AcI für die **3. Person Singular und Plural** verwendet wird, ist vom jeweiligen Inhalt des Satzes anhängig:
Wenn sich das Personalpronomen auf das Subjekt desselben Satzes zurückbezieht, steht das reflexive Personalpronomen (vgl. Lektion 17, S 5.2).

Wenn sich das Personalpronomen nicht auf das Subjekt desselben Satzes zurückbezieht (Nicht-Reflexivität: vgl. Lektion 18, S 4.3), wird das Pronomen is, ea, id im Akkusativ Singular und Plural verwendet. Zur Deklination von is, ea, id vgl. Lektion 18, F 3.

Mūcius dīcit **sē** cōnsilium inīsse.	**Mucius** sagt, dass **er** einen Plan gefasst hat.
Senātōrēs dīcunt **sē** iam dē salūte dēspērāre.	Die Senatoren sagen, dass **sie** schon an der Rettung verzweifeln.
Mūcius scit **eōs** dē salūte dēspērāre.	Mucius weiß, dass **sie** (die Senatoren) an der Rettung verzweifeln.
Senātōrēs sciunt **eum** māgnam virtūtem habēre.	Die Senatoren wissen, dass **er** (Mucius) große Tapferkeit besitzt.

Vokabeln

*oppūgnāre	angreifen, bestürmen	pūgnāre, pūgna
*salūs, salūtis f.	die Rettung, das Wohlergehen	
*dēspērāre	verzweifeln, die Hoffnung aufgeben	E. to despair
*adulēscēns, adulēscentis m.	der junge Mann (zwischen 18 und 25 Jahren)	
*senātor, senātōris m.	der Senator	
sinere, sinō, sīvī	lassen, zulassen	
negāre	ablehnen, leugnen; sagen, dass nicht	Negation, negativ
ac profectō	und wirklich; und tatsächlich	
sedēre, sedeō, sēdī	sitzen	
trahere, trahō, trāxī	ziehen, schleppen	Traktor
īgnis, īgnis m.	das Feuer	
iubēre, iubeō, iūssī (m. Akk.)	(jemandem) befehlen	
potestās, potestātis f.	die Macht	
alius, alia, aliu**d**	ein anderer	
inquit (eingeschoben)	sagt(e) er	
tendere, tendō, tetendī	ausstrecken	

dē salūte dēspērāre — die Hoffnung auf Rettung aufgeben

J

Lektion 22

Grammatik

F

1. Die Konjugation von velle, nōlle, mālle

1.1 Die Formen des **Indikativ Präsens und Imperfekt**

		Indikativ Präsens		
		velle	nōlle	mālle
Singular	**1. Person**	volō ich will	nōlō	mālō
	2. Person	vīs du willst	nōn vīs	māvīs
	3. Person	vult er, sie, es will	nōn vult	māvult
Plural	**1. Person**	volumus wir wollen	nōlumus	mālumus
	2. Person	vultis ihr wollt	nōn vultis	māvultis
	3. Person	volunt sie wollen	nōlunt	mālunt
		Indikativ Imperfekt		
Singular	**1. Person**	volēbam ich wollte	nōlēbam	mālēbam
	2. Person	volēbās du wolltest	nōlēbās	mālēbās
		usw.	*usw.*	*usw.*

1.2 Die Formen des **Indikativ Perfekt und Plusquamperfekt** werden mit dem Perfektstamm volu-/nōlu-/mālu- gebildet:
Perfekt: volu-ī, volu-istī, volu-it usw.
Plusquamperfekt: volu-eram, volu-erās, volu-erat usw.

2. Zwei- und einendige Adjektive der 3. Deklination

2.1 Von den Adjektiven der 3. Deklination hast du bisher die dreiendigen Adjektive kennengelernt (vgl. Lektion 20, F 2). Es gibt aber auch zwei- und einendige

Adjektive: Die **zweiendigen Adjektive** haben im masculinum und femininum dieselben Ausgänge, z. B.: brevis (m.), brevis (f.), breve (n.).
Die **einendigen Adjektive** haben im Nominativ und in allen anderen Kasus der drei Genera dieselben Ausgänge, z. B.: ingēns (m.), ingēns (f.), ingēns (n.). Achte jedoch auf den Unterschied beim **neutrum** im **Akkusativ Singular** sowie im **Nominativ** und **Akkusativ Plural**.

2.2 Merke dir auch bei den ein- und zweiendigen Adjektiven der 3. Deklination besonders die Ausgänge **-ī** im Ablativ Singular
-ia im Nominativ und Akkusativ Plural Neutrum
-ium im Genitiv Plural.

2.3 Die Deklination (zum vollständigen Deklinationsschema vgl. Lekt. 20, F 2.2)

	Singular		
	masculinum	**femininum**	**neutrum**
Nominativ	brevis ingēns	brevis ingēns	breve ingēns
Genitiv	brevis ingentis	brevis ingentis	brevis ingentis
	usw.	*usw.*	*usw.*

Vokabeln

annus – cīvitās – lībertās – timēre – vincere – bellum gerere – dōnum – captīvus – perīre – redīre

*crēscere, crēscō, crēvī	wachsen, zunehmen	crescendo; I. crescere
*potēns, Gen.: potentis	mächtig	potestās, posse
*nōlle, nōlō, nōluī	nicht wollen	
*velle, volō, voluī	wollen	
imprīmīs (Adv.)	vor allem, besonders	prīmum
*mālle, mālō, māluī	lieber wollen	
*āmittere, āmittō, āmīsī	verlieren, aufgeben	mittere
*audāx, audācis	waghalsig, kühn, furchtlos	
ingēns, ingentis	sehr groß, gewaltig, ungeheuer	
*brevis, breve	kurz, klein	Brief

complūrēs, complūra	mehrere, ziemlich viele	plūs
clādēs, clādis f. (Gen. Pl.: clādium)	die Niederlage	
cōnsul, cōnsulis m.	der Konsul	cōnsulere
corrumpere, corrumpō, corrūpī	verderben, bestechen	Korruption
modus, ī m.	die Art, die Weise	
accipere, accipiō, accēpī	annehmen, aufnehmen	capere; akzeptieren
omnis, omne	jeder, ganz; Pl.: alle	Omnibus
recūsāre	ablehnen, zurückweisen	
rūrsus (Adv.)	wieder, von neuem	
gravis, grave	wichtig, bedeutend, schwer	E. grave; F. grave; I. grave
fortis, forte	tapfer, mutig	F. fort; I. forte

J

fīnem bellī facere einen Krieg beenden

Lektion 23

Grammatik

F

1. Das Relativpronomen qui, quae, quod

	Singular			Plural		
	m.	**f.**	**n.**	**m.**	**f.**	**n.**
Nominativ	quī	quae	quod	quī	quae	quae
Genitiv	cuius	cuius	cuius	quōrum	quārum	quōrum
Dativ	cui	cui	cui	quibus	quibus	quibus
Akkusativ	quem	quam	quod	quōs	quās	quae
Ablativ	quō	quā	quō	quibus	quibus	quibus

2. Der Relativsatz als Attribut

S

2.1 Das Relativpronomen **quī, quae, quod** richtet sich im **Numerus** und im **Genus** nach seinem Bezugswort im übergeordneten Satz.

2.2 Der **Kasus** hängt von der Funktion des Relativpronomens im Relativsatz ab (z. B. Akkusativobjekt, Genitivattribut usw.):

Hannibal, quem Rōmānī timēbant, cōpiās Rōmānās vicit.	Hannibal, den die Römer fürchteten, besiegte die römischen Truppen.

2.3 Wie im Deutschen hat der lateinische Relativsatz meistens die Funktion eines **Attributs**:

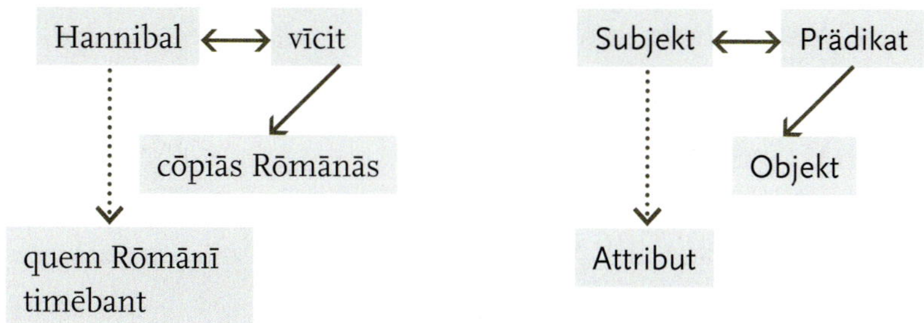

Vokabeln

magister – bellum – pervenīre – iter facere – imperātor – mīles – plūrimī – mors

quī, quae, quod	der, die, das; welcher, welche, welches	F. qui, que; I. che
dux, ducis m	der Führer	ducere; E. duke; F. le duc
inter (mit Akk.)	zwischen, unter	international
prīmus, a, um	der erste, der vorderste	prīmum; Premiere
asper, aspera, asperum	rau, schroff, mühsam	I. aspro
sustinēre, sustineō, sustinuī	aushalten, ertragen	
proelium, ī n.	die Schlacht	
tōtus, a, um (Gen.: tōtīus, Dat.: tōtī)	ganz	total
terrēre, terreō, terruī	erschrecken, in Schrecken versetzen	Terror
cōnscrībere, cōnscrībō, cōnscrīpsī	in eine Liste eintragen	
ingenium, ī n.	die Begabung, das Talent	Genie, genial
nōnnūllī, ae, a	einige, manche	nūllus
quis?	wer?	F. qui?; I. chi?

trānsīre, trānseō, trānsiī	hinübergehen, überschreiten	Transit
cōgere, cōgō, coēgī	zusammenbringen; zwingen	co-agere

J

cōpiās cōnscrībere — Truppen ausheben; ein Heer aufstellen

Lektion 24

Grammatik

F

1. Die Konjugation des Verbs im Futur I

1.1 Die Formen

		a-Konjugation		e-Konjugation	
Singular	**1. P.**	laudā**bō**	ich werde loben	vidē**bō**	ich werde sehen
	2. P.	laudā**bis**	du wirst loben	vidē**bis**	
	3. P.	laudā**bit**	er wird loben	vidē**bit**	
Plural	**1. P.**	laudā**bimus**	wir werden loben	vidē**bimus**	
	2. P.	laudā**bitis**	ihr werdet loben	vidē**bitis**	
	3. P.	laudā**bunt**	sie werden loben	vidē**bunt**	

i-Konjugation		konsonantische-Konjugation			
audiam	ich werde hören	regam	ich werde lenken	capiam	ich werde nehmen
audiēs		regēs		capiēs	
audiet		reget		capiet	
audiēmus		regēmus		capiēmus	
audiētis		regētis		capiētis	
audient		regent		capient	

		esse	
Singular	**1. Person**	erō	ich werde sein
	2. Person	eris	du wirst sein
	3. Person	erit	er wird sein
Plural	**1. Person**	erimus	wir werden sein
	2. Person	eritis	ihr werdet sein
	3. Person	erunt	sie werden sein

1.2 Das Tempuszeichen für das Futur I lautet in der **a- und e-Konjugation**: -b-, -bi-, -bu-,
in der **i- und konsonantischen Konjugation**:
-e-, nur in der 1. Person Singular -a- (Merkhilfe: „K-am-eeeee-l").

2. Der Gebrauch des Futur I

S

2.1 Lībertātem dēfendēmus. — Wir werden die Freiheit verteidigen.

Das **Futur I** bezeichnet Handlungen oder Zustände, die in der Zukunft eintreten oder fortdauern werden.

2.2 Mox Poenī tōtam Italiam expūgnābunt. — Bald erobern die Karthager ganz Italien.

In Verbindung mit entsprechenden Zeitangaben (z. B. mox: bald) wird das Futur I im Deutschen mit dem Präsens wiedergegeben.

3. Der relative Satzanschluss

Carthāgō urbs clāra erat. — Karthago war eine berühmte Stadt.
Quam Rōmānī dēlēvērunt. — **Diese** zerstörten die Römer.

Im Lateinischen kann am Satzanfang statt eines Demonstrativpronomens ein Relativpronomen stehen. Es bezieht sich meist auf ein Substantiv, das häufig am Ende des vorhergehenden Satzes steht. Da das Relativpronomen die beiden Sätze besonders eng miteinander verknüpft, nennt man diese Erscheinung auch „relativen Satzanschluss". Übersetzt wird das lateinische Relativpronomen dabei mit einem Demonstrativpronomen (dieser, diese, dieses).

Vokabeln

quī, quae, quod – ārdēre – avus – redīre – senātor – celer

odium, ī n.	der Hass	I. l'odio; S. el odio
socius, ī m.	der Bundesgenosse, der Verbündete	sozial
contrā (mit Akk.)	gegen	Kontrast; F. contre; I. contro
foedus, foederis n.	das Bündnis, der Vertrag	
dīvitiae, ārum f.	der Reichtum	
neglegere, neglegō, neglēxī	vernachlässigen, unbeachtet lassen	E. to neglect
numquam	niemals	
inimīcitia, ae f.	die Feindschaft	
omittere, omittō, omīsī	aufgeben, beiseite lassen	E. to omit
tūtus, a, um	sicher, geschützt	Tutor
expūgnāre	erobern	pūgnāre, pūgna

J

odium in hostēs	Hass auf die Feinde
tūtus ā hostibus	sicher vor den Feinden

Lektion 25

Grammatik

1. Die Konjugation des Verbs im Futur II

F

1.1 Die Formen

		a-Konjugation	e-Konjugation	i-Konjugation	kons. Konjugation	esse
Sg.	1. P.	lāudāverō	pāruerō	audīverō	crēdiderō	fuero
	2. P.	lāudāveris	pārueris	audīveris	crēdideris	fueris
	3. P.	lāudāverit	pāruerit	audīverit	crēdiderit	fuerit
Pl.	1. P.	lāudāverimus	pāruerimus	audīverimus	crēdiderimus	fuerimus
	2. P.	lāudāveritis	pārueritis	audīveritis	crēdideritis	fueritis
	3. P.	lāudāverint	pāruerint	audīverint	crēdiderint	fuerint

1.2 Die **Formen des Futur II** werden in allen Konjugationen gebildet aus dem Perfektstamm, dem Tempuszeichen **-eri-** und den Personalendungen.

1.3. Mit dem Futur II wird eine Handlung ausgedrückt, die in der Zukunft bereits abgeschlossen sein wird, bevor eine andere Handlung in der Zukunft beginnen wird. Das Futur II tritt nur dann auf, wenn im übergeordneten Satz ein Futur I verwendet ist.

1.4. Man kann die Form des Futur II zwar auch im Deutschen bilden, diese Form wird aber kaum noch verwendet. Bei der Übersetzung kannst du einfach das Perfekt oder das Präsens verwenden, um die Vorzeitigkeit zum übergeordneten Satz im Futur auszudrücken:

Sī Rōmānī Carthāginiēnsēs vīcerint, dominī omnium terrārum erunt.	Wenn die Römer die Karthager besiegt haben, werden sie die Herren über alle Länder sein. Wenn die Römer die Karthager besiegen, werden sie die Herren über alle Länder sein.

S

2. Der Konditionalsatz

Konditionale Satzgefüge bestehen aus zwei Satzteilen: dem Gliedsatz, in dem die Bedingung genannt wird, und dem übergeordneten Satz, in dem die Schlussfolgerung gezogen wird. Der konditionale Nebensatz wird meist mit sī (wenn) oder nisī (wenn nicht) eingeleitet:

Catō adulēscentēs monuit: „Sī philosophiae Graecōrum studueritis, mōrēs māiōrum neglegētis.	Cato hat die jungen Männer ermahnt: „Wenn ihr euch um die Philosophie der Griechen bemüht, werdet ihr die Bräuche der Vorfahren vernachlässigen.
Nisī verbīs meīs parueritis, urbem nostram perdētis.“	Wenn ihr meinen Worten nicht gehorcht, werdet ihr unsere Stadt vernichten.“

Vokabeln

aliquandō – adulēscēns – varius – explicāre – ēloquentia – cōgnōscere – perdere

*philosophus, ī m.	der Philosoph	philosophia
*ōrātiō, ōrātiōnis f.	die Rede	
*iūstitia, ae f.	die Gerechtigkeit	iūs; Justiz
secundus, a, um	zweiter; günstig	
philosophia, ae f.	die Philosophie	philosophus
sī (Subjunktion)	wenn, falls	
*studēre, studeō, studuī (mit Dat.)	sich um etwas bemühen, nach etwas streben; etwas studieren	studieren; E. to study
quam (nach einem Komparativ)	als	
*mōs, mōris m.	die Sitte, der Brauch, Pl.: der Charakter	Moral
*sententia, ae f.	die Meinung, die Ansicht; der Satz	Sentenz
*glōria, ae f.	der Ruhm, die Ehre	E. glory; F. la gloire; I. la gloria
māiōrēs, māiōrum m.	die Vorfahren	
nisī	wenn nicht	

J

ōrātiōnem habēre	eine Rede halten
ēloquentiae studēre	Redekunst studieren

Grammatisches Register

Eigennamenverzeichnis

Aenēās, Aenēae m.	Aeneas, Sohn der Göttin → Venus; flieht mit seinem Vater Anchises und seinem Sohn Ascanius aus Troja nach Italien	P 15
Āfrica, ae f.	Afrika; seit 146 v. Chr. römische Provinz im Gebiet des eroberten und zerstörten → Carthāgō	23
Āllia, ae f.	die Allia; Nebenfluss des Tiber in Mittelitalien; dort vernichteten im Jahr 387 v. Chr. die Gallier ein römisches Heer	10
Alpēs, ium f.	die Alpen	23
Apollō, Apollinis m.	Apoll; Gott der Weissagung und Dichtkunst	13
Aventīnus, ī m.	der Aventin; einer der sieben Hügel Roms	11
Brūtus, ī m.	→ Iūnius Brūtus, Lūcius	13
C. Fabrīcius, ī m.	Konsul 282 v. Chr.; Zensor 275 v. Chr. galt als römisches Beispiel für Unbestechlichkeit und Unerschrockenheit	22
Campānia, ae f.	Kampanien; fruchtbare Landschaft in Mittelitalien	20
Cannae, ārum, f.	Dorf in Apulien, wo → Hannibal 216 v. Chr. in einer Schlacht dem römischen Heer eine vernichtende Niederlage zufügte	23
Capitōlium, ī n.	das Kapitol, einer der sieben Hügel Roms, mit einer befestigten Burg und dem Tempel für die römische Göttertrias → Iuppiter, → Iūno, → Minerva	9, 10, 18
Carneadēs, is m.	Karneades, Philosoph aus Kyrene (ca. 214–129 v. Chr.), lehrte in Athen, nahm im Jahr 155 v. Chr. an der Gesandtschaft griechischer Philosophen nach Rom teil	25
Carthāgō, inis f.	Karthago, Stadt in Nordafrika; Hauptstadt der Karthager (→ Poenī)	23, 24
Catō, ōnis m.	→ Porcius Catō, Mārcus	P 10, 24, 25
Cicerō	→ Tullius Cicerō, Mārcus	P 10
Circus Maximus, ī m.	der Circus Maximus, größte Rennbahn in Rom	6
Concordia, ae f.	Concordia, die Göttin der Eintracht; ihr Tempel befand sich auf dem Forum	P 10
Coriolānus, ī m.	Coriolan, legendärer Held der Römer im Krieg gegen die → Volscī; begab sich nach einem Streit mit den Plebejern zu den Volskern und griff mit ihnen Rom an	15
Cornēlius Scīpiō, Pūblius	P. Cornēlius Scīpiō Āfricānus māior (ca. 235–183 v. Chr.); Konsul 205 und 194 v. Chr.; besiegte 202 v. Chr. bei Zama die Truppen des → Hannibal und beendete dadurch den 2. Punischen Krieg	23

Ēpīrus, ī f.	Epirus; Landschaft an der Westküste Griechenlands	22
Etruscī, ōrum m.	die Etrusker	P 15, 21
Gallī, ōrum m.	die Gallier; römischer Name für die keltischen Stämme	10
Gallia, ae f.	Gallien; Bezeichnung der Römer für das Gebiet zwischen Rhein, Alpen, Pyrenäen und Atlantik	23
Graecī, ōrum	die Griechen	25
Graecia, ae f.	Griechenland	13, 16
Hannibal, alis m.	karthagischer Feldherr 247–183 v. Chr.	23
Hispānia, ae f.	Spanien; seit 198 v. Chr. römische Provinz	23
Homērus, ī m.	größter Dichter der Griechen im 8. Jhd. v. Chr., unter dessen Namen die beiden Epen Ilias und Odyssee überliefert sind	10
Iūnius Brūtus, Lūcius	Lucius Iunius Brutus, legendärer Begründer der römischen Republik und des Konsulats im Jahr 509 v. Chr.	13
Iūno, Iūnōnis f.	Juno, Schwester und Ehefrau des → Iuppiter, Schutzgöttin der Frauen	9
Iuppiter (Gen. Iovis)	Jupiter, höchster Gott und Schützer des römischen Reiches	6, 9
Māgna Graecia, ae f.	Großgriechenland; Bezeichnung für das Gebiet der griechischen Küstenstädte in Unteritalien und auf Sizilien	22
Mārs, Mārtis m.	der römische Kriegsgott	P 15
Masinissa, ae m.	König von → Numidia, etwa 240–149 v. Chr.; sein Angriff auf → Carthāgō löste 149 v. Chr. den dritten Punischen Krieg aus	24
Menēnius Agrippa, ae m.	Agrippa Menenius Lanatus, Konsul im Jahr 503 v. Chr.	14
Mercūrius, ī m.	Merkur, römischer Gott; Götterbote; Schutzpatron der Reisenden, der Kaufleute, aber auch der Diebe	6
Messāna, ae f.	Messina; Stadt auf Sizilien	22
Minerva, ae f.	Minerva; Tochter des → Iuppiter, Göttin der Weisheit, der Künste und Wissenschaften, des Handwerks	6, 9
mōns Sacer m.	der Heilige Berg; Hügel im Norden der Stadt Rom; dorthin zogen im Jahr 494 v. Chr. die Plebejer, um ihren Forderungen Nachdruck zu verleihen	14
Mūcius Scaevola m.	Caius Mucius Scaevola; legendärer Held der Römer im Krieg gegen → Porsenna	21
Numidia, ae f.	Numidien; Land südlich von → Carthāgō, im Gebiet des heutigen Ostalgerien	24
Ōstia, ae f.	Ostia; Hafenstadt Roms an der Tibermündung	19
Palātium, ī n.	der Palatin; einer der sieben Hügel Roms	11

Poenī, ōrum m.	die Punier; antiker Name der Karthager	23, 24
Porcius Catō, Mārcus	sittenstrenger römische Politiker (234–149 v. Chr.), Konsul 195 v. Chr., Zensor 184 v. Chr.	P 10, 24
Porsenna, ae m.	Porsenna; König der etruskischen Stadt Clusium; belagerte im Jahr 508 v. Chr. Rom	21
Pyrrhus, ī m.	König von → Ēpīrus (319/18–272 v. Chr.); setzte 280 v. Chr. auf Bitten der Einwohner der Stadt → Tarentum nach Italien über und führte Krieg gegen die Römer	22
Pȳthia, ae f.	die Pythia, die Priesterin des Gottes Apoll in Delphi	13
Rēmus, ī m.	Zwillingsbruder des → Rōmulus	11
Rōmulus, ī m.	sagenhafter Gründer Roms; Sohn des Gottes Mars und der Rhea Silvia	11, 12
Sabīnī, ōrum m.	die Sabiner; italischer Stamm	12
Sāturnus, ī m.	Saturn; altrömischer Gott der Saaten und des Ackerbaus; sein Tempel befand sich auf dem Forum	P 10
Scīpiō, ōnis m.	→ Cornēlius Scīpīo, Pūblius	23
Sicilia, ae f.	Sizilien; seit 238 v. Chr. erste römische Provinz	16, 19
Syrācūsae, ārum f.	Syrakus; Stadt auf Sizilien	22
Tarentīnī, ōrum m.	die Tarentiner; Einwohner der Stadt → Tarentum	22
Tarentum ī n.	Tarent; Stadt in Unteritalien	22
Tarquinius Superbus, ī m.	der Sage nach siebter und letzter König Roms; von → L. Iūnius Brūtus im Jahr 510 v. Chr. aus der Stadt vertrieben	13
Tiberius, ī m.	Tiberius Iulius Caesar Augustus (42 v. Chr.–37 n. Chr.), römischer Kaiser seit 14 n. Chr.	18
Tullius Cicerō, Mārcus	Cicero (106–43 v. Chr.), römischer Politiker aus dem Ritterstand; Anhänger und zeitweise Wortführer der Senatspartei; der größte Redner Roms; Verfasser bedeutender Schriften zu Redekunst und Philosophie	P 10
Venus, Veneris f.	die römische Göttin der Liebe; Mutter des Trojaners → Aenēās	P 15
Vergilius, ī m.	Publius Vergilius Maro (Vergil), 70–19 v. Chr.; römischer Dichter und Verfasser des römischen Epos Aeneis	10
Vesta, ae, f.	die Göttin des Herdfeuers	P 10
Vetūria, ae f.	Mutter des → Coriolānus	15
Volscī, ōrum m.	die Volsker, italischer Volksstamm in Latium	15
Volumnia, ae f.	Ehefrau des → Coriolānus	15
Zama, ae f.	Stadt in Nordafrika; hier besiegte → Pūblius Cornēlius Scīpiō 202 v. Chr. die Truppen des → Hannibal	23

Vokabelverzeichnis (Lektionen 1 – 25)

(Hinweis: P 15 = Plateaulektion nach Lektion 15; P 20 = Plateaulektion nach Lektion 20)

ā, ab (Präp. mit Abl.)	von, von ... her	9
abdūcere, abdūcō, abdūxī	wegführen, abbringen	15
abesse, absum, āfui	abwesend sein, entfernt sein, fehlen	14
ac, atque	und (dazu); und auch	17
ac profectō	und wirklich; und tatsächlich	21
accipere, accipiō, accēpī	annehmen, aufnehmen	22
accūsāre	anklagen	8
ācer, ācris, ācre	scharf, heftig, eifrig	20
ad (Präp. mit Akk.)	zu, bis zu, bei	9
addere, addō, addidī	hinzufügen, ergänzen	19
adesse, adsum, affuī	da sein; mit Dativ: jemandem helfen	7, 16
adhibēre, adhibeō, adhibuī	anwenden, hinzuziehen	12, P 15
adhūc (Adv.)	bisher, bis jetzt	8
adīre, adeō, adiī	herangehen, aufsuchen, angreifen	20
adiuvāre adiuvō, adiūvī (m. Akk.)	jemanden unterstützen, jemandem helfen	5, P 15
adulēscēns, adulēscentis m.	der junge Mann (zwischen 18 und 25 Jahren)	21
adversārius, ī m.	der Gegner, der Feind	10
aedificāre	bauen, erbauen	8
aedificium, ī n.	das Gebäude	8
aeger, aegra, aegrum	krank, erschöpft	20
aes, aeris n. aes aliēnum	das Geld, das Erz die Schulden	14
ager, agrī m.	der Acker, das Feld	14
agere, agō, ēgī	handeln, verhandeln, betreiben	11, P 15
āgmen, āgminis n.	der Heereszug	18
aliquandō (Adv.)	irgendwann, einst	13
alius, alia, aliud	ein anderer	21
altus, a, um	hoch, tief	8
amāre	lieben, gern haben	4

ambulāre	spazieren gehen	2
amīcus, ī m.	der Freund	2
āmittere, āmittō, āmīsī	verlieren	22
amoenus, a, um	schön, lieblich, hübsch	20
amplus, a, um	weit, groß; großartig, prächtig	18
an	oder (in der Frage)	15
animus, ī m.	das Herz, der Sinn, der Mut, der Geist	15
annus, ī m.	das Jahr	12
ante (Präp. mit Akk.)	vor	9
antea (Adv.)	früher, vorher	13
antīquus, a, um	alt	8
appārēre, appāreō, appāruī	erscheinen, auftauchen, sich zeigen	5, 13
apportāre	herbeitragen, herbeischaffen	3
appropinquāre	sich nähern, herankommen	1
aqua, ae f.	das Wasser	4
āra, ae f.	der Altar	9
arcēre, arceō, arcuī	fernhalten, abwehren	10, 14
ārdēre, ārdeō, ārsī	brennen, entbrannt sein	20
arēna, ae f.	der Sand, die Arena, der Kampfplatz	16
arma, ōrum n.	die Waffen	11
ascendere, ascendō, ascendī	besteigen; hinaufsteigen, emporsteigen	18
asper, aspera, asperum	rau, schroff, mühsam	23
atque, ac	und (dazu); und auch	17
ātrium, ī n.	die Eingangshalle (das Atrium)	4
audācia, ae f.	die Kühnheit, der Wagemut	10
audāx, audācis	waghalsig, kühn, furchtlos	22
audīre, audiō, audīvī	hören	3, 13
aut ... aut	entweder ... oder	15
autem (Adv.; nachgestellt)	aber	3
auxilium, ī n.	die Hilfe, die Unterstützung	11
avē!	sei gegrüßt!; lebe wohl!	18
avia, ae f.	die Großmutter	20
avus, ī m.	der Großvater	20

bellum, ī n.	der Krieg, der Kampf	14
bene (Adv.)	gut	17
bibere, bibō, bibī	trinken	17
bonus, a, um	gut, tüchtig	7
brevis, brevis, breve	kurz, klein	22
caelum, ī n.	der Himmel	11
calamitās, calamitātis f.	das Unglück, die Niederlage	13
callidus, a, um	schlau, gewitzt	13
capere, capiō, cēpī	fassen, ergreifen, erobern	11, 15
Capitōlium, ī n.	das Kapitol	9
captīvus, ī m.	der (Kriegs)gefangene	18
carēre, careō, caruī (mit Ablativ)	etwas entbehren, etwas nicht haben	8, P 15
castra, orum n. (Pluralwort)	das Lager	15
causa, ae f.	die Angelegenheit, der Sachverhalt; der Grund, die Ursache; der Prozess	17
celebrāre	feiern	6
celer, celeris, celere	schnell	20
cēna, ae f.	das Essen, die Mahlzeit	4
cēnāre	essen, speisen	2
centum (indekl.)	hundert	17
cessāre	zögern, sich nicht beeilen	1
cēterī, ae, a	die übrigen	7
cibus, ī m.	die Speise, die Nahrung	4
circumdare, circumdō, cirumdedī	umgeben, herumlegen	11, P 20
circus, ī m.	der Zirkus, die Rennbahn	6
cīvis, cīvis m.	der Bürger	18
cīvitās, cīvitātis f.	die Bürgerschaft, der Staat	13
cladēs, cladis f.	die Niederlage	22
clam (Adv.)	heimlich	13
clāmāre	schreien, laut rufen	5
clāmor, clāmōris m.	das Geschrei	12
clārus, a, um	hell, klar, berühmt	9
cōgere, cōgō, coēgī	zusammenbringen; zwingen	23

cōgitāre	denken, überlegen	13
cōgnōscere, cōgnōscō, cōgnōvī	kennenlernen, erkennen	16
colere, colō, coluī	bebauen, pflegen, verehren	14, P 15
comperīre, comperiō, comperī	erfahren	19
complūrēs, complūrium	mehrere, ziemlich viele	22
condere, condō, condidī	gründen, erbauen; aufbewahren, verbergen	11, P 20
conscrībere, conscrībō, conscrīpsī	in eine Liste eintragen	23
cōnsilium, ī n.	der Rat, der Plan, der Beschluss	11
cōnstat	es steht fest, es ist bekannt	19
cōnsul, cōnsulis m.	der Konsul	22
cōnsulere, cōnsulō (m. Akk.)	jemanden um Rat fragen	13
contendere, contendō, contendī	sich anstrengen, kämpfen, streiten	11, P 20
contrā (Präp. mit Akk.)	gegen	24
convenīre, conveniō, convēnī	zusammenkommen; mit Akk.: jemanden treffen	7, P 15
convīva, ae m.	der Gast	4
convīvium, ī n.	das Gastmahl, das Festessen	4
cōpia, ae f.	die Menge (im Plural: Truppen)	6
corpus, corporis n.	Körper	14
corrumpere, corrumpō, corrūpī	verderben, bestechen	22
crēdere, crēdō, crēdidī	glauben; (an)vertrauen	17
crēscere, crēscō, crēvī	wachsen	22
cum (Präp. mit Abl.)	mit, zusammen mit	10
cupere, cupiō, cupīvī	wünschen, begehren	11, P 15
cūr?	warum?	1
cūra, ae f.	die Sorge	5
currere, currō, cucurrī	eilen, laufen, rennen	17
dare, dō, dedī	geben	7, 17
dē (Präp. mit Abl.)	von; von ... herab; über	9
dea, ae f.	die Göttin	6
dēbēre, dēbeō, dēbuī	müssen	3, P 15
dēesse, dēsum, dēfuī	fehlen, nicht vorhanden sein	16
dēfendere, dēfendō, dēfendī	verteidigen	18
deinde (Adv.)	dann, darauf; ferner	17

dēlēre, dēleō, dēlēvi	vernichten, zerstören	10, P 15
dēmōnstrāre	(auf)zeigen, darlegen	8
dēnique (Adv.)	schließlich, endlich	11
dēpōnere, dēpōnō, dēposuī	niederlegen, aufgeben	15
dēsīderāre	wünschen, verlangen; vermissen	18
dēspērāre	verzweifeln, die Hoffnung aufgeben	21
deus, ī m.	der Gott	6
dexter, dext(e)ra, dext(e)rum	rechts; günstig	9
dīcere, dīcō, dīxī	sagen, sprechen	15
dīmittere, dīmittō, dīmīsī	entsenden, entlassen, aufgeben	15
discipulus, ī m.	der Schüler	10
diū (Adv.)	lange	1
dīvitiae, ārum f. (Pluralwort)	der Reichtum	24
dolor, dolōris m.	der Schmerz	12
dolus, ī m.	die List	12
domina, ae f.	die Herrin, die Ehefrau	1
dominus, ī m.	der Herr, der Hausherr	1
dōnum, ī n.	das Geschenk	9
dormīre, dormiō, dormīvī	schlafen	2, P 15
dūcere, dūco, dūxī	führen, ziehen	15
dum (mit Präs.)	während	14
dux, ducis m.	der Führer	23
ē, ex (Präp. mit Ablativ)	aus, aus ... heraus	19
ecce!	siehe da! schau!	5
egēre, egeō, eguī (mit Abl.)	Mangel (an etwas) haben, etwas entbehren	14
ego	ich	11
ēloquentia, ae f.	die Redekunst; die Beredsamkeit	8
emere, emō, ēmī	kaufen	16
enim	denn, nämlich	3
epistula, ae f.	der Brief	5
equus, ī m.	das Pferd	6
ergō (Adv.)	folglich, also	19
ēripere, ēripiō, ēripuī	entreißen	12, P 15

esse, sum, fuī	sein	7, 13
est	er, sie, es ist	1
et	und	1
etiam	auch; sogar	1
excitāre	aufwecken, antreiben	10
exīre, exeō, exiī	herausgehen	20
explicāre	erklären, darlegen	2
expūgnāre	erobern	24
exspectāre	warten, erwarten	1
fābula, ae f.	die Geschichte, die Erzählung, die Fabel	4
facere, faciō, fēcī	machen, tun	20
familia, ae f.	die Familie; die Hausgemeinschaft	1
fēmina, ae f.	die Frau	9
fessus, a, um	erschöpft, müde	7
fīdus, a, um	treu, zuverlässig	7
fīlia, ae f.	die Tochter	1
fīlius, ī m.	der Sohn	1
fīnis, finis m.	das Ziel; das Ende; die Grenze, Pl.: das Gebiet	18
fīnitimus, a, um	benachbart; Substantiv: der Nachbar	12
flectere, flectō, flexī	biegen, beugen, umstimmen	15
foedus, foederis n.	das Bündnis, der Vertrag	24
fortāsse (Adv.)	vielleicht	19
fortis, fortis, forte	tapfer, mutig	22
fortūna, ae f.	das Schicksal, das Glück	16
forum, ī n.	der Marktplatz (das Forum)	3
frāter, frātris m.	der Bruder	14
frūmentum, ī n.	das Getreide	3
fugāre	in die Flucht schlagen, vertreiben	10
fugere, fugiō, fūgī	fliehen	15
gaudēre	sich freuen	1
gaudium, ī n.	die Freude	8
gēns, gentis f.	das Geschlecht, der (Volks)Stamm	14
gerere, gerō, gessī	tragen, ausführen	14, 15

glōria, ae f.	der Ruhm, die Ehre	25
grātia, ae f.	die Anmut; das Ansehen; das Wohlwollen; der Dank	18
gravis, gravis, grave	schwer	22
habēre, habeō, habuī	haben, halten; halten für	14
herī (Adv.)	gestern	17
hīc (Adv.)	hier	2
hodiē (Adv.)	heute	2
homō, hominis m.	der Mensch	13
hōra, ae f.	die Stunde	12
hortus, ī m.	der Garten	2
hostis, hostis m.	der Feind; der Landesfeind	18
iam (Adv.)	schon, bereits	1
ibi (Adv.)	dort	2
īgnis, īgnis m.	das Feuer	21
īgnōrāre	nicht kennen	6
nōn īgnōrāre	gut kennen, genau wissen	6
īgnōtus, a, um	unbekannt	19
imperāre	befehlen, einen Befehl erteilen, (be)herrschen	4
imperātor, imperātōris m.	der Oberbefehlshaber, der Feldherr; der Kaiser	18
imperium, ī n.	die Herrschaft, das Herrschaftsgebiet, das Reich	8
imprīmīs (Adv.)	vor allem, besonders	22
in (Präp. mit Abl.)	in, an, auf (wo?)	9
in (Präp. mit Akk.)	nach (wohin?)	13
īnfēstus, a, um	feindlich, feindselig	11
ingenium, ī n.	die Begabung, das Talent	23
ingēns, ingentis	sehr groß, gewaltig, ungeheuer	22
inimīcitia, ae f.	die Feindschaft	24
inīre, ineō, iniī	hineingehen, beginnen	20
iniūria, ae f.	das Unrecht; die Ungerechtigkeit	8
inquit (eingeschoben)	sagt(e) er	21
īnsidiae, ārum f. (Pluralwort)	der Hinterhalt	16
īnstāre, īnstō, īnstitī	bevorstehen, drohen	13, 19
intellegere, intellegō, intellēxī	erkennen, begreifen	19

inter (Präp. mit Akk.)	zwischen, unter	23
interesse, intersum, interfuī (m. Dat.)	an etwas teilnehmen	16
intrāre	eintreten, betreten	1
invītāre	einladen	12
īra, ae f.	der Zorn, die Wut	15
īrātus, a, um	zornig, erzürnt	11
īre, eō, iī	gehen	20
is, ea, id	dieser, diese, dieses; er, sie, es	18
ita (Adv.)	so	15
itaque	daher, deshalb	7
iter, itineris n.	die Reise, der Weg, der Marsch	20
iterum atque iterum (Adv.)	immer wieder	5
iubēre, iubeō, iūssī (mit Akk.)	(jemandem) befehlen	21
iūcundus, a, um	erfreulich, angenehm	7
iūs, iūris n.	das Recht	14
iūstitia, ae f.	die Gerechtigkeit	25
labor, ōris m.	Arbeit, Anstrengung, Mühe	17
labōrāre	arbeiten, sich anstrengen	2
lacessere, lacessō, lacessīvī	reizen, herausfordern	11, P 15
lacrima, ae f.	die Träne	15
laetus, a, um	froh, freudig, fröhlich; beglückend	17
laudāre	loben	4
lectus, ī m.	die Liege, das Bett, das Speisesofa	4
lēgātus, ī m.	der Gesandte	15
legiō, legiōnis f.	die Legion	18
libellus, ī m.	das Schriftstück, Heft, das kleine Buch	5
libenter (Adv.)	gern	4
līberāre	(von etwas) befreien	8
līberī, ōrum m.	die Kinder	10
lībertās, ātis f.	die Freiheit	17
licentiā ae f.	die Zügellosigkeit, die Ausgelassenheit; die Willkür	17
licet	es ist erlaubt	11

littera, ae f.	der Buchstabe; Plur.: das Schriftstück; das Schreiben	5
locus, ī m.	Ort, Platz, Stelle	11
longus, a, um	lang, ausgedehnt, weit	20
lūdere, lūdō, lūsī	spielen	17
lūdus, ī m.	das Spiel; das Schauspiel; die Schule	6
magister, magistrī m.	der Lehrer	10
māgnus, a, um	groß	7
māiōrēs, maiōrum m.	die Vorfahren	25
mālle, mālō, māluī	lieber wollen, vorziehen	22
malus, a, um	böse, schlimm	13
mandāre	übergeben, anvertrauen	7
māne (Adv.)	in der Früh, morgens	4
mare, maris n.	das Meer	19
māter, matris f.	die Mutter	12
mē	mich (Akkusativ Singular)	5
medium, ī n.	die Mitte, der Mittelpunkt	8
mercātor, mercātōris m.	der Kaufmann, der Händler	19
merx, mercis f.	die Ware	19
meus, a, um	mein	16
mihi	mir (Dativ Singular)	9
mīles, mīlitis m.	der Soldat	18
mīrus, a, um	seltsam, sonderbar	13
miser, misera, miserum	elend, unglücklich	14
mittere, mittō, mīsī	schicken	12, 15
modus, ī m.	die Art, die Weise	22
monēre, moneō, monuī	ermahnen, erinnern	3, P 15
mōns, montis m.	der Berg	14
monumentum, ī n.	das Denkmal	3
mors, mortis f.	der Tod	15
mōs, mōris m.	die Sitte, der Brauch; Pl.: der Charakter	25
movēre, moveō, mōvī	bewegen, veranlassen	15
mox (Adv.)	bald	4
mulier, mulieris f.	die Frau	12

multī, ae, a	viele, zahlreiche	7
multitūdō, multitūdinis f.	die Menge	18
multum (Adv.)	sehr, viel	17
mūrus, ī m.	die Mauer	10
nam	denn; nämlich	2
nārrāre	erzählen	5
nauta, ae m.	der Seemann, der Matrose	19
nāvigāre	mit dem Schiff fahren, segeln	16
nāvis, nāvis f.	das Schiff	19
nē ... quidem	nicht einmal	15
necessārius, a, um	notwendig	7
negāre	ablehnen; leugnen; sagen, dass nicht	21
neglegere, neglegō, neglexī	vernachlässigen, unbeachtet lassen	24
neque; nec	und nicht, auch nicht, aber nicht	20
nisī	wenn nicht	25
nōlle, nōlō, nōluī	nicht wollen	22
nōn	nicht	1
nōn iam (Adv.)	nicht mehr	14
nōn sōlum	nicht nur	4
nōn sōlum ... sed etiam	nicht nur ... sondern auch	9
nōnnūllī, ae, a	einige, manche	23
noster, nostra, nostrum	unser	12
nōtus, a, um	bekannt	19
novus, a, um	neu, neuartig	11
nūllus, a, um	kein, keiner	12
numquam (Adv.)	niemals	24
nunc (Adv.)	jetzt	6
nūntiāre	melden, benachrichtigen	13
nūntius, ī m.	der Bote, die Nachricht	6
nūper (Adv.)	vor Kurzem, neulich	19
observāre	beobachten; auf etwas aufpassen	7
occīdere, occīdō, occīdī	niederhauen, töten	11, P 20
occupāre	besetzen, in Besitz nehmen	10

occurrere, occurrō, occurrī	entgegeneilen, begegnen	17
odium, ī n.	der Hass	24
oleum, ī n.	das (Oliven)Öl	19
omittere, omittō, omīsī	aufgeben, beiseite lassen	24
omnis, omnis, omne	jeder, ganz; Pl. alle	22
oppidum, ī n.	die Stadt, die befestigte Landstadt	11
oppūgnāre	angreifen, bestürmen	21
ōrātiō, ōrātiōnis f.	die Rede	25
ornāre	schmücken	8
ōtium, ī n.	die freie Zeit, die Muße, die Ruhe	7
parāre	vorbereiten, bereiten	4
parātus, a, um	bereit, vorbereitet, kampfbereit	10
parentēs, parentum m.	die Eltern	12
pārēre, pāreō, pāruī	gehorchen	3, 13
parvus, a, um	klein, gering	11
pater, patris m.	der Vater	12
patria, ae f.	die Vaterstadt, das Vaterland, die Heimat	14
patrōnus, ī m.	der Anwalt	8
paucī, ae, a	wenige	16
paulō post (Adv.)	etwas später, bald darauf	6
pāx, pācis f.	der Frieden	18
pecūnia, ae f.	das Geld, das Vermögen	8
per (Präp. mit Akk.)	durch (... hindurch)	9
perdere, perdō, perdidī	verderben, zugrunde richten; verlieren	17
perīculum, ī n.	die Gefahr	9
perīre, pereō, periī	zugrunde gehen, umkommen	20
pervenīre, perveniō, pervēnī	ankommen, (wohin) gelangen	10, P 15
petere, petō, petīvī	erstreben, (er)bitten, aufsuchen, eilen	11, P 15
philosophia, ae f.	die Philosophie	25
philosophus, ī m.	der Philosoph	25
pīrāta, ae m.	der Seeräuber, der Pirat	16
placēre, placeō, placuī	(jemandem) gefallen	4, P 15
plēbēius, ī m.	der Plebejer	14

plēbs, plēbis f.	das (einfache) Volk	14
plēnus, a, um (m. Genitiv)	voll (von etwas)	19
plūrimī, ae, a	die meisten, sehr viele	16
plūs (Adv.)	mehr	17
poēta, ae m.	der Dichter	10
populus, ī m.	das Volk	18
porta, ae f.	die Tür, das Tor	2
posse, possum potuī	können, imstande sein	16
post (Präp. mit Akk.)	hinter, nach	9
postquam (mit Perf.)	nachdem	13
potēns, potentis	mächtig	22
potestās, potestātis f.	die Macht	21
praeclārus, a, um	glänzend, herrlich	7
praeda, ae f.	die Beute	18
praeesse, praesum praefuī (m. Dat.)	(einer Sache) vorstehen, (etwas) leiten	16
praesidium, ī n.	der Schutz, die Schutztruppe	11
precēs, um f. (Pluralwort)	die Bitten, das Gebet	15
prīmum (Adv.)	zuerst; erstens; zum ersten Mal	17
prīmus, a, um	der erste, der vorderste	23
prō (Präp. mit Abl.)	für, vor, an Stelle von	14
proelium, ī n.	die Schlacht, das Gefecht	23
prohibēre, prohibeō, prohibuī	abhalten, hindern	9, P 15
properāre	eilen, sich beeilen	3
prōvincia, ae f.	die Provinz	18
puella, ae f.	das Mädchen	9
puer, puerī m.	der Junge, das Kind	9
pūgna, ae f.	der Kampf	16
pūgnāre	kämpfen, streiten	10
pulcher, pulchra, pulchrum	schön	9
putāre	meinen, glauben	16
quam	als	25
quandō?	wann?	18
-que (angehängt)	und	4

quī, quae, quod	der, die, das; welcher, welche, welches	23
quia	weil	13
quid?	was?	2
quidem (Adv.)	gewiss, sicherlich	16
quis?	wer?	23
quō?	wohin?	8
quōmodo	wie, auf welche Weise	16
quoque (nachgestellt)	auch	6
quot?	wie viele?	19
raptāre	rauben, wegnehmen	12
recitāre	vorlesen, vortragen	4
recūsāre	zurückweisen	22
redīre, redeō, rediī	zurückgehen, zurückkehren	20
regere, regō, rēxī	lenken, leiten	11, P 15
rēgnum, ī n.	die Herrschaft, das Königreich	11
relinquere, relinquō, relīquī	verlassen, zurücklassen	14, P 15
reperīre, reperiō, repperī	finden	5, P 20
respondēre, respondeō, respondī	antworten, erwidern	4, 17
rēx, rēgis m.	der König	12
rīdēre, rīdeō, rīsī	lachen, über etwas lachen	2, P 15
rogāre	fragen, bitten	3
Rōma, ae f.	Rom	8
Rōmānus, a, um	römisch; Substantiv: der Römer	6, 7
rūrsus (Adv.)	wieder(um)	22
rūs, rūris n.	das Land, das Landgut	20
rūsticus, a, um	ländlich, bäuerlich; Substantiv: der Bauer	20
sacer, sacra, sacrum	heilig, (einem Gott) geweiht	9
sacerdōs, sacerdōtis m./f.	der Priester, die Priesterin	13
sacrificāre	opfern, ein Opfer bringen	9
saeculum, ī n.	das Zeitalter, das Jahrhundert	10
saepe (Adv.)	oft	5
salūs, salūtis f.	die Rettung, das Wohlergehen	21
salūtāre	grüßen, begrüßen	1

salvē!	Sei gegrüßt! Guten Tag!	1
salvēte!	Seid gegrüßt! Guten Tag! Hallo!	4
sapientia, ae f.	die Weisheit	6
scīre, sciō, scīvī (sciī)	etwas wissen, jemanden kennen	6, P 15
secundus, a, um	zweiter; günstig	25
sed	aber; sondern	5
sedēre, sedeō, sēdī	sitzen	21
semper (Adv.)	immer	2
senātor, senātōris m.	der Senator	21
sententia, ae f.	die Meinung, die Ansicht; der Satz	25
sērō (Adv.)	spät	17
serva, ae f.	die Dienerin, die Sklavin	1
servāre	schützen, retten, bewahren	6
servitūs, ūtis f.	die Knechtschaft, die Sklaverei	15
servus, ī m.	der Diener, der Sklave	1
sī	wenn, falls	25
sīgnum, ī n.	das Zeichen	11
simulācrum, ī n.	das Götterbild	6
sine (Präp. mit Ablativ)	ohne	18
sinere, sinō, sīvī	lassen, zulassen	21
sinister, sinistra, sinistrum	links, ungünstig, unheilvoll	9
socius, ī m.	der Bundesgenosse, der Verbündete	24
sōl, sōlis m.	die Sonne	20
sollicitāre	beunruhigen	5
spectāculum, ī n.	das Schauspiel	6
spectāre	anschauen, betrachten	3
statim (Adv.)	auf der Stelle, sofort	3
statua, ae f.	das Standbild, die Statue	3
studēre, studeō, studuī (mit Dat.)	sich um etwas bemühen, nach etwas streben; etwas studieren	25
stupēre, stupeō, stupuī	verblüfft sein, staunen	2, 13
subīre, subeō, subiī	herangehen, auf sich nehmen	20
subitō (Adv.)	plötzlich	2

summus, a, um	der höchste, der oberste	9
sunt	sie sind	2
superāre	übertreffen, überwinden, besiegen	10
superbia, ae f.	der Hochmut, Stolz	13
superesse, supersum, superfuī	übrig sein, überleben	16
surgere, surgō, surrēxī	sich erheben, aufstehen	18
sustinēre, sustineō, sustinuī	aushalten, ertragen	23
suus, a, um	sein, ihr	17
taberna, ae f.	der Laden, das Wirtshaus	3
tabula, ae f.	die Tafel, Schreibtafel	5
tacēre, taceō, tacuī	schweigen, still sein	2, P 15
tam (Adv.)	so	5
tandem (Adv.)	endlich; schließlich	1
tantus, a, um	so groß	12
taurus, ī m.	der Stier	18
tē	dich (Akkusativ Singular)	7
tempestās, tempestātis f.	das Wetter; das Unwetter, der Sturm	19
templum, ī n.	der Tempel	3
tempus, temporis n.	die Zeit	14
tendere, tendō, tetendī	ausstrecken	21
tenēre, teneō, tenuī	halten, festhalten	15
terra, ae f.	die Erde, das Land	13
terrēre, terreō, terruī	erschrecken, in Schrecken versetzen	23
theātrum, ī n.	das Theater	3
thermae, ārum f.	die Badeanlage (die Thermen)	7
timēre, timeō, timuī	sich fürchten	19
timor, timōris m.	die Angst, Furcht	12
toga, ae f.	das Obergewand (die Toga)	7
tōtus, a, um (Gen.: tōtīus, Dat.: tōtī)	ganz	23
trahere, trahō, trāxī	ziehen, schleppen	21
trānsīre, trānseō, trānsiī	hinübergehen, überschreiten	23
triumphus, ī m.	der Triumph(zug)	18
tum (Adv.)	da, dann, damals	2

tunica, ae f.	das Untergewand (die Tunika)	7
turba, ae f.	die Menge, die Schar	6
tūtus, a, um	sicher, geschützt	24
tuus, a, um	dein	16
ubi?	wo?	1
ultimus, a, um	der, die, das letzte	13
ūnus, a, um	einer	20
urbs, urbis f.	die Stadt	14
ut	wie	6
uxor, uxōris f.	die Ehefrau	12
valdē (Adv.)	sehr	4
varius, a, um	bunt; verschieden; vielfältig	7
vel	oder	5
velle, volō, voluī	wollen	22
velut	wie, wie zum Beispiel	10
vendere, vendō, vendidī	verkaufen	15, P 20
venīre, veniō, vēnī	kommen	1, P 15
verbum, ī n.	das Wort	8
vērus, a, um	wahr; wahrhaftig	17
vester, vestra, vestrum	euer	12
vexāre	quälen	5
via, ae f.	der Weg, die Straße	8
victōria, ae f.	der Sieg	18
vidēre, videō, vīdī	sehen	3, P 15
vīlla, ae f.	das Landhaus, die Villa	20
vincere, vincō, vīcī	siegen, besiegen	18
vīnum, ī n.	der Wein	3
vir, virī, m.	der Mann	9
virtūs, virtūtis f.	Tüchtigkeit, Tapferkeit, Tugend	14
vīsitāre	besuchen	6
vīta, ae f.	das Leben	16
vīvere, vīvō, vīxī	leben	12, P 15
vocāre	rufen, nennen	2

Bildquellenverzeichnis

Anna Maria Liberati/Fabio Bourbon, Rom, Weltreich der Antike, Karl Müller Verlag, Erlangen 1997/Edizioni White Star: S. 14, Franz-Josef Domke, Hannover: S. 16, 18, 81, 100, 124, Vorsatz vorne/hinten; Archiv für Kunst und Geschichte, Berlin: S. 20, 111; Museo nazionale Archeologico, Neapel: S. 26; akg-images/ Werner Forman: S. 27; aus: Peter Connolly, Hazel Dodge: Die antike Stadt, Könemann, Köln 1998: S. 34 o., 35 o., 36; White Star S. r. l., Vercelli: S. 34 u.; Museo Nazionale Romano alle Terme, Rom: S. 38; aus: Peter Connolly, Pompeji, Verlag Tessloff, Nürnberg 1979: S. 40; Archäologisches Landesmuseum Baden-Württemberg (Hg.): Imperium Romanum, Ausstellungskatalog, Stuttgart 2005: S. 42; ullstein bild - Imagebroker.net: S. 44; © D-DAI-ROM-2010.3357: S. 46; picture-alliance/ Bildagentur-online/TIPS-Images: S. 51; dpa/Farbarchiv, Frankfurt: S. 52; Rheinisches Landesmuseum Trier: S. 54, 58 u.l.; Thiem / Lotos-Film, Kaufbeuren: S. 58 M.l.; Egmont Children's Books, London (Zeichnung: Philipp Hood): S. 58 M.r.; aus: Eine römische Stadt, hg. von R. J. Unstead, Verlag J. F. Schreiber, Esslingen 1977, S. 13: S. 58 u.r.; akg-images/Peter Connolly: S. 59 l.; Scala, Florenz: S. 62 u., 86 o.l., 90 r.; The Metropolitan Museum of Art, New York: S. 63 o.; Scala Publications Ltd.: S. 63 u.l.; © Archivio Leonard von Matt: S. 63 u.r.; akg-images/Erich Lessing: S. 64, 86 u., 104; akg-images / Andrea Baguzzi: S. 68; Leonard von Matt, Buochs/Schweiz: S. 73; Rheinisches Landesmuseum, Bonn: S. 75; www.parlament.gv.at: S. 77, 86 M.r.; Bridgeman Berlin: S. 79; akg-images/ Electa: S. 83; © 1986 Editions Gallimard: S. 90 l.; British Museum, London: S. 92, 94; M.R. Salzmann, On Roman Times, 1990, Abb. 52: S. 96; Skira, Genf: S. 98; aus: Peter Connolly (Hg.), Die Römische Armee, Verlag Tessloff/Nürnberg 1976: S. 102, 114; Rom, Konservatorenpalast: S. 103; aus: Mike Corbishley, Das Buch vom alten Rom, Arena/Würzburg 1990: S. 105; Ny Carlsberg Glyptotek, Kopenhagen: S: 107; Interactive multimedia walkthrough for museum installations; A project by Robert Kuchar and Timo Schairer at the WSI/GRIS: S. 109; Antiquités nationales, St-Germain-en Laye, © Photo RMN - Jean Schormans: S. 110; Staatliche Museen, Berlin: S. 113; © G. Dall'Orto: S. 114 o.l., 115; © xerxespersepolis: S. 120; bpk/Hermann Buresch: S. 126; ullstein bild - Granger Collection: S. 130; bpk/Scala: S. 132; Institut National du Patrimoine (INP): S. 133; picture-alliance/ZB: S. 134; ullstein bild – AISA: S. 138; weitere: Verlagsarchiv Schöningh

Sollte trotz aller Bemühungen um korrekte Urheberrechtsangaben ein Irrtum unterlaufen sein, bitten wir darum, sich mit dem Verlag in Verbindung zu setzen, damit wir eventuell notwendige Korrekturen vornehmen können.

Britannia
Oceanus
Atlanticus
Germania
Inferior
Claudia Ara
Agrippinensium
Germani
Belgica
Lugdunensis
Germania
Superior
Raetia
Noricum
Aquitania
Lugdunum
I
II
III
Aquileia
P
Narbonensis
Bononia
Massilia
Italia
Salo
Lusitania
Tarraconensis
Tarraco
Corsica
Roma
Beneventum
Corduba
Neapolis
Pomp
Baleares
Sardinia
Baetica
Carthago Nova
Mauretania
Tingitana
Mauretania Caesariensis
Carthago
Sicilia
Syracu
Numidia
Africa
Proconsularis
M
Africa
Proconsularis
Italia
Römische Erwerbungen bis 201 v. Chr.
Römische Erwerbungen bis 100 v. Chr.
Römische Erwerbungen bis 44 v. Chr.
Römische Erwerbungen bis 14 n. Chr.
Römische Erwerbungen bis 96 n. Chr.
Römische Erwerbungen bis 106 n. Chr.
Römische Erwerbungen bis 200 n. Chr.
I Alpes Graiae
II Alpes Cottiae
III Alpes Maritimae
0
200
400
600 km